Ludgera Lewerich
In Japan liegt das Glück auf dem Land

Ludgera Lewerich

In Japan liegt das Glück auf dem Land

Narrative zur Stadt-Land-Migration zwischen
Selbstverwirklichung und Gemeinwohl

d|u|p
düsseldorf university press

D.61 Düsseldorf

Diese Publikation wurde als Dissertation an der Philosophischen Fakultät der Heinrich-Heine-Universität Düsseldorf unter dem Titel „Vom Glück auf dem Land. Selbst-Erzählungen junger *i-turner* zwischen Selbstverwirklichung und Gemeinwohlorientierung" eingereicht.

ISBN 978-3-11-125465-4
e-ISBN (PDF) 978-3-11-132957-4
e-ISBN (EPUB) 978-3-11-132965-9
DOI https://doi.org/10.1515/9783111329574

Library of Congress Control Number: 2023952579

Bibliografische Information der Deutschen Nationalbibliothek
Die Deutsche Nationalbibliothek verzeichnet diese Publikation in der Deutschen Nationalbibliografie; detaillierte bibliografische Daten sind im Internet über http://dnb.dnb.de abrufbar.

© 2024 bei den Autorinnen und Autoren, publiziert von Walter de Gruyter GmbH, Berlin/Boston
Dieses Buch ist als Open-Access-Publikation verfügbar über www.degruyter.com.
d | u | p düsseldorf university press ist ein Imprint der Walter de Gruyter GmbH.

Einbandabbildung: Blick über das Dorf Shirakawa-Gō, Foto: © Ludgera Lewerich.
Druck und Bindung: CPI books GmbH, Leck

dup.degruyter.com

Boot im Hafen von Saki, Ama. Aufnahme: © Ludgera Lewerich.

Vorwort

Bei diesem Buch handelt es sich um die leicht überarbeitete Fassung meiner Dissertationsschrift, die ich im Januar 2020 an der Philosophischen Fakultät der Heinrich-Heine-Universität Düsseldorf unter dem Titel „Vom Glück auf dem Land. Selbst-Erzählungen junger *I-turner* zwischen Selbstverwirklichung und Gemeinwohlorientierung" eingereicht habe.

Forschen und Schreiben können zuweilen einsame Tätigkeiten sein. Gleichzeitig lebt beides auch vom Austausch mit Anderen. So wurde ich über die Jahre von vielen Menschen unterstützt und begleitet. Darum gilt ihnen mein Dank, den ich hiermit ausdrücken möchte.

Zuallererst möchte ich meinem Erstbetreuer Shingo Shimada danken. Bei meiner Forschung hat er mir alle Freiheiten gelassen, hatte dabei aber bei Bedarf immer ein offenes Ohr für meine Fragen, Sorgen und Gedanken. Mein Zweitbetreuer Christian Tagsold hat mich mit seinem Interesse an meinem Thema ermutigt. Profitiert habe ich auch von den spannenden und hilfreichen Diskussionen in Shingo Shimadas Forschungskolloquium und mit den Kolleg:innen am Institut für Modernes Japan in Düsseldorf. Mein Dank gilt daher allen Teilnehmer:innen im Kolloquium und den (früheren) Kolleg:innen, besonders Timo Thelen, Simon Essler, Theresa Sieland, Bastian Nonnenberger, Michiko Uike-Bormann und Peter Bernardi. Sehr hilfreich waren auch die vielen Gespräche mit Celia Spoden, die mich stets bestärkt hat, sowie mit Stefanie Osawa, die insbesondere in der Abschlussphase der Arbeit immer Zeit für mich hatte.

Mein Forschungsaufenthalt in Japan wurde durch ein großzügiges Stipendium des Deutschen Instituts für Japanstudien (DIJ) in Tōkyō ermöglicht. Dort habe ich von den Erfahrungen und dem Feedback der anderen Stipendiat:innen und der Mitarbeiter:innen profitiert. Meine Ko-Stipendiatin und Bürokollegin Dorothea Mladenova brachte mich erst auf die Idee, mich mit Diskursanalyse bzw. Subjektivierungsforschung zu beschäftigen. Dafür und für die vielen Stunden an inspirierenden und unterstützenden Gesprächen über die Forschung (und auch manches Andere) danke ich ihr.

Mein Dank gilt außerdem Allen, die in Tōkyō, Ama, Itoshima und Yabakei Zeit für mich hatten, die mir Übernachtungsmöglichkeiten organisierten und die ich interviewen durfte. Besonders danke ich Fukuzaki Haru, ohne die ich wohl weder nach Itoshima noch nach Yabakei gefahren wäre. Ein Gespräch mit Haru im Frühjahr 2015 war es auch, das mich überhaupt erst zu meinem Thema geführt hat.

Zuletzt gilt mein Dank meiner Familie und meinen Freund:innen. Meine Schwester Antonia Giewekemeyer hat mir wertvolles Feedback zu meiner Arbeit gegeben, mein Vater, Bernhard Lewerich, hat umfangreich Korrektur gelesen und meine Mutter, Charlotte Lewerich, hat mich durch ihr aufrichtiges Interesse und ihre klugen Nachfragen motiviert. In der stressigen Zeit vor der Abgabe standen meine Eltern und Antonia mir immer mit einem offenen Ohr, Rat und Tat zu Seite. Ihnen ist diese Arbeit gewidmet.

Inhalt

1 Einleitung

> „Um an der vordersten Front zu arbeiten,
> muss man in Tōkyō sein." Das ist eine veraltete
> Denkweise. Die vorderste Front ist bereits in den
> Regionen außerhalb der Hauptstadt zu finden.
> [...]
> [Kōchi] ist ein Ort, der stark an die Ursprünge des
> japanischen Volkes erinnert. Das Gefühl der
> Verbundenheit und Nähe zwischen den
> Menschen ist tiefgreifend, und selbst zwei Jahre
> nach meinem Umzug nach Kōchi fühlt sich jeder
> Tag nostalgisch an. Ich betrachtete diesen Ort als
> meine Heimkehr, und für mich war er ein
> Wendepunkt für meine Seele. (Ikeda 2016: 11)[1]

Die japanische Regisseurin Andō Momoko[2], die 2016 im japanischen Lifestyle-Magazin *Turns* porträtiert wurde, stammt ursprünglich aus Tōkyō. Aber ihre Heimat, so berichtet sie im Interview, hat sie an einem Ort jenseits der Metropole gefunden. Mit affektiven Bezeichnungen wie „Wendepunkt für die Seele", wird ihr Umzug nach Kōchi, einer Stadt im Süden der Insel Shikoku, beschrieben. Der Artikel schildert, wie sie beim Einkaufen überall begrüßt werde, wie nahe die Natur sei, wie lecker das Essen: „[...] die Natur und alles andere war voller Kraft und Energie und funkelte. Und es gab Menschen [...] mit so viel zwischenmenschlichen Fähigkeiten, die fröhlich waren, die keine Angst vor Kommunikation hatten." (Ikeda 2016: 10). Kōchi wird als ein Ort charakterisiert, an dem eine intakte Innenstadt, ein enges soziales Netz mit gegenseitiger Unterstützung und gute Menschen zu finden seien. Mit dem Meer und den Bergen sei auch die Natur nicht weit. Wie Momoko im Eingangszitat erzählt, scheint hier noch ein altes Japan erhalten zu sein. Gleichzeitig wird die Stadt aber auch als nah am Puls der Zeit beschrieben. Junge Menschen wie Momoko bewegen dort etwas, realisieren kreative Projekte und vernetzen sich überregional. Die als Kosmopolitin dargestellte Regisseurin, die auch im Ausland gelebt hat, erzählt, dass für sie die Metropole Tōkyō überholt ist, die ländlichen Regionen Japans jetzt an der Spitze liegen. Kōchi wird als Ort dargestellt, an dem Momoko ihre emotionale Heimat gefunden hat und ihre Pläne und Ideen verwirklichen kann.

---

1 Alle Übersetzungen aus dem Japanischen stammen von der Autorin.

2 Japanische Namen werden in der im Japanischen üblichen Reihenfolge geschrieben, also mit dem Nachnamen zuerst.

Das sieht sie so trotz, oder gerade wegen, Problemen wie wirtschaftlicher Strukturschwäche, Überalterung und Entvölkerung:

> Obwohl die Wirtschaftsindikatoren von Kōchi im nationalen Vergleich schwach sind, glaube ich, dass die positive Natur der Menschen in Kōchi die negativen Faktoren in positive umwandeln wird und dass mit der Zeit die Kraft, Dinge umzukehren, und die Weisheit, zu überleben, zum Vorschein kommen werden. (Ikeda 2016: 10)

Damit werden Probleme wie Überalterung und Entvölkerung, die besonders die Regionen jenseits der Metropolen betreffen, durchaus im Artikel angesprochen. Andererseits liegt, so wird nahegelegt, das Potential diese zu überwinden bei den Menschen in den Regionen und bei Personen wie Momoko, die in den Regionen Neues bewegen wollen. Die strukturellen Herausforderungen erscheinen hier eher als Chance, aus der etwas Neues erwachsen wird. Menschen wie Momoko seien es, die die Revitalisierung voranbringen können.

Glaubt man anderen medialen Berichten, so ist die Regisseurin mit ihrer Entscheidung für einen Ort weitab von Tōkyō nicht allein. „Japan's youth turn to rural areas seeking a slower life" titelte bereits 2011 die BBC (vgl. Buerk 28.11.2011). Und große japanische Tageszeitungen wie die *Asahi Shinbun* sprechen, wie sich noch zeigen wird, vor allem seit 2014 von einem veritablen Boom. Laut dieser Artikel wollen immer mehr junge Menschen aufs Land ziehen und kehren den Metropolregionen den Rücken – ein Phänomen das auch als *I-turn*[3] bezeichnet wird. *I-turn* meint, dass Menschen in eine Gegend ziehen, aus der sie selbst nicht stammen. So definiert etwa das *Imidasu*, ein Lexikon für Gegenwartswörter, *I-turn* als „Verhaltensmuster, bei dem Menschen, die in einer Großstadt geboren und aufgewachsen sind, in die Regionen umziehen." (Japan Knowledge, Imidasu 2018). Es handelt sich also um eine Binnenmigration aus den Metropolräumen um Tōkyō oder Ōsaka in Regionen außerhalb dieser Ballungszentren.

Erstmals wurde ich im Frühjahr 2015 auf dieses Thema aufmerksam. Eine befreundete japanische Wissenschaftlerin erzählte mir, dass sie gerade aus der Großstadt Kitakyūshū in einen Ort in den Bergen der Präfektur Ōita umgezogen sei. In ihrem Stadtteil, einer Siedlung, die aus wenigen alten Bauernhäusern bestand, seien sie und ihr Ehemann mit Anfang 40 mit Abstand die jüngsten. Als ich einigermaßen überrascht nachfragte, warum sie sich einen so abgelegenen und überalternden Ort ausgesucht habe, erzählte sie mir, dass sich viele jüngere Menschen in

---

[3] Japanische Begriffe werden nach der revidierten Hepburn-Umschrift kursiv wiedergegeben. Eine Ausnahme bilden die beiden Neologismen *I-turn* und *U-turn*, die auf dem englischen Begriff *turn* basieren. Diese habe ich für die bessere Lesbarkeit als *turn* statt *tān* geschrieben, wie dies etwa auch beim Begriff *freeter* (anstatt *furītā*) geläufig ist.

Japan gerade neu orientieren und aus Großstädten wegziehen würden. Meine Neugierde war geweckt. Denn als erfolgreicher Lebensentwurf, so war mein Verständnis, galt in Japan vor allem die Arbeit in einem Unternehmen, das Leben in der Großstadt. Handelte es sich hier also um Aussteiger:innen[4], Kritiker:innen an der japanischen Gesellschaft der Gegenwart? Nach kurzer Recherche stellte ich fest, dass es tatsächlich einige japanisch- und englischsprachige Artikel zu diesem Phänomen gab. Die Bilder zeigten fröhliche junge Menschen vor ländlicher Kulisse, es war, wie im Artikel über Momoko, von individueller Selbstverwirklichung in einer idyllischen Umgebung die Rede. Als ich dann ein Jahr später meine Feldforschung in Japan begann, besuchte ich Veranstaltungen zu Stadt-Land-Migration in Tōkyō und führte im Mai 2016 erste Interviews mit jungen Menschen, die neu in ländliche Regionen gezogen waren. Zudem stieß ich in Buchhandlungen auf Lifestyle-Magazine, die sich an ein urbanes Publikum mit Interesse am Leben in den Regionen richteten. Auch hier begegneten mir idyllische Berichte vom Glück auf dem Land.

In meinen ersten Interviews zeichneten sich zu vielen Teilen ähnliche Erzählungen wie im medialen Diskurs ab: von Frustration mit dem Stadtleben, von einem Wunsch nach Selbstentfaltung, der Suche nach Gemeinschaft, der Hoffnung all diese Wünsche im ländlichen Raum erfüllen zu können. Und meine Interviewpartner:innen waren dabei keinesfalls systemkritische Aussteiger:innen. Obwohl viele durchaus interessiert an Veränderungen in der japanischen Gesellschaft waren, erschienen sie oft fest eingebettet in ein Netz aus staatlichen, privaten und medialen Akteur:innen, das den öffentlichen Diskurs um Stadt-Land-Migration zu bestimmen schien. Der zu diesem Zeitpunkt 29jährige Takeshi etwa fuhr immer wieder auf staatlich organisierte Messen, um dort Interessierten von seinem Leben auf einer kleinen Insel zu berichten. Der 31jährige Daisuke zeigte mir beim Kennenlernen gleich stolz seine Ausgaben von zwei Lifestyle-Zeitschriften, für die er interviewt worden war.

Für mich wurde klar, dass eine Fokussierung rein auf die Interviews das Phänomen nicht in seiner Ganzheit zu fassen vermögen würde. Gleichzeitig zog sich durch die Zeitschriften, Artikel und politischen Reden, die ich zu sammeln begann, auch sinngemäß der Aufruf: „Junge Generationen, rettet die Regionen!". Der damalige Premierminister Abe Shinzō erklärte bereits 2014 zu Überalterung und Entvölkerung in vielen Gegenden: „Aber junge Menschen haben Träume und Wünsche für die Zukunft und wünschen sich die Herausforderungen anzugehen. Ich bin überzeugt, dass gerade diese ‚Jugend' der Schlüssel ist, um die Krise zu bremsen." (CAS 2014). Diese Art und Weise Individuen für eine ausgerufene Krise

---

[4] Im Sinne der geschlechtergerechten Sprache verwende ich in dieser Arbeit weitgehend den Genderdoppelpunkt.

der „verschwindenden Regionen" (vgl. Masuda 2014), eine Aufgabe, an der der Staat seit Jahrzehnten scheitert, in die Verantwortung zu nehmen, wollte ich genauer untersuchen. Mir wurde es zum Anliegen zu analysieren, mittels welcher Strategien die jungen Menschen im Diskurs angerufen, also motiviert werden sollen, sich verantwortlich für „die Rettung der Regionen" zu fühlen. Welche politischen Intentionen stehen dahinter? Was sagt der Diskurs über Veränderungen in der japanischen Gesellschaft aus? Andererseits wollte ich untersuchen, wie diese so Angerufenen sich selbst dazu verhalten. Sehen sie sich als Retter:innen der Regionen, nehmen sie diese Zuschreibungen an? Wenn ja, was versprechen sie sich davon oder wo positionieren sie sich auch kritisch zu diesen Erzählungen?

Die vor allem seit 2014 zum Boom erklärte „Stadtflucht" von Japaner:innen im Alter von Anfang 20 bis Ende 30 ist daher das Thema dieses Buches. Dafür untersuche ich einerseits den öffentlich-medialen Diskurs um Stadt-Land-Migration von 2014–2018. Andererseits analysiere ich Interviews, die ich 2016 mit jungen Menschen geführt habe, die aus Metropolregionen in ländlichere Gegenden gezogen sind.

Die erste Version meiner Ergebnisse wurde im Januar 2020 als Doktorarbeit an Philosophischen Fakultät der Heinrich-Heine-Universität Düsseldorf eingereicht. Seither sind ein paar Jahre vergangen, Thema und Ergebnisse haben aber nichts an ihrer Aktualität eingebüßt. Erst im Frühjahr 2023 berichteten japanische wie internationale Medien über den neuesten Versuch der japanischen Regierung junge Menschen mittels finanzieller Anreize aus den Metropolregionen wegzulocken[5]. Stadt-Land-Migration ist ein Anliegen und Maßnahmenziel der Politik und ein häufiges mediales Thema geblieben. An manchen Stellen habe ich Zahlen und politische Entwicklungen knapp aktualisiert und ergänzt. Meine Diskursdaten beziehen sich dagegen weiterhin auf den Zeitraum 2014–2018. Inwiefern sich diskursive Deutungen z.B. durch die Corona-Pandemie verändert haben, ist daher kein Thema dieser Arbeit. Seit dem Frühjahr 2020 und der Abgabe meiner Arbeit ist in den Japanwissenschaften eine Vielzahl an neuen Publikationen erschienen, die sich mit Fragestellungen rund um Stadt-Land-Migration und den ländlichen Raum beschäftigen. Einige wichtige Neuerscheinungen diskutiere ich kurz im Folgenden, sie konnten jedoch nicht tiefergehend berücksichtigt werden.

---

5 „Japan will Tokio-Bewohner mit Umzugsbonus aufs Land locken" berichtete etwa der Spiegel (Jauernig 3.01.2023: online).

1.1 Japans verschwindende Regionen

Die Diskussion um die Stadt-Land-Migration junger Menschen spielt sich vor dem Hintergrund der Überalterung und Entvölkerung vieler Gegenden in Japan ab. Fast die Hälfte aller Gemeinden droht bis 2040 „auszusterben". So jedenfalls prophezeite es ein 2014 erschienener Bericht, der unter dem Namen „Masuda Report" bekannt wurde und als Buch unter dem recht dramatischen Titel „Verschwinden der Regionen" erschien (vgl. Masuda 2014). Unter der Feder des Politikers und früheren Gouverneurs der Präfektur Akita, Masuda Hiroya, entstanden, adressiert er vor allem die demographische Entwicklung als Kernproblem. Vor dem Hintergrund des von ihm geprägten Begriffs *chihō shōmetsu*, also „Verschwinden der Regionen", entstand eine rege mediale Debatte. So bezeichnet der Wissenschaftler Odagiri Tokumi den Effekt des Berichtes sogar als „Masuda Schock" (vgl. Odagiri 2014: 2). Masuda ist allerdings nicht der erste, der vielen Kommunen in Japans Regionen ein baldiges Ende prophezeit. Das 2006 erschienene Buch des Soziologen Ōno Akira hatte bereits ein ähnliches Szenario entworfen (vgl. Ōno 2005). Auch der von Ōno verwendete Begriff der *genkai shūraku* (etwa „Dörfer am Limit") wurde populär wie kontrovers diskutiert (vgl. Yamashita 2012).

Die Entvölkerung und Überalterung Japans ländlicher Regionen wird auch immer wieder von der ausländischen Presse thematisiert. „Flucht aus dem Hinterland" titelte etwa die Süddeutsche Zeitung 2015 (vgl. Neidhart 06.01.2015) und die US-amerikanische Zeitschrift The Atlantic fragte 2017 in einem Artikel: „Can anything stop rural decline?" (vgl. Semuels 23.08.2017). Die japanische Gesellschaft ist zwar beileibe nicht die einzige, die aufgrund von Abwanderung, Überalterung oder Strukturschwäche mit regionalem Niedergang zu kämpfen hat. Auch in vielen EU-Ländern und den USA gibt es Gegenden, die davon betroffen sind (vgl. Markey, Halseth und Manson 2008; Lang et al. 2015). Die Entwicklung in Japan scheint jedoch aufgrund der hohen Überalterung, des Schrumpfens der Gesamtbevölkerung und der starken Bevölkerungskonzentration in wenigen Metropolregionen besonders dramatisch und darum von Interesse.

Diese Entwicklung trifft auch die Metropolregionen, aber in vielen ländlichen und abgelegenen Gebieten ist der demographische Wandel weit ausgeprägter. Denn diese leiden auch unter der Abwanderung junger Menschen in die Großstädte. Seit dem Wirtschaftsboom in den 1960er Jahren verlieren Regionen abseits der urbanen Zentren wie Tōkyō und Kansai ihre Bevölkerung. Diese Landflucht hat sich in Zeiten wirtschaftlicher und sozialer Krisen manchmal verlangsamt, bleibt aber ungebrochen.

Zuletzt hatten Expert:innen, Politik und Medien ihre Hoffnung in die Auswirkungen der Corona-Krise auf Bevölkerungstrends gesetzt. Denn im Jahr 2021 zogen mehr Menschen aus den 23 Bezirken Tōkyōs weg als zuwanderten. Auch die Nettomigration in die Kantō-Metropolregion war 2021 so niedrig wie seit 1999 nicht mehr (vgl. Issei 2023). Telearbeit und Home-Office schienen sich in der diesbezüglich konservativen Arbeitswelt durchzusetzen. Das versprach neue Möglichkeiten des Arbeitens auch jenseits des pazifischen Gürtels, also jener Kette an Millionenstädten, die sich von Tōkyō über Nagoya und die Kansai-Gegend bis nach Fukuoka und Kitakyūshū zieht. Drei Jahre später scheinen die Migrationstrends jedoch wieder zu vor-pandemischen Verhältnissen zurückzukehren. Bereits 2022 zogen rund 20.000 mehr Menschen in die 23 Bezirke als weg (vgl. Issei 23.01.2023: online). Im Frühjahr 2023 griff die Regierung des Premierministers Kishida Fumio dann wieder auf finanzielle Anreize zurück, um Umzugswillige aus Tōkyō aufs Land zu locken. Ein bereits seit 2019 bestehendes Angebot wurde erweitert, das Haushalten bis zu 3 Millionen Yen (etwa 18.700 €) bietet, wenn sie in eine von 1.300 teilnehmenden Kommunen ziehen (vgl. NHK 08.01.2023: online CAS 2024). Ob dies zu einer Trendwende führen wird, scheint anhand des Scheiterns anderer, ähnlicher Initiativen fraglich.

1.2 Die jungen Generationen als Retter:innen der Regionen

Dabei setzt die Politik seit einigen Jahren ihre Hoffnung auf die Binnenmigration. Vor allem seit 2014 versucht man, Umzüge von Großstädten in ländlichere Regionen zu fördern. Laut Weißbuch des Ministry of Land, Infrastructure, Transport and Tourism (MLIT) interessieren sich rund 25 % der jungen Menschen aus den Metropolregionen Kantō, Nagoya und Kansai für einen Umzug in die Regionen (vgl. MLIT 2017: 69).

Es gibt zahlreiche Anreize, die vor allem junge Menschen und Familien anwerben sollen, wie z.B. günstige Wohnungen, finanzielle Unterstützung, Zuschüsse zur Kinderbetreuung u.v.m. Seit über zehn Jahren gibt es auch zwei staatliche Programme, die bis zu drei Jahre lang eine Anstellung in regionalen Städten und Dörfern finanzieren. Dabei handelt es sich um das 2009 ins Leben gerufene Programm *shūraku shien* („Gemeindeunterstützung") und das 2010 eingeführte, zahlenmäßig deutlich größere Programm Chiiki okoshi kyōryokutai (im Folgenden CHOK), in etwa „Unterstützungsgruppe für die regionale Revitalisierung" (vgl. MIC 2009, 2010). Beide Namen sind hier Programm: Die staatlich finanzierten Stellen sollen vor allem dazu dienen, Stadtentwicklung und Wiederbelebungsmaßnahmen zu unterstützen.

Seit 2014 war die Förderung des Zuzugs junger Menschen ein erklärtes Ziel der Revitalisierungspolitik des ehemaligen Premierministers Abe Shinzō (CAS 2015: 21). Auch unter dem aktuellen Amtsinhaber Kishida Fumio bleibt der Zuzug von Menschen in die Regionen ein zentrales Anliegen (vgl. CAS 2022: 10). In einer Rede, in der Abe 2014 dem Parlament sein Revitalisierungsprogramm vorstellte, sagte er dazu:

> Die strukturellen Probleme wie Bevölkerungsrückgang und Überalterung mit denen die Regionen konfrontiert sind, sind tiefgreifend. Aber junge Menschen haben Träume und Wünsche für die Zukunft und wünschen sich die Herausforderungen anzugehen. Ich bin überzeugt, dass gerade diese „Jugend" der Schlüssel ist, um die Krise zu bremsen. (CAS 2014)

Gerade die jungen Generationen, so der Eindruck, sollen die Verantwortung für die Probleme der Regionen übernehmen. Besonders erwünscht ist vor allem die Unternehmensgründung durch diese jungen Leute, um so die lokale, oft schwache Wirtschaft zu stärken. Dafür scheint aber in den Regionen auch „das ideale Leben" auf sie zu warten, ein „zu einem selbst passender Lebensstil" – so verspricht es zum Beispiel das 2017 vom Kabinettssekretariat herausgegebene *chihō ijū gaidobukku*, das „Guidebook für den Umzug in die Regionen" (vgl. CAS n.d.).

Die bisherige Forschung legt nahe, dass tatsächlich vor allem Wünsche nach einem besseren Leben, nach Selbstverwirklichung, die Suche nach einem Lebenssinn, aber auch ein Interesse an alternativen Lebensstilen (junge) Menschen motivieren, ins ländliche Japan zu ziehen (vgl. Hansen 2012; Klien 2015, 2016, 2019, 2020, 2022; Miserka 2019; Odagiri 2015; Rosenberger 2017). In der Forschung wird der – meist transnationale – Umzug in ländliche Regionen zur Verwirklichung der eigenen, zumeist post-materiellen Wünsche und zur Erreichung eines besseren Lebens auch als *amenity migration* (vgl. Gosnell und Abrams 2009) oder *lifestyle migration* (vgl. Benson und O'Reilly 2009; Benson und Osbaldiston 2014) bezeichnet. Auch Stadt-Land-Migration generell ist in anderen gesellschaftlichen Kontexten unter Begriffen wie *counterurbanisation* untersucht worden (vgl. Mitchell 2004). *Lifestyle Migration* und *counterurbanisation* sind also keinesfalls Phänomene, die nur in der japanischen Gesellschaft zu beobachten sei. Aber bemerkenswert ist in Japan das Ausmaß staatlicher und privatwirtschaftlicher Maßnahmen, um diese Form der Binnenmigration zu fördern.

Die meisten Autor:innen sehen das Phänomen u. a. als Effekt eines Wertewandels bei jungen Menschen, die sich unter dem Eindruck verschiedener wirtschaftlicher und gesellschaftlicher Krisen post-materiellen Werte zugewendet haben. Sie betrachten dabei die individuellen Perspektiven und beziehen sich meistens nur kurz auf den medialen und politischen Diskurs oder die erwähnten Regierungsprogramme. Susanne Klien, deren Monographie „Urban migrants in rural Japan" (2020) kurz nach Abgabe meiner Arbeit erschienen ist, hat über mehrere Jahre umfangreiche Interviews an verschiedenen Orten geführt. Darin zeichnet sie die Wünsche und Träume, aber auch Herausforderungen und Schwierigkeiten ihrer Interviewpartner:innen nach. Sie arbeitet heraus, dass viele dieser jungen Menschen zwischen einer Hoffnung auf Selbstverwirklichung und dem Gefühl, diese vielleicht nie zu erreichen, hin- und hergerissen sind: „caught between hope and constraint, aspiration and resignation" (Klien 2020: XV). Im ersten Kapitel ihrer Arbeit fasst Klien auch kurz den Diskurs um das ländliche Japan zusammen. Das Narrativ, das Medien und Politik rund um Stadt-Land-Migration entwerfen, wird von ihr jedoch nicht tiefergehend analysiert, da der Schwerpunkt auf den individuellen Selbsterzählungen liegt. Generell gibt es wenig Arbeiten, die sich mit dem Material der medialen und politischen Seite auseinandergesetzt und diese untersucht haben. Cornelia Reiher hat für ihren Aufsatz (2022) zwei präfekturale Werbevideos ausgewertet. Ihre Beobachtungen zum Rückgriff auf etablierte Bilder ländlicher Idyllen decken sich mit manchen von denen, die ich in meiner Arbeit ausführen werde. Sie bezieht sich jedoch mit zwei Videos auf wenig Daten und betrachtet nicht die Frage nach der Subjektivierung, also wie genau im Diskurs die jungen Menschen für die Revitalisierung in die Verantwortung genommen werden. Diese politische Responsibilisierung erwähnen auch Klien (2020) und Nancy Rosenberger (2019) ohne diese Ebene jedoch systematisch zu analysieren. Klien, Rosenberger und John Traphagan (2020), der sich mit *U-turnern* beschäftigt hat, beobachten die Effekte, die neoliberale und unternehmerische Vorstellungen auf Individuen haben. Die Arbeiten bieten spannende Ergebnisse auf der Ebene der Individuen und ziehen daraus Rückschlüsse auf gesellschaftliche Entwicklungen. Wie die erwünschten Handlungs- und Deutungsweisen an Individuen kommuniziert werden, liegt aber nicht im Fokus ihrer Analysen.

Luke Dilley, Menelaos Gkartzios und Odagiri Tokumi – der viel rund um Stadt-Land-Migration publiziert hat (vgl. Odagiri 2015) – stellen in ihrem Paper (2022) ebenfalls diese Forschungslücke heraus. Sie nehmen daher die politischen Programme in den Blick und betrachten, wie das ländliche Japan im Diskurs dargestellt wird. Ihr Fazit lautet dabei: „counterurbanisation in Japan could be understood as a powerful discourse" (Dilley et al. 2022). Allerdings nehmen auch sie keine systematische Diskursanalyse und qualitative Auswertung der diskursiv produzierten Texte vor. Die Ebene der Subjektivierung, also wie sich die vom Diskurs angesprochenen Individuen verhalten sollen, ist bei ihnen ebenfalls kein Thema.

1.3 Fragestellung, Theorie und Methode

Es liegen also keine Arbeiten vor, die sich diskursanalytisch mit der Frage beschäftigen, wie das Phänomen *I-turn* bzw. *chihō ijū* im Diskurs konstituiert wird, mit welchen Verheißungen es als attraktive Option präsentiert wird und welche normativen Vorgaben den adressierten Individuen gemacht werden. Während es zwar schon einige umfangreiche Arbeiten über junge Menschen, die in Japans Regionen ziehen, und über deren Motivationen gibt (s. o.), liegt noch keine Untersuchung vor, die sich basierend auf empirischen Daten ausführlich mit der Frage nach der subjektivierenden Wirkung des Diskurses im Verhältnis zu den Selbst-Erzählungen beschäftigt.

An diesen beiden Stellen setzt meine Arbeit an. Ich untersuche einerseits anhand ausgewählten Materials den öffentlich-medialen Diskurs und werte andererseits mittels in drei Orten erhobener Interviewdaten die Selbst-Erzählungen junger Menschen aus, die (zumeist aus Großstädten) in die Regionen gezogen sind. Im dritten Schritt setze ich dann den Diskurs zu den Selbst-Erzählungen in Bezug.

Somit ergeben sich die folgenden Hauptfragefelder:

1. Wie konstituiert der Diskurs das Phänomen Stadt-Land-Migration? Wer soll adressiert werden? Welche Deutungs- und Handlungsvorgaben werden unter Instrumentalisierung welcher Deutungsmuster, Narrative und Subjektpositionen vorgegeben?
2. Positionieren sich die jungen Menschen in ihren Selbst-Erzählungen zum Diskurs und seinen Handlungs- und Deutungsweisen? Wenn ja, welche lehnen sie als restriktiv ab, welche nutzen sie als Ressource?

Damit knüpfe ich an den wachsenden Zweig der empirischen Subjektivierungsforschung an, die sich in den letzten Jahren aus der Verbindung von Diskursanalyse und Biographieforschung entwickelt hat (vgl. Bosančić 2014, 2016, 2019; Geimer et al. 2019; Keller 2011; Pfahl 2011, Spies 2010; Mladenova 2023). Diese Arbeiten nehmen die Frage in den Blick, wie bestimmte Diskurse von Individuen in ihren Selbst-Erzählungen aufgegriffen werden und auf welche Art und Weise sie sich zu den diskursiven normativen Vorgaben, Selbst- und Weltdeutungsmustern positionieren. Damit soll nicht nur die programmatische Seite der Subjektivierung (vgl. Bröckling 2007), sondern auch die der Adressierten empirisch erforscht werden. Das heißt, es wird mit einer doppelten Empirie gearbeitet, da sowohl eine Diskursanalyse als auch die Interpretation von qualitativ erhobenen Interviews in die Forschung einfließen. Ich werde also einerseits den öffentlichen Diskurs um Stadt-Land-Migration rekonstruieren und anderseits anhand der Analyse von Interviews mit sogenannten *I-turnern* deren Selbst-Erzählungen untersuchen. Dies ermöglicht es, die „diskursive Situiertheit menschlicher Selbstverhältnisse" (Bosančić 2016: 97) nicht nur anzunehmen, sondern systematisch herauszuarbeiten.

Insofern erweitert die vorliegende Arbeit bereits erfolgte Forschungen zum Phänomen der Stadt-Land-Migration in Japan durch die Verknüpfung von Diskursanalyse und Untersuchung von Selbst-Erzählungen. Damit lenkt sie zudem den Blick auf die gesellschaftlichen Deutungsmuster des ländlichen Japans und untersucht, wie Bilder von Idylle und Verfall im Diskurs genutzt werden. Auf diesem

Wege wird auch der zunehmende neoliberale bzw. neosoziale Umbau des japanischen Staates in den Blick genommen.

Zur Erhebung meiner Daten hielt ich mich 2016 für neun Monate in Japan auf. Dort habe ich in Tōkyō Veranstaltungen, wie Seminare, Messen und Vorträge besucht, in denen über die Möglichkeiten zum Umzug in die Regionen informiert wurde. Zudem habe ich in dieser Zeit Material für die Diskursanalyse gesammelt. Dies geschah vor allem in Form von Lifestyle Zeitschriften und „grauer Literatur", also etwa Flyern oder Broschüren. Für die Erhebung der Interviews bin ich an drei verschiedene Orte gereist, die alle in Westjapan liegen: Ama in der Präfektur Shimane, Itoshima in der Präfektur Fukuoka und Yabakei in der Präfektur Oita.

Bei der Interviewführung standen die Selbst-Erzählungen im Fokus. Dafür habe ich eine Kombination aus narrativem (vgl. Schütze 1983) und problemzentriertem Interview (vgl. Witzel 2000) gewählt. Das narrative Interview betont das Erzählmonopol der Interviewten, die eine abgeschlossene Lebensgeschichte generieren sollen. Dies erwies sich jedoch in der Praxis nicht immer als umsetzbar, da die meisten Interviewpartner:innen nur sehr kurze Zusammenfassungen gaben und dann von meiner Seite durch Nachfragen zum Weitererzählen motiviert wurden. Das problemzentrierte Interview dagegen erlaubt in Abgrenzung zum narrativen Interview von vornherein eine stärkere Strukturierung des Gesprächs (vgl. Mey und Mruck 2007: 253). Dabei bleibt die Interviewsituation offen, es gibt keinen festen Ablauf und die Bedeutungsstrukturierung des Gegenstands wird der Auskunftsperson überlassen (vgl. Mey und Mruck 2007: 252).

Für die Interviews hatte ich vorher bestimmte Themen in einem Leitfaden zusammengefasst. Dieser war jedoch nur stichwortartig verfasst und auch in keiner Reihenfolge festgelegt. Er diente mir als Gedächtnisstütze und Orientierungsrahmen (vgl. Witzel 2000: 8). Der Ablauf des Interviews ergab sich dabei weitgehend aus dem durch meine Informant:innen bestimmten Erzählfluss. Berichtete beispielsweise eine Interviewpartnerin, dass sie des Lebens in Tōkyō müde gewesen sei und sich daher für ein Leben auf dem Land interessiert habe, kam ich bei der nächsten Gelegenheit darauf zurück – solange ich damit nicht zu sehr von einem vorherigen Erzählstrang wegleitete. Ich bat sie dann z.B., doch genauer zu erläutern, was sie mit dieser Aussage gemeint habe.

Im Anschluss an die Interviews habe ich zur Erhebung von Sozialdaten Kurzfragebogen ausfüllen lassen. Witzel empfiehlt, dies vor dem Interview zu tun und eventuell für Fragen zu nutzen (vgl. Witzel 2000: 10). Dies erschien mir jedoch nicht notwendig und bei meinen ersten Versuchen empfand ich dies zudem für die Herstellung einer lockeren Gesprächsatmosphäre vor dem eigentlichen Interview als eher hinderlich.

1.4 Aufbau der Arbeit

Der erste Teil dieser Arbeit widmet sich in den Kapiteln zwei und drei den gesellschaftlichen Hintergründen, vor denen der Diskurs um Stadt-Land-Migration sich entfaltet. Dabei zeige ich, wie die vor allem ab den 1990er Jahren einsetzenden gesellschaftlichen Veränderungen oft explizit oder implizit für die diskursive Konstruktion einer neuen Popularität von Landleben unter jungen Menschen genutzt werden. In Kapitel zwei zeichne ich zuerst die Entwicklung der japanischen Gesellschaft seit der Nachkriegszeit nach und lege dabei den Schwerpunkt auf die seit den 1990er Jahren zunehmenden Diskussionen um die Krise der lebenslangen Festanstellung. Damit verbinde ich den Blick auf die abnehmende Hegemonialität von Standard(erwerbs)lebensläufen, sowie Individualisierung der Lebensformen und Subjektivierung und Flexibilisierung der Arbeit. Diese Veränderungen stehen in direktem Zusammenhang mit dem seit 2014 entstanden Diskurs um Stadt-Land-Migration. Sie sind die Voraussetzung dafür, wie junge Menschen nun angerufen werden, das ländliche Japan zu revitalisieren. In diesem Kontext werfe ich auch einen Blick auf die zunehmend neoliberale Ausrichtung der Politik, die mit dazu führt, dass ehemals staatliche Aufgaben, wie die regionale Revitalisierung, nun zunehmend individualisiert werden.

Der Diskurs um Stadt-Land-Migration fokussiert vor allem die ländlichen Regionen, die einerseits durch junge Menschen gerettet werden sollen, andererseits aber als Orte dargestellt werden, in denen eine individuelle Selbstverwirklichung möglich sein soll. Der Diskurs bedient sich dabei etablierter Deutungsmuster und entwickelt diese teilweise weiter. Im dritten Kapitel stehen diese gesellschaftlichen Deutungsmuster, die das ländliche Japan einerseits als von Verfall bedroht konstituieren und anderseits als idyllische, nationale Heimatsphäre idealisieren, im Zentrum. Da der Diskurs zudem auf die „Krise der Regionen", also auf Probleme von Überalterung und Strukturschwäche in den ländlichen Regionen reagiert, gebe ich einen kurzen Überblick über die Entwicklung der Regionen in der Nachkriegszeit. Die Revitalisierungspolitik des früheren Premierministers Abe Shinzō, in deren Rahmen Stadt-Land-Migration zunehmend gefördert wurde, stellt dabei nur die eine in einer langen Geschichte von (zumeist gescheiterten) Revitalisierungsmaßnahmen dar. In diesem Zusammenhang werde ich aufzeigen, wie sich gemäß neoliberaler Logik eine zunehmende Verschiebung der Verantwortung von der nationalen auf die präfekturale bzw. lokale Ebene beobachten lässt.

Im Anschluss an diese Einordnungen widme ich mich in Kapitel vier der empirischen Subjektivierungsanalyse, die die Grundlage meiner Analyse darstellt. Diese baut auf die Wissenssoziologische Diskursanalyse (WDA) nach Reiner Keller auf (2011a) und verknüpft sie mit den Erkenntnissen der Selbst- und Identitätstheorien des Interpretativen Paradigmas (v.a. Mead und Goffman). In diesem Zusammenhang lege ich zudem das von mir verwendete Analysevokabular der Diskurs- bzw. Subjektivierungsforschung dar.

In Kapitel fünf und sechs folgt mit der empirischen Doppelperspektive der Hauptteil meiner Arbeit. Im fünften Kapitel widme ich mich zunächst der Analyse des Diskurses. Ich erläutere dabei die Auswahl und Erstellung meines Datenkorpus und arbeite dann aus dem Material die im Diskurs dominanten Deutungsmuster, *storyline*s und Subjektpositionen mit ihren normativen Vorgaben heraus.

Anschließend stehen im sechsten Kapitel die Selbst-Erzählungen im Mittelpunkt. Dort stelle ich zuerst meine Feldforschungsorte vor und gehe dann zur Interviewanalyse über. Anhand des Materials untersuche ich, mit welchen Motiven und Zielen die Interviewten ihre Entscheidung zum Umzug begründen. Dabei geht es mir darum zu zeigen, wie die Interviewten mit den Deutungsangeboten des Diskurses umgehen, ob sie die Narrative übernehmen. Hieran wird auch die Frage beantwortet, wie erfolgreich der Diskurs tatsächlich die Wünsche und Vorstellungen junger Menschen aufgreift.

Im siebten Kapitel verknüpfe ich die Diskursanalyse mit der Auswertung der Selbst-Erzählungen und diskutiere, ob und wie sich meine Interviewpartner:innen zum Diskurs positionieren. Dabei untersuche ich, welche Deutungs- und Handlungsvorgaben oder *storyline*s sich sowohl im Diskurs als auch in den Erzählungen wiederfinden. Abschließend ordne ich die Ergebnisse meiner Studie in größere gesamtgesellschaftliche Entwicklungen ein.

2 Individualisierung in Japan: Von der Nachkriegszeit bis in die Gegenwart

„Eine spät aufblühende Sonnenblume. Mein Leben, erneuert!" (*Osozaki no himawari. Boku no jinsei rinyūaru*). Unter diesem Titel lief 2012 auf Fuji TV zur Primetime am Dienstagabend eine zehnteilige Serie über den 20-jährigen Jōtaro, der aus der Metropole Tōkyō in eine Kleinstadt im ländlichen Shikoku zieht und dort ein neues Leben beginnt (vgl. Fuji Television Network: Internet). Seit dem Abschluss der Universität ist Jōtaro als Zeitarbeiter in einem Unternehmen tätig und hat nun die Beförderung zum festen Angestellten in Aussicht. Doch dann wird ihm plötzlich eröffnet, dass die Firma sich eine Übernahme nicht leisten kann, von einem Tag auf den anderen wird er entlassen. Daraufhin trennt sich seine langjährige Freundin von ihm. Sie ist unzufrieden damit, dass Jōtarō sechs Jahre nach Universitätsabschluss immer noch keine feste Stelle hat und verärgert über sein Verhalten, das sie als Mangel an Einsatz ansieht. In seiner Familie steht er zudem im Schatten des erfolgreicheren jüngeren Bruders Keitarō, der als fester Angestellter bei der Stadt arbeitet und bereits verheiratet ist. Ohne Job kann Jōtarō sich nun seine Wohnung in Tōkyō nicht mehr leisten. Als er im Internet nach einer günstigeren Wohnung sucht, stößt er zufällig auf eine Vermittlungsseite für „Umzug aufs Land" (*inaka ijū*) und findet dort eine Anzeige für ein sehr günstiges Haus – allerdings in einer ländlichen Gegend. Überzeugt davon, dass es dort keine Arbeit für ihn geben wird, erfährt er von der Möglichkeit, im Rahmen des CHOK-Programms (s. Kap. 5.1.1) angestellt zu werden. Er ist begeistert von der Vertragsdauer (drei Jahre) und dem Gehalt (130.000 Yen), zögert aber, für Haus und Job in eine ländliche Gegend, weit weg von Tōkyō, zu ziehen. Da er jedoch keine andere Möglichkeit sieht und von den schönen Naturaufnahmen in einem Werbevideo beeindruckt ist, beschließt er, nach Shikoku in die Stadt Shimanto zu ziehen. Zusammen mit einer Reihe anderer junger Menschen aus der Gegend, die er dort kennenlernt, setzt er sich im Verlaufe der zehn Folgen für die Revitalisierung des Ortes ein, schließt Freundschaften, findet eine neue Liebe und lernt die Probleme und Vorzüge des Lebens in ländlichen Regionen kennen. Am Ende findet Jōtaro heraus, was er mit seinem Leben machen möchte: Er entscheidet sich in Shimanto zu bleiben und mit einem Freund zusammen Reisbauer zu werden.

Osozaki no himawari erscheint fast wie ein Werbefilm für den Umzug in die Regionen, der sich gezielt an die sogenannte „Lost Generation" richtet. Jōtaro, fast 30 Jahre alt und noch unverheiratet, ohne finanzielle Rücklagen und ohne Job, steht stellvertretend für jene Generation, die in der Zeit der wirtschaftlichen Rezession seit dem Platzen der Bubble Economy in den 1990er Jahren und der Weltwirtschaftskrise 2008 nicht mehr selbstverständlich damit rechnen konnte, nach dem

Universitätsabschluss direkt mit einer lebenslangen Festanstellung in einem Unternehmen übernommen zu werden. Die Hauptcharaktere der Serie befinden sich mit Ende Zwanzig, Anfang Dreißig alle in einer Art verspäteten „coming of age". Mit verschiedenen Konflikten und Problemen konfrontiert, suchen sie nach ihrem Platz und Sinn im Leben, nach dem, was sie eigentlich wirklich machen wollen (*yaritai koto*). Sie haben Schwierigkeiten feste Anstellungen zu finden, arbeiten als temporäre Angestellte oder sind NEET (Not in Education, Employment or Training). So wird nicht nur das ländliche Japan als von wirtschaftlichen Problemen und Bevölkerungsrückgang bedroht dargestellt. Gleich in der ersten Folge wird von mehreren Charakteren diskutiert, dass feste Anstellungen nicht mehr als sicher betrachtet werden können, dass es nun wohl normal geworden sei, in befristeten Verträgen zu arbeiten. Das Leben in der Großstadt erscheint nicht mehr als Garant von Karriere und Wohlstand. Jōtaro scheitert an der Normalbiographie des *salaryman*, des (männlichen) japanischen Büroangestellten, deren Selbstverständlichkeit offensichtlich ins Wanken geraten ist. Zentral sind aber auch Themen wie Selbstfindung bzw. individuelle Selbstverwirklichung. Dies wird unterstrichen durch den Serientitel „Mein Leben erneuert" oder auch den Werbeslogan „was sind unsere Werte?" (*bokura no kachi tte nan desu ka*). Das ländliche Shimanto wird zum Ort, an dem Jōtaro etwas später aufblühen, sein Potenzial verwirklichen und sein Glück finden kann.

Diese Themen – die Rezession der letzten Jahrzehnte mit ihren unterschiedlichen sozialen Auswirkungen, die „verlorene Generation", die mit einem immer flexibler werdenden Arbeitsmarkt konfrontiert ist, oder junge Menschen, die sich mit Selbstfindung und Selbstverwirklichung auseinandersetzen – bilden auch den gesellschaftlichen Referenzrahmen, vor dem sich der Diskurs um den Umzug junger Menschen ins ländliche Japan abspielt. Diese gesellschaftlichen Veränderungen und neuen Werte, die der japanischen Gesellschaft seit dem Ende der Bubble Economy attestiert wurden und werden, sind das Thema dieses Kapitels.

Zum Verständnis dafür, wieso das Platzen der Bubble Economy und die wirtschaftlichen, gesellschaftlichen und politischen Auswirkungen als so einschneidend wahrgenommen werden, vollziehe ich zuerst die Etablierung der gesellschaftlichen Ordnung der Nachkriegszeit mit ihren hegemonialen modellhaften Subjektpositionen – Büroangestellter (Salaryman) und Vollzeithausfrau (*sengyō shufu*) – und der „großen Erzählung" einer meritokratischen Mittelschichtgesellschaft nach. Daran anschließend stehen hier die gesellschaftlichen Veränderungen seit den 1990er Jahren im Zentrum, insbesondere die Krise der lebenslangen Festanstellung und die damit einhergehende Prekarisierung der Jugend, der postulierte Wertwandel unter jüngeren Generationen sowie die wachsende neoliberale bzw. neosoziale Ausrichtung der japanischen Politik und Gesellschaft. Hier zeige ich auf, wie die zunehmende Individualisierung und die Subjektivierung von Arbeit zu neuen

Subjektvorstellungen führen. Diese Aspekte sind – abgesehen von den in Kapitel 3 thematisierten spezifischen Narrativen um das ländliche Japan – für das Analysekapitel von grundlegender Bedeutung. Wie das eingangs zitierte Beispiel der Serie *Osozaki no Himawari* bereits andeutet, reagiert der Diskurs um Stadt-Land-Migration auf gesellschaftliche Problemlagen einerseits und auf damit unmittelbar zusammenhängende neue Bedürfnisse und Werte junger Generationen andererseits. Zum Verständnis des Diskurses um „Stadt-Land-Migration" ist es also wichtig, neben den im nächsten Kapitel untersuchten *storylines* und Bildern über das ländliche Japan auch die dem Diskurs zugrundeliegenden gesellschaftlichen Veränderungen und Probleme zu betrachten.

2.1 Die Standardisierung der Lebensläufe und die Etablierung der dominanten Subjektvorstellungen

Das Ende des Feudalismus der Edo-Zeit, die Abschaffung der Stände und die Industrialisierung und Modernisierung brachten eine Loslösung der Individuen aus den traditionellen Lebenszusammenhängen mit sich (vgl. Shimada 2010: 161). Dabei wurde in der Meji-Zeit (1868–1912) eine Reihe von Institutionen und Strukturen nach westlichem Vorbild etabliert. Als besonders einflussreich erwiesen sich dabei das westliche Bildungssystem und westliche Zeitlichkeitsvorstellungen. Damit kam es auch zu einer Übernahme des Konzeptes des Lebenslaufes, also der Idee der individuellen Gestaltbarkeit des Lebens (Shimada 1994: 216). Lebensläufe waren in der Meiji- und Taishō-Zeit (1912–1926) anfänglich durchaus heterogen und weiterhin standes- bzw. regionsbezogen geprägt (vgl. Shimada 2007: 95). In der Nachkriegszeit wirkte sich dann jedoch die nun vom Westen übernommene Idee von Demokratie als höchstem Wert auch dahingehend aus, dass eine möglichst weitreichende Gleichheit der Individuen in der Gesellschaft angestrebt wurde. In diesem Zuge etablierte sich die Vorstellung eines Standardlebenslaufes für alle (vgl. Shimada 1994: 217–218).

Der Soziologe Martin Kohli, der als Begründer der Lebenslaufforschung gilt, unterteilt diesen institutionalisierten Standardlebenslauf moderner Gesellschaften in drei Phasen: Ausbildungs-, Erwerbs- und Ruhestandsphase. Der Standardlebenslauf ist damit auf die Erwerbsarbeit ausgerichtet (vgl. Kohli 2003). Dieser Standardlebenslauf, so Kohli, bringt eine „Verallgemeinerung von normativen Erfolgs- und Bilanzierungskriterien" mit sich und bildet eine „Normalitätsfiktion", an der das Individuum sich zu messen hat (1985). „Sie schafft einen Maßstab für das richtig gelebte (Erwerbs-) Leben, aber damit auch für das falsche." (vgl. Kohli 2003: 527–528). Mit der diskursiven Formatierung der Standardbiographie entstand so ein hegemoniales Modellsubjekt und rollenvermittelnde Subjektpositionen, die Orientierungsfolien für die adressierten Individuen bildeten.

Dieser Standardlebenslauf entwickelte im Nachkriegs-Japan einen so starken Einheitscharakter, dass man fast von einem ‚Lebenslaufregime' sprechen kann (vgl. Shimada und Ito 1996: 92). Der dreiteilige moderne Lebenslauf aus Ausbildung, Berufstätigkeit, Ruhestand war durch das Aufeinanderfolgen der Bildungsinstitutionen Schule und Universität sowie den anschließenden Eintritt in eine Großfirma mit lebenslanger Beschäftigung geprägt (Shimada 1994: 217–219). Dieser galt aber vor allem für Männer und wurde idealtypisch durch den Salaryman (Japanisch *sararīman*), dem Bürogestellten, verkörpert. Man kann in Anlehnung an Kohli daher wie für die westlichen Industriestaaten auch in Japan von ‚Normalarbeitsbiographien' für Männer und von ‚Normalfamilienbiographien' für Frauen sprechen (vgl. Kohli 2003: 528–529; Shimada 2010: 161). Diese Normalfamilienbiographie sah für Frauen zwar die Bildungsinstitution Schule vor, aber der Besuch der Universität und eine eventuelle, meist noch dazu sehr eingeschränkte Erwerbstätigkeit sollten vor allem in eine Heirat, den Austritt aus der Firma und der Gründung einer Familie münden. Als Komplementär zum Salaryman wurde so das Modellsubjekt der Vollzeithausfrau, der *sengyō shufu*, für die japanischen Frauen der Nachkriegszeit zur rollenvermittelnden Subjektposition im Rahmen gesellschaftlicher Normvorstellungen. Deren Entwicklungen betrachte ich im Folgenden nun etwas genauer.

2.1.1 Die dominanten Modellsubjekte der Nachkriegszeit

Bei den Modellsubjekten des Büroangestellten und der Hausfrau handelt es sich um *die* zentralen Sinnstiftungsangebote an die Individuen der japanischen Nachkriegsgesellschaft. Diese Modellsubjekte verliehen Männern wie Frauen in der weitgehend heteronormativ und patriarchal ausgerichteten Gesellschaft Orientierung und vermittelten ihnen, wie man als Mann oder Frau leben und seine Rolle(n) gestalten konnte. Dabei entsprach das Bild des Standardlebenslaufs, das sich in der Nachkriegszeit etablierte, wie sich zeigen wird, keineswegs der Lebensrealität aller Japaner:innen. Aber, und das ist der zentrale Punkt, sie *galten* als der Standard, als Leitfaden, an dem sich ein ‚normales', also gesellschaftlich breit akzeptiertes Leben zu orientieren hatte. Diskurse bilden schließlich keine Einzelereignisse ab (auch wenn Einzelereignisse Teile eines Diskurses werden können), sondern formen Typisierungen (vgl. Keller 2011a: 272). Und diese Typisierungen sind die Folien, die Individuen Orientierung in der Lebensgestaltung geben sollen.

Der *Salaryman*-Mythos

Der Salaryman als japanischer ‚everyman' entstand im Kontext der durch Urbanisierung und Industrialisierung zunehmenden Trennung von öffentlich und privatem Raum und der damit einhergehenden Geschlechterzuweisung als männlich-öffentlich bzw. weiblich-privat (vgl. Hidaka 2010: 3). Männer sollten nach höherem Schul- oder Universitätsabschluss als Büroangestellte für ein Großunternehmen arbeiten, heiraten und Kinder zeugen – Familiengründung wurde daher oft vom Arbeitgeber gefördert (vgl. Coleman 1983: 188, zit.n. Hidaka 2010: 83–84). Damit verbunden waren Versprechungen verschiedener Leistungen durch den Arbeitgeber wie lebenslange Beschäftigung, sowie Löhne und Beförderungen, die an die Beschäftigungsdauer geknüpft waren (vgl. Dasgupta 2013: 24). Die lebenslange Beschäftigung war dabei vor allem das Ergebnis von Gewerkschaftskampagnen und gilt als Gesellschaftsvertrag der Nachkriegszeit (vgl. Matanle 2006: 59). Allerdings war dieser Standardlebenslauf mit lebenslanger Beschäftigung in einem Großunternehmen nie für den gesamten (männlichen) berufstätigen Teil der Bevölkerung erreichbar. Die Schätzungen reichen für die Hochphase der späten 1980er Jahre von 20 % bis 40 % der arbeitenden männlichen Bevölkerung, die sich tatsächlich in so einem Angestelltenverhältnis befanden (vgl. Takanashi et al. 1999: 7, zit.n. Mathews 2007: 105; Chiavacci 2008: 18). Allerdings war das ideale Lebenslaufmodell in ähnlicher Form jenseits der Großunternehmen in mittleren und kleinen Unternehmen und auch für Arbeiter und Fabrikangestellte erreichbar (vgl. Chiavacci 2008: 16). Insgesamt entwickelte das Modell des Salaryman einen derart starken normativen Wert, dass Gordon Mathews ihn als „Japanese dream" bezeichnet (vgl. Mathews 2007: 106).

Das japanischen Rekrutierungs- und Beschäftigungssystem formalisierte sich in der Nachkriegszeit stark. Bereits während des Besuchs der höheren Schule oder der Universität begann die Arbeitssuche über Vermittlung der Bildungsinstitutionen oder privater Anbieter. Das heißt, noch vor dem Abschluss hatte der zukünftige Salaryman seinen Arbeitsplatz gesichert und ging nahtlos nach dem Abgang von der Bildungsinstitution als neuer Angestellter in das Berufsleben über. Mit dem Eintritt in die Firma wurde der ehemalige Schüler oder Student nicht nur zum Salaryman, sondern zum *shakaijin*, zum vollwertigen, da produktiven Gesellschaftsmitglied (vgl. Hidaka 2010: 104). Der Begriff *shakaijin* verweist dabei auf die Verantwortungen, die nun auf das Individuum zukam: Vollzeitarbeit, Ehe, Elternschaft (Dasgupta 2013: 58). Zuhause war der Salaryman dann nicht nur Ehemann und Vater, sondern patriarchales Familienoberhaupt[1].

---

1 Anhand qualitativer Interviews zeigt Hidaka auf, wie sich dies meist Zuhause äußerte: Väter bekamen etwa zuerst das Essen serviert, mit dem Essen wurde erst angefangen, wenn der Vater

Die zentrale Aufgabe des Mannes war es also als Geldverdiener die Familie zu finanzieren, was dazu führte, dass Arbeit zum zentralen Punkt der Männlichkeit wurde: „it was this equation of masculinity with work and being the family provider that was key to its emergence as the hegemonic model of masculinity in Japan" (Dasgupta 2013: 25). So wurde der Salaryman zur dominanten Subjektposition des Arbeitnehmers und, wie Hidaka oder Dasgupta argumentieren, gleichzeitig zum hegemonialen Männlichkeitsbild.

Vollzeithausfrauen und Office Ladies – Frauen Zuhause und am Arbeitsplatz
Ähnlich stark ideologisch aufgeladen war auch das Bild der *sengyō shufu*, der „Vollzeithausfrau". In der Nachkriegszeit waren viele Frauen erwerbstätig, jedoch vor allem in niedrigbezahlten Bereichen (vgl. Lenz 1997: 84). Eine Karriere am Arbeitsplatz war für sie aber im Gesellschaftskonzept nicht vorgesehen, die hegemoniale, als erstrebenswert dargestellte rollenvermittelnde Subjektposition war die der Hausfrau und Mutter. Von verheirateten Frauen wurde im Rahmen dieses Rollenmodells erwartet, dass sie ihre Berufstätigkeit mit der Ehe oder spätestens der Geburt des ersten Kindes beendeten, um in Vollzeit die Aufgaben als Hausfrau und Mutter zu übernehmen (vgl. Lenz 1997: 183). So wie die Erwerbstätigkeit und mit ihr der öffentliche Raum dem Mann zugeschrieben wurde, so sollte der private Raum Aufgabe der Frau sein – es etablierte sich also eine räumlich-geschlechtliche Arbeitsteilung (vgl. Ochiai 1997: 76, zit.n. Hillmann 2019: 52). Die Zuweisung der Rolle als Ehefrau und Mutter, die sich ganz auf Haushalt und Kinder konzentrieren sollte, hatte ihre Wurzeln in der Meiji-Zeit, in der durch den Staat und das Erziehungs-ministerium das Konzept der *ryōsai kenbo*, der „guten Ehefrau und weisen Mutter" verbreitet worden war (vgl. Goldstein-Gidoni 2015: 42). In der Nachkriegszeit ent-wickelte sich das Modell der Hausfrau als so dominant, dass die japanischen So-ziologin Ochiai Emiko von der *shufu-ka*, der „Hausfrauisierung" spricht (Ochiai 1996, 2005, zit.n. Goldstein-Gidoni 2015: 39). So wie Männer sich in der betriebsorien-tierten Gesellschaft auf die Erwerbsarbeit konzentrieren sollten, sollten Frauen ein schönes Heim einrichten und den Staat bzw. die Wirtschaft durch das Ehefrau- und Mutter-Dasein unterstützen (vgl. Lenz 1997: 182).

Zusammen mit der zunehmenden Urbanisierung entwickelte sich in den Nachkriegsjahren das Idealbild der Kernfamilie, das den alten Drei-Generationen-Haushalt ablöste und jungen Paaren mehr Unabhängigkeit und ein eigenes Heim versprach. Dieses Familienmodell mit dem Ehemann als Ernährer wurde durch die

---

begann, auch beim Baden kamen meist die Väter zuerst an die Reihe und männliche Kinder vor weiblichen (vgl. Hidaka 2010: 23).

steigenden Löhne der Salaryman und deren soziale Absicherung durch die Firma ermöglicht (vgl. Tachibanaki 2010: 174–175).

Hier sind deutliche Parallelen zu den Lebensläufen der Baby-Boomer-Generationen in den USA oder West-Europa beobachtbar. So wie dort wurde auch in Japan das Leben als Hausfrau zum Symbol ökonomischen Wohlstands erhoben, da nur ein gut bezahlter Beruf des Ehemanns die Tätigkeit als Hausfrau ermöglichte. Auf diese Weise wurde das Bild der Hausfrau bzw. der Versorgerehe mit gesellschaftlichem Status verknüpft (vgl. Goldstein-Gidoni 2015: 41). Tatsächlich ging es aber auch mit neuen Freiheiten für die jungen Frauen der Nachkriegszeit einher. Für sie bedeutete die Loslösung aus dem Drei-Generationen-Haushalt nicht mehr den Schwiegereltern und besonders der Schwiegermutter untergeordnet, sondern Herrin im eigenen Heim zu sein. Dort sollten sich Frauen auf Haushalt und Kinder konzentrieren. Die Hausfrauen-Ehe wurde und wird bis heute auch staatlich stark gefördert, etwa durch hohe steuerliche Freibeträge auf das Einkommen des Ehemannes (vgl. Mason und Ogawa 2001: 58, zit.n. Schad-Seifert 2008: 110).

Abseits dieser hegemonialen Subjektposition gab es selbstverständlich auch in den Nachkriegsdekaden viele Frauen, die bezahlter Arbeit nachgingen; vor allem in der Textil- später auch in der Serviceindustrie (vgl. Macnaughtan 2006: 41). Aber ein der männlichen Normalarbeitsbiographie (s.o.) entsprechender beruflicher Karriereweg war ihnen weitgehend verwehrt. Diese waren vollständig auf Männer ausgerichtet und in den Großfirmen, die als Standardarbeitgeber für den Salaryman galten, wurden Frauen, wenn überhaupt, dann lediglich als Office Ladies (OL) eingesetzt, deren Aufgabe vor allem in Empfangstätigkeiten und Tee servieren bestand (vgl. Macnaughtan 2006: 40). So gab es also einen nicht geringen Anteil von Frauen, die in Teilzeit und befristeten Verhältnissen tätig waren. Gleichzeitig wurde die Exklusivität der lebenslangen und vollen Beschäftigung für die weitgehend männliche Stammbelegschaft weder angetastet noch in Frage gestellt. Die Teilzeitbeschäftigung betraf besonders verheiratete Frauen mittleren und höheren Alters, die keine Kinder mehr erziehen mussten. Zugleich schloss sie weiterhin Karrierewege aus und stand daher nicht im Widerspruch zum eigentlich als zentral definierten Lebensinhalt der Frauen: Heim und Haushalt (vgl. Goldstein-Gidoni 2015: 40). Die M-Kurve[2] – mit einem Peak der Erwerbstätigkeit von Frauen in ihren 20ern und einem weiteren Peak in ihren 40ern – ist für die Erwerbsbeteiligung im Lebensverlauf von Frauen bis heute charakteristisch und hat sich, genauso wie die

---

2 Das heißt, die Kurve der Erwerbstätigkeit von Frauen flacht in deren 30ern, also der Zeit der Geburt und Erziehung der Kinder, ab. Der zweite Peak fällt in die Zeit, wenn die Kindererziehung weitgehend beendet ist. (vgl. Macnaughtan 2006: 34).

Erwerbsrate von Frauen seit den 1950er Jahren nur wenig verändert (vgl. Macnaughtan 2006: 34; Hillmann 2019: 55–56).

In den 1970er Jahren hatte sich diese Normalfamilienbiographie für Frauen im gesellschaftlichen Bild fest etabliert. Gleichzeitig wurde die industrielle Geschlechterordnung jedoch durch die zunehmende Teilzeitarbeit und Müttererwerbstätigkeit und die aufkommende Frauenbewegung, „heimlich erodiert" (vgl. Lenz 1997: 193). Hinzu kam ein Arbeitskräftemangel, der dazu führte, dass zunehmend Frauen – in Teilzeit – eingestellt wurden (vgl. Goldstein-Gidoni 2015: 40). 1986 wurde dann das Beschäftigungsgleichstellungsgesetz (*Danjo Koyō Kikai Kintō Hō*) verabschiedet. Diese Entwicklungen führten zu einem wachsenden Anteil an unverheirateten berufstätigen Frauen (vgl. Schad-Seifert 2014: 18).

Der Anteil von angestellten Frauen nimmt zwar beständig zu und auch deren Arbeitsinhalte werden zunehmend heterogener, das Beschäftigungssystem ist jedoch bis heute trotz politischer Initiativen weitgehend geschlechtergetrennt und ein Großteil der beständig steigenden Anzahl irregulär Beschäftigter ist weiblich (vgl. Macnaughton 2006: 41). Seit den 1990ern ist zwar das System der lebenslangen Festanstellung ins Wanken geraten, die soziale Erwartung an Frauen, Zuhause zu bleiben und die Kinder zu erziehen, ist aber weiterhin hoch. Neuere Gesetzgebungen haben daran wenig geändert. So gibt es zwar z. B. Erziehungsurlaub, den sowohl Männer als auch Frauen beantragen können. Faktisch wird dies jedoch weitgehend von Frauen in Anspruch genommen (vgl. Macnaughton 2006: 46; Hillmann 2019: 7).

Die Politik des ehemaligen Premierministers Abe mit seinem als „Womenomics" bekannten Programm kann zwar einerseits als Initiative betrachtet werden, Frauen stärker in den Arbeitsmarkt einzubeziehen. Andererseits hatte diese Politik nicht primär Geschlechtergleichberechtigung zum Ziel, sondern entstand vor dem Hintergrund des Geburtenrückgangs und des Arbeitskräftemangels (vgl. Schad-Seifert 2015). Abe selbst vertrat und bediente zudem eigentlich ein konservativ geprägtes Familienbild (vgl. Hillmann 2019: 234–237). Frauen sollte ein Zugang zu Arbeitsmarkt und Karriere also hauptsächlich deshalb erleichtert werden, um die Wirtschaft man Laufen zu halten[3]. Gleichzeitig ist das zunehmend spätere Heiratsalter und die wachsende Zahl unverheirateter Frauen bis heute ein häufiges Diskussionsthema, wenn es um die sinkende Geburtenrate geht. Besonders aus konservativer Ecke werden diese Frauen dazu aufgefordert, zu heiraten und Kinder zu bekommen (vgl. Nakano 2014: 166). So entstand eine Politik, in der Geschlech-

---

3 Kritische Stimmen sehen dahinter vor allem den Versuch, eine Lockerung des restriktiven Einwanderungsgesetzes vermeiden zu können. Weibliche Arbeitskräfte werden also ausländischen noch vorgezogen (vgl. Schad-Seifert 2015).

tergleichberechtigung hauptsächlich aus einer pronatalistischen und/oder ökonomischen Motivation resultiert (vgl. Fassbender 2016, 2021; Hillmann 2019: 236–237). Die Subjektposition der Hausfrau und Mutter ist so trotz starker Veränderungen auf dem Arbeitsmarkt durchaus weiterhin wirkmächtig (vgl. Goldstein-Gidoni 2015: 40). Wie Hillmann zusammenfasst, werden überkommene Rollenbilder von Männlichkeit und Weiblichkeit zwar zunehmend in Frage gestellt und Alternativen aufgezeigt, aber progressive Ansätze zur Geschlechtergleichstellung dabei in den Dienst neoliberaler wirtschaftspolitischer Ziele gestellt (vgl. Hillmann 2019: 9, 236–237).

2.1.2 Das neue Mittelschicht-Bewusstsein

Die Orientierung an den dargelegten Normalbiographien bzw. rollenvermittelnden Subjektpositionen war immer eng mit Versprechungen von materiellem Wohlstand und gesellschaftlicher Anerkennung verbunden. Männer als Brotverdiener sollten hart für Unternehmen arbeiten und somit die Wirtschaft des Staates unterstützen, Frauen dagegen hatten den Haushalt und ihre Kinder zu versorgen, um auf diese Weise ihren Ehemännern den Rücken freizuhalten und dadurch sowie durch die ‚Produktion' zukünftiger Generationen indirekt das Wirtschaftswachstum fördern zu können (vgl. Hidaka 2010: 3). Mit dieser Form der Einbindung der Individuen in die staatliche Wirtschaft ging das Versprechen von Wohlstand *für alle* einher; das *akarui seikatsu* (das ‚gute Leben') sollte sich auf alle Gesellschaftsmitglieder ausweiten und ermöglichen das Heim mit Konsumgegenständen auszustatten, die das Leben in einer prosperierenden Industriegesellschaft repräsentierten. Tatsächlich zeichnete sich zunächst ein zunehmender Wohlstand innerhalb der japanischen Gesellschaft ab. Dies schlug sich besonders ab den 1970ern in Umfragen nieder, nach denen sich der Großteil der Japaner:innen (bis zu 90 % in den 1980ern) selbst als Angehörige der Mittelschicht betrachteten (vgl. Schad-Seifert 2008: 106). Insofern etablierte sich ein breites Mittelschichtbewusstein. Der Soziologe Miura Atsushi beschreibt das hohe Wirtschaftswachstum und das Mittelschichtbewusstein als „große Erzählung" der Nachkriegszeit, die den Nationalismus der Vorkriegszeit als nationale Identität abgelöst habe. Unter Verweis auf Slogans wie „Konsum ist Tugend" betrachtet er Konsum als eng mit der Identitätsformation als Staatsbürger, Gesellschaftsmitglied und Familienmitglied verbunden. Durch das Gefühl der Zugehörigkeit zur Produktionsgemeinschaft der Unternehmen und zur Konsumgemeinschaft der Familie hätte sich so eine Identität gebildet, die ganz auf Arbeit und Konsum basiert gewesen sei (vgl. Miura 2006: 16). Auch andere Autor:innen verweisen auf die zentrale Rolle des Konsums als Aufgabe der Bürger:innen. So sollten sie zum Wirtschaftswachstum beitragen und gleichzeitig daran teilnehmen. Der Lebens- und Konsumstil einer prosperierenden Industriegesellschaft und die Bindung von Lebenszufriedenheit und Lebensstandard an Konsum waren politisch induziert und wurden als wünschenswert nahegelegt (vgl. Iida 2002: 172–177; vgl. Schad-Seifert 2008: 107–108).

Selbstverständlich gab es auch in Zeiten des Wirtschaftswachstums und des breiten Mittelschichtbewusstseins soziale und geschlechtliche Disparitäten, und verschiedene marginalisierte Minderheiten (vgl. Weiner 2009). Aber dies wurde durch die Wahrnehmung einer allgemeinen Aufwärtsmobilität und den Massenkonsum der Haushalte, aber auch den Mythos ethnischer Homogenität (s. u.) verschleiert. Für breite Teile der Gesellschaft waren existierende Differenzen weitgehend irrelevant für die eigene Selbstwahrnehmung als Mittelschicht (vgl. Schad-Seifert 2008: 105). Die „große Erzählung" von Wirtschaftswachstum und breiter Mittelschicht suggerierte so das Bild einer im Grunde meritokratischen Gesellschaft, die von Wohlstand und Sicherheit für alle Gesellschaftsmitglieder geprägt sei. Dazu kamen verschiedene andere Narrativen, wie das der „low-crime nation"[4] (vgl. Osawa 2018: 43) oder der „ethnisch homogenen Gesellschaft" (*tan'itsu minzoku*) (vgl. Befu 2001), die Gefühle von Sicherheit und Stabilität unterstützten.

Besonders ab den 1970ern begann sich ein Diskurs um „die Japaner" (*nihonjinron*) zu etablieren, der in den 1980ern seinen Höhepunkt erreichte. Verschiedene Autoren entwickelten darin ein Konzept japanischer kultureller Besonderheiten. Eine ihrer zentralen Thesen, die von Kritikern auch als „Mythos ethnischer Homogenität" (*tan'itsu minzoku no shinwa*) bezeichnet wird, ist, dass der japanische Wirtschaftserfolg, die japanische Betriebsorganisation sowie die sozial egalitäre japanische Gesellschaft auf ethnische Homogenität zurückzuführen seien. Besondere japanische Eigenschaften wie Gruppenorientiertheit und Harmonie seien grundlegend für den Erfolg der japanischen Wirtschaft und Gesellschaft (vgl. Befu 2001). Die Dominanz dieses Selbstbildes einer harmonischen, meritokratischen, sicheren, sowie wirtschaftlich prosperierenden Gesellschaft, die trotz vorhandener aber durch diesen Mythos gewissermaßen überschriebener Ungleichheiten lange Zeit dominierte, ist wichtig, um zu verstehen, wieso die Dekaden seit den 1990er als so einschneidend empfunden wurden und werden.

---

4 Bis in die 1990er Jahre galt Japan als Land mit einer ungewöhnlich niedrigen Kriminalitätsrate – besonders im Vergleich mit anderen Industrienationen. Damit verbunden war auch der Mythos Japans als besonders sicherer Gesellschaft. Als Erklärung wurde von Autor:innen bis in die früheren 2000er vor allem eine angeblich besondere Gruppenorientiertheit der Japaner:innen herangezogen (Osawa 2018: 43–45).

2.2 Das Platzen der Bubble – Japan in der Krise

Die vieldiskutierten wirtschaftlichen, politischen und sozialen Krisen seit den 1990er Jahren stellen eine massive Zäsur in der Geschichte und im Selbstverständnis der japanischen Gesellschaft dar. Mit dem Platzen der Wirtschaftsblase und der anschließenden Rezession gerieten die im vorigen Kapitel diskutierten Selbstverständlichkeiten zunehmend ins Wanken. Eine Reihe von gesellschaftlich traumatischen Ereignissen wie das verheerende Erdbeben von Kōbe und die Giftgasanschläge auf die Tōkyōter U-Bahn im Jahr 1995 stellten zudem das Narrativ von Sicherheit und gesellschaftlicher Stabilität in Frage. Der in Massenmedien und Forschungsliteratur etablierte Begriff der „verlorenen Dekade" (vgl. Hommerich 2012: 66–67) zeigt, als wie tiefgreifend die wirtschaftliche Krise und ihre vielfältigen Auswirkungen bis heute begriffen werden. Fast 30 Jahre später ist das in dieser Zeit etablierte Krisennarrativ weiterhin wirksam. So kann die Politik Abes in ihrer Gesamtheit, insbesondere aber die Wirtschaftspolitik der Abenomics, als Versprechen verstanden werden, zu der nun nostalgisch verklärten Gesellschaft der Shōwa-Zeit zurückkehren zu wollen (vgl. Dahl 2016: 29; Scherer 2019).

2.2.1 Das Ende der Mittelschichtsgesellschaft?

Die durch das Platzen der Bubble verursachte wirtschaftliche Krise führte in den 1990ern zum Bankrott großer Unternehmen und einem starken Anstieg der Arbeitslosigkeit. Im Juli 2001 erreichte die Arbeitslosenquote erstmals 5 %, für 15–25-jährige Männer lag sie seit 1999 sogar bei über 10 % (vgl. Genda 2005: 3). Angesichts der wirtschaftlichen Krise begannen viele Unternehmen mit Umstrukturierungsmaßnahmen und stellten weniger junge Arbeitnehmer:innen ein, zudem wuchs die Zahl der irregulär Beschäftigten. Seither ist das Bild der homogenen Mittelschichtgesellschaft von dem einer geteilten Gesellschaft sozialer Ungleichheiten (*kakusa shakai*) abgelöst worden (vgl. Chiavacci 2008). Durch den damit einhergehenden radikalen Wandel des Selbstbildes werden Disparitäten nun viel stärker wahrgenommen und gesellschaftlich diskutiert, vielfältige Problemfelder werden identifiziert (vgl. Hommerich 2012: 206). Besonders als sich abzeichnete, dass die wirtschaftliche Krise von Dauer sein würde, setzen sich laut Umfragen in der Bevölkerung zunehmend ein Gefühl der Unsicherheit sowie steigende Zukunftssorgen durch (vgl. Hommerich 2012: 206; Coulmas 2010: 17).

Als bedingt durch die wirtschaftliche Rezession die Arbeitslosenquote wuchs und die Einstellungsquote bei jungen Universitätsabsolventen sank, geriet der vorher als garantiert geltende Standardlebenslauf des Salaryman ebenfalls in die Krise. Selbst Absolvent:innen einer prestigeträchtigen Universität konnten nun nicht mehr selbstverständlich mit einer Anstellung rechnen und diejenigen, die Arbeit fanden, erhielten nicht mehr automatisch einen unbefristeten Vertrag (vgl. Hidaka 2010: 107; Mathews 2007: 111). Das Versprechen eines meritokratischen Bildungssystems (die *gakureki shakai*), demzufolge auf einen entsprechenden Abschluss auch eine feste Anstellung folgte, war damit gebrochen: „For a society committed to the idea that academic achievement is the key to success, such a development causes confusion and insecurity" (Hommerich 2012: 214). Stattdessen nahm im Verhältnis zur Stammbelegschaft die Anzahl irregulär Beschäftigter zu (vgl. Genda 2005: 33–34). Des Weiteren führte die gestiegene Arbeitslosenquote der unter 30-jährigen und die Abnahme von Stellenangeboten zu einem erhöhten Konkurrenzdruck (vgl. Hidaka 2010: 106). Aufgrund von Sparmaßnahmen wurde zudem der Umfang der von den Unternehmen bereitgestellten Ausbildungs- bzw. Weiterbildungsmaßnahmen, das typische „on-the-job training", reduziert (vgl. Mathews 2007: 109). Durch die Einstellung weniger neuer Jobanfänger stieg zugleich die Arbeitsbelastung der einzelnen Arbeitnehmer (vgl. Genda 2005: 33–34).

Dies ist die Situation in der sich Jōtaro, der Hauptcharakter der Serie *Osozaki no Himawari* in der ersten Folge befindet. Allerdings nicht in den 1990er Jahren, sondern unmittelbar im Anschluss an die Weltwirtschaftskrise 2008, die in Japan als „Lehman Schock" bezeichnet wird. Auch sie führte zu einem Einbruch in den Beschäftigungsquoten, wenn auch nicht so ausgeprägt wie in den 1990er Jahren und in den frühen 2000ern (vgl. Hori 2019).

2.2.2 Die Krise des Salaryman-Mythos

Im Kontext der Zunahme an irregulärer Beschäftigung rückten die sogenannten *freeter* in den Mittelpunkt öffentlicher Diskussionen. Dieses Phänomen war bereits in den 1980er Jahren thematisiert worden. Die Bezeichnung *freeter* setzt sich aus dem englischen Wort „free" und dem deutschen Wort „Arbeit" zusammen. Der Begriff wurde 1989 von der Zeitschrift Recruit geprägt:

> Launching this concept in the flush period of the bubble economy, Recruit intended it to be an attractive alternative to what had hitherto been the normative ideal – lifetime employment in middle- to large-sized corporations. *Freeta* connoted freedom: to freely choose – and change – jobs, and to be freed of a permanent obligation to company and therefore freed up for other personal interests. (Allison 2009: 98)

Mit diesem Begriff wurden also junge Menschen bezeichnet, die selbstgewählt nur befristet arbeitstätig waren und dann das gesparte Geld ausgaben, um etwa lange Reisen ins Ausland zu unternehmen. Die Wahlfreiheit wurde hier der Sicherheit der lebenslangen Festanstellung als attraktive Option gegenübergestellt. Zu einer

Zeit, als der „Salaryman-Lifestyle" den Standardlebenslauf darstellte, galten *freeter* so einerseits als frivol und egoistisch, andererseits als Symbol von Freiheit und Nonkonformismus (vgl. Allison 2009: 98). Damit standen sie auch für den wirtschaftlichen Wohlstand der Gesellschaft, da sie sich scheinbar selbst in befristeten Arbeitsverhältnissen einen guten Lebensstandard leisten konnten (vgl. Brinton 2011: 6).

Ab den 1990er Jahren begann sich der Diskurs um das *freeter*-Phänomen jedoch zu verändern. Mit der Zunahme irregulärer Beschäftigung galten *freeter* nun zunehmend als Symptom der allgemeinen wirtschaftlichen Krise und der wachsenden Arbeitslosigkeit unter jungen Menschen. So wurde das *freeter*-Dasein nicht mehr als selbstgewählt, sondern als Effekt mangelnder Arbeitsmöglichkeiten gedeutet (vgl. Genda 2005). In diesem Zusammenhang wurde vor allem auch thematisiert, dass der nahtlose Übergang von (prestigeträchtigen) Universitäten zu Unternehmen zunehmend an Selbstverständlichkeit verlor. Tatsächlich aber war die Arbeitslosenrate unter Arbeitssuchenden mit Oberschulabschluss (vgl. Genda 2005: 13; Brinton 2011: 78) sowie ganz generell unter Frauen, die angesichts mangelnder Möglichkeiten aus der Arbeiterschaft ausschieden, wesentlich höher als unter männlichen Universitätsabsolventen (vgl. Genda 2005: 20). Die zunehmende Prekarisierung der Jugend als *freeter* wurde so eigentlich erst zum Fokus angeregter gesellschaftliche Diskussionen, als zunehmend auch junge Männer aus der Mittelschicht davon betroffen waren.

> What created the moral panic was not that young people were doing (or even opting to do) this sort of work, or even that they were doing so in large numbers, but that young people from the wrong social class were ending up doing this work. (Slater 2009: 163).

Der *freeter*-Status wurde nun nicht mehr als weitgehend freiwillig gewählt betrachtet (vgl. Genda 2005: 52). Es handelt sich daher also vor allem um eine Krise des Salaryman-Mythos: auch die männliche Mittelschicht musste nun zunehmend unsichere, befristete Tätigkeiten aufnehmen. Oder, anders gesagt: Die Probleme befristeter und prekärer Arbeitsverhältnisse erreichten nun selbst die (männliche) Mittelschicht und wurden daher als besonders bedrohlich wahrgenommen. Andererseits wurden *freeter* nicht nur als Opfer der Wirtschaftskrise gesehen, sondern auch als Arbeitsverweigerer eingestuft, als junge Menschen mit Mangel an Einsatz und Enthusiasmus, die keine (gesellschaftliche) Verantwortung übernehmen wollen[5] (vgl. Hidaka 2010: 108, 110). Unabhängig von der Interpretation, ob es sich um

---

5 Dies überschneidet sich mit anderen Diskussionen um eine Jugend, die ihren gesellschaftlichen Verantwortungen nicht mehr nachkommt bzw. die für sie vorgesehenen Rollen verweigern. Ein anderes prominentes Beispiel ist der Diskurs um die *parasaito shinguru* (vgl. Yamada 2002): un-

einen selbstgewählten Status handelte oder nicht, wurden *freeter* zum Symbol für die zunehmende Flexibilisierung und Prekarisierung des vorher als weitgehend stabil eingeschätzten japanischen Beschäftigungssystems.

2.3 Individualisierungstendenzen in Post-Bubble Japan

Im Kontext dieser Diskussionen um *freeter* spielte auch eine Rolle, dass sich in Umfragen ab den 1990er Jahren abzeichnete, dass junge Arbeitnehmer:innen ein abnehmendes Gefühl der Loyalität zu Unternehmen verspüren und zunehmend innerhalb der ersten Berufsjahre ihre Arbeitsstelle aufgeben bzw. wechseln (vgl. Mathews 2007: 108). Insgesamt zeigte sich ein abnehmendes Interesse an lebenslanger Anstellung in derselben Firma, ein abnehmendes Interesse an engen zwischenmenschlichen Beziehungen innerhalb der Firma und eine Abkehr vom Konzept der „Selbstaufopferung" für die Firma. Stattdessen gewannen zunehmend andere Aspekte an Bedeutung: neben materieller Sicherheit nahm vor allem der Wunsch nach beruflicher Selbstentfaltung sowie einer ausgeglichenen Work-Life-Balance zu (vgl. Maeda 2010: 55 – 56; Nagatomo 2013: 80 – 81; Hommerich 2009: 136). Dieser Wandel der Arbeitswerte kann als Prozess der Subjektivierung und Individualisierung der Arbeit zusammengefasst werden. Dieser Wandel vollzieht sich einerseits vor dem Hintergrund der zunehmenden Auflösung standardisierter Erwerbsarbeit und dem gestiegenen Anspruch unter Arbeitnehmer:innen, subjektive, emotionale Bedürfnisse in der Arbeit verwirklichen zu können (vgl. Baethge 1991). Derartige Wünsche, die eigene Persönlichkeit in die Arbeit einbringen zu können, waren unter tayloristisch-fordistischen (bzw. toyotistischen) nur schwer umsetzbar gewesen, da die Arbeitsbedingungen und -prozessen in den meisten Berufen wesentlich stärker standardisiert waren (vgl. Baethge 1991: 13). Dagegen sorgt der Bedeutungszuwachs des Dienstleistungssektors für neue Arbeitsformen, in denen immer mehr projekt- und gruppenbasiert gearbeitet werden muss. Dies erfordert den Einsatz von sozialen, kommunikativen und empathischen Fähigkeiten, die vorher eher außerhalb der Arbeit verortet worden waren (vgl. Bosančić 2014: 50). Auf der einen Seite stehen also die wachsenden Wünsche der Arbeitnehmer:innen nach der Verwirklichung individueller Bedürfnisse in der Arbeit, auf der anderen Seite eine sich wandelnde Arbeitswelt, die im Angesicht von Flexibilisierung und Entstandardisierung neue Ansprüche an die Arbeitnehmer:innen stellt.

---

verheiratete junge Menschen, die Yamadas Analyse nach „zu lange" bei ihren Eltern wohnen bleiben und ihnen auf der Tasche liegen. Bei ihnen handelt es sich um „Anti-Subjekte", mit denen der gesellschaftliche Diskurs deutlich gesellschaftlich unerwünschtes Verhalten formuliert und mit Stigmatisierung sanktioniert.

So lassen sich grob zwei miteinander verwobene Erklärungsstränge für die gewandelte (Be)deutung von Arbeit und Wünschen nach Selbstverwirklichung unterscheiden: der eine rekurriert dabei auf den gestiegenen Lebensstandard und auf den Einfluss der Konsumgesellschaft. Der andere beschäftigt sich mit dem Wandel der Arbeitsformen und des japanischen Arbeitsmarktes seit den späten 1980ern und 1990ern als Ursprung neuer Anforderungen an die Arbeitnehmer:innen.

2.3.1 Individualisierung als Ergebnis von Wohlstand und Konsum

Miura Atsushi (2006) nimmt die Konsumgesellschaft als treibenden Faktor in der Verbreitung von Ideen der Individualisierung und individueller Bedürfnisse in den Blick. Seiner Ansicht nach haben vor allem Werbung, Marketing und Medien in den 1980er und 1990er Jahren zur Vorstellung individualisierten Konsums und zur Popularisierung des „Mythos der Selbstverwirklichung" (*jiko jitsugen no shinwa*) in der japanischen Gesellschaft beigetragen (vgl. Miura 2006: 21). Auch Iida Yumiko verweist auf die Rolle, die Kaufhausketten wie Parko und Seibu in den 1980er Jahren bei der Etablierung von Konsum als Ausdruck von Individualität gespielt hätten – und zwar in bewusster Abgrenzung vom Massenkonsum der vorherigen Dekaden (vgl. Iida 2002: 174). Brian Moeran erachtet ebenfalls die Werbung der 1980er Jahre, die zunehmend den Konsumenten als Individuum adressiert habe, als wichtigen Faktor, der dann auch individualistische Einstellungen geweckt habe (vgl. Moeran 1989: 51–54). Exemplarisch steht dafür eine Kampagne, die das in dieser Zeit sehr einflussreiche Seibu Kaufhaus 1980 schaltete. Auf dem Bild ist ein Kleinkind zu sehen, das im Wasser schwimmt. Darunter steht: „Du selbst, neu entdeckt" (*jibun, shinhakken*). Hier werden keine spezifischen Produkte mehr beworben, wie in den Dekaden des Massenkonsums davor. Stattdessen stehen nun der generelle Akt des Einkaufens bei Seibu im Fokus. Die Konsument:innen werden als Individuen adressiert, die, so wird nahe gelegt, ein ganz persönliches Einkaufserlebnis erwartet: „shopping was proposed as a creative, self-reflective activity that occupies an integral part of individual life" (Amano 2022: 23). Im Konsum, so legt der Slogan nahe, steckt das Potential eigene Identität (neu) zu entfalten. Miura, der in den 1980ern selbst in der Werbeabteilung von Parco tätig war, schreibt, dass die Werbung ganz bewusst Konsum mit der Vorstellung davon, was es bedeutet als Individuum zu leben, verknüpfte (vgl. Miura 2006: 21). Für ihn ist das ab den 1980ern zunehmend populäre Konzept der Selbst-Authentizität (*jibunrashisa*), das auch im Diskurs zu Stadt-Land-Migration allgegenwärtig ist, daher eng mit Konsum verbunden. Dazu passt, dass die Begriffe *jibunrashisa* und *jibunrashii* („sich selbst entsprechend") zum ersten Mal im Jahr 1976 in den großen Tageszeitungen *Asahi*

Shinbun und *Yomiuri Shinbun* in Artikeln über Mode auftauchen. Noch einige Jahre vor den Slogans des Seibu Kaufhauses titelt die Modedesignerin Mori Hanae in der *Asahi Shinbun*: „Ziehen Sie sich auf eine Art an, die zu Ihnen passt" (*jibunrashii kikata wo*). (Mori 4.1.1976: 15). Und in der *Yomiuri Shinbun* wird eine neue Art Konsument:in identifiziert, die nun „Individualität [...] ausdrücken wollen" (*jibunrashisa wo hyōgen shiteiku*) und „Produkte kaufen, die für einen zu ihnen selbst passenden Lebensstil nützlich sind" (*jibunrashii seikatsu ni yaku tatsu shōhin*) (Yomiuri 21.9.1976: 8).

Erst durch die persönliche Auswahl an (materiellen) Dingen entstehen laut Miura also Gefühle von *jibunrashisa* (vgl. Miura 2006: 24). Diese Deutung erinnert an ähnliche Theorien Zygmunt Baumans, für den der Konsum ebenfalls eine zentrale Rolle bei der individualisierten Identitätskonstruktion in der „flüchtigen Moderne" spielt: „Das Massenprodukt wird zum Werkzeug der Individualität. Identität – "einzigartig" und „individuell" – lässt sich nur aus den für jeden käuflich zu erwerbenden Substanzen brauen." (Bauman 2003: 102).

Carola Hommerich (2009) und Peter Matanle (2003) deuten den Wandel der Arbeitswelten in der japanischen Gesellschaft ebenfalls vor dem Hintergrund des gestiegenen materiellen Wohlstands. Sie diskutieren unter Bezug auf die Theorien des Politologen Robert Inglehart, dass die Entwicklung einer postmateriellen Wertorientierung vor dem Hintergrund abnehmender materieller Zwänge zu sehen sei. Nach Inglehart steigt ab einem bestimmten wirtschaftlichen Wachstum das subjektive Wohlbefinden nicht mehr, sondern das Interesse verschiebt sich vom Materiellen auf das Postmaterielle. Also auf Aspekte wie Lebensqualität, Lifestyle, generell auf das subjektive Wohlempfinden und den Wunsch nach Steigerung des persönlichen Glücks. Auch in der Arbeit richte sich das Interesse dann weniger auf Lohnerhöhung und Arbeitssicherheit und mehr auf befriedigende, sinnstiftende Arbeit (vgl. Inglehart 1997: 44, zit.n. Matanle 2003: 29; Hommerich 2009: 43). Hier wird also der Wertewandel vor allem als von den Individuen selbst ausgehend verstanden, die sich, sobald ihre materiellen Bedürfnisse gesättigt sind, immateriellen zuwenden. Die 1970er und 1980er waren in Japan von Wohlstand geprägt, den das Wirtschaftswunder für breite Massen mit sich gebracht hatte. Die neue Generation an Konsument:innen, die vor allem in den 1980ern zur Kundschaft der Parco und Seibu Kaufhäusern gehörte, wurde als sogenannte *shinjinrui* bezeichnet, als „neue Sorte Mensch":

> The shinjinrui are characterized by personal ambition, an appreciation for the „good life," and an emphasis on individuality and self actualization. A rising level of affluence expanded buying power. But perhaps most significant was the development of limitless demand. A major factor in the proliferation of wants was the linkage of consumer goods with self-hood. (Anderson und Wadkins 1991: 129)

Interessant in Hinblick auf meine Arbeit ist, dass hier einer Generation bereits die Suche nach dem „good life", nach Selbstverwirklichung attestiert wird. Gemäß der Analyse suchten die *shinjinrui* dies jedoch in einer Erfüllung materieller Sehnsüchte. Der Generation der *I-turner* hingehen wird, wie eingangs erwähnt, ein Fokus auf post-materielle Werte assistiert.

2.3.2 Subjektivierung der Arbeit

Neben diese Interpretationen tritt die Krise bzw. der Wandel des japanischen Wirtschaftssystems als zweite bzw. parallele, unmittelbar verknüpfte Erklärung für die veränderte Perspektive auf Arbeit. So sieht Nagatomo Jun (2013), im Anschluss an die Gegenwartsdiagnosen Ulrich Becks, das Ende von Standardlebensläufen als Hintergrund für Pluralisierung und Individualisierung. Daraus resultierend werde Lebensglück nicht mehr mit der Erfüllung der Normalbiographie verbunden, sondern zunehmend mit der Erfüllung persönlicher Träume. Ab den 1990ern sei so der „Mythos der Selbstverwirklichung" entstanden (78–79). Auch Miura Atsushi (2006) sieht die Wurzeln dieses Mythos zwar einerseits, wie diskutiert, in der Werbung der 1970er und 1980er Jahre. Andererseits müssten aber erst mit dem Ende der „großen Erzählung" der Mittelschichtgesellschaft und des Wirtschaftswachstums nun alle ihr eigenen „kleinen Erzählung" konstruieren (vgl. Miura 2006: 17). Konnte (und musste) das Individuum vorher orientiert an den vermittelten Rollenmustern seine Identität entwerfen, so führe deren fortschreitender Verlust dazu, dass es (erst) jetzt die Frage „wer bin ich?" zunehmend selbst beantworten müsse. Die Idee der Selbstfindung (*jibun sagashi*) suggeriere dabei einerseits Freiheit der Individuen. Allerdings baue sie in Abwesenheit großer Erzählungen auf unsichere Verhältnisse auf (vgl. Miura 2006: 17).

Die veränderten Arbeitswerte und Wünsche nach persönlicher Verwirklichung in der Arbeit werden so auf die schon vor dem Platzen der Bubble beginnenden neoliberalen Reformen der Deregulierung und Flexibilisierung des Arbeitsmarktes zurückgeführt (vgl. Cassegård 2013: 29). Neoliberale Reformen, darunter insbesondere die Privatisierung von Staatsunternehmen, hatten schon in den 1980er Jahren unter dem Premierminister Nakasone Yasuhiro begonnen und nahmen in den 1990ern und frühen 2000er Jahren an Fahrt auf. Ab den 1990er Jahren wurden – vor dem Hintergrund der Wirtschaftskrise – verschiedene Gesetze zur Deregulierung und Flexibilisierung des Arbeitsmarktes erlassen, die es Unternehmen erleichterten, Arbeitnehmer:innen zu entlassen und zunehmend auf irregulär Beschäftigte zu setzen (vgl. Elis 2016: 67). Dadurch ist das klassische japanische Personalmanagement mit Anstellung auf Lebenszeit, Beförderung und Entlohnung nach Seniorität und Betriebsgewerkschaften unter Druck geraten (vgl. Elis 2016: 69–70).

Die Flexibilisierung des Arbeitsmarktes und der Wandel des japanischen Beschäftigungssystems sind für die Arbeitnehmer:innen mit Nachteilen, wie weniger Arbeitsschutz und schlechtere Entlohnung, verbunden. Positiv gewendet bedeutet die Infragestellung der lebenslangen Festanstellung für Arbeitnehmer aber auch ein größeres Maß an Autonomie. Die Aufhebung der Notwendigkeit zu dauerhafter Loyalität gegenüber dem Arbeitgeber eröffnet Alternativen, erleichtert den Wechsel des Arbeitsplatzes und ermöglicht verschiedene Karrierewege (vgl. Macnaughtan 2006: 41–42). Auch der Zugang zum Arbeitsmarkt für zuvor stark marginalisierte Gruppen wie Frauen oder Angehörige anderer Nationalitäten hat sich seither verbessert. Demgemäß deutet auch Elis ein höheres Maß an Autonomie, Eigenständigkeit und Selbstbeteiligung der Beschäftigten als mögliche Gewinne der Umstrukturierung an (vgl. Elis 2016: 76).

Die Subjektivierung der Arbeit schlägt sich seit den späten 1980ern auch in der Ratgeberliteratur für Arbeitnehmer:innen nieder. Matanle (2006) illustriert anhand von populären Ratgeber für männliche Angestellte, wie sich der Anspruch an diese ändert: statt die eigene Individualität unterzuordnen (vgl. Matanle 2006: 65), sollen sie angesichts der Veränderung im Beschäftigungssystem sich mit einem zunehmend fluiden Arbeitsmarkt arrangieren; sie müssen ihre eigenen Fähigkeiten verbessern, ihren eigenen Wert einschätzen und sich über Charme, Motivation, Vielfalt usw. als „attractive commodities" verkaufen (Matanle 2006: 67). Angesichts wachsenden Wettbewerbes und des Abbaus gesicherter Arbeitsplätze wird die Verantwortung auf das Individuum und seine Fähigkeiten verlagert. Die Arbeitnehmer:innen müssen nun ständig ihr Engagement unter Beweis stellen, um weitere Verträge zu erhalten oder eventuell entfristet zu werden (vgl. Elis 2016: 76). Elis spricht diesbezüglich kritisch von einer „Instrumentalisierung der persönlichsten Fähigkeiten des Menschen" (Elis 2016: 74), die sich auch auf Gefühle, Moral und Ethik erstrecke. Gefordert seien ständige Erreichbarkeit und Beschleunigung der Arbeitsabläufe bei gleichzeitiger Prekarisierung der Arbeitsverhältnisse (vgl. Elis 2016: 74).

Hier zeigen sich also die verschiedenen Seiten der Subjektivierung der Arbeit. Einerseits wird den zunehmenden Bedürfnissen der Arbeitnehmer und Arbeitnehmerinnen, ihre ganze Person in die Arbeit einzubringen und sich mit gewisser Freiheit verwirklichen zu können, Rechnung getragen (vgl. Baethge 1991). Andererseits ist fraglich, inwieweit das Einbringen der eigenen Subjektivität überhaupt einer Wahlfreiheit unterliegt und nicht bereits einen Zwang darstellt (vgl. Bosančić 2014: 51). Es lässt sich also argumentieren, dass anders als in Zeiten des japanischen Beschäftigungsmodells, als lebenslange Festanstellung, soziale Sicherung und Senioritätsentlohnung als Gegenleistung für loyalen Arbeitseinsatz versprochen wurden, nun zunehmend mit der Vision von individueller Freiheit und Selbstverwirklichung über die Arbeit Motivation geschaffen wird.

Dies passt zu den Analysen des Soziologen Nicholas Rose. So identifiziert Rose mit dem „entrepreneurial self" eine neue Subjektivität der Arbeit: „[...] the prevailing image of the worker is of an individual in search of meaning and fulfilment, and work itself is interpreted as a site within which individuals represent, construct and confirm their identity, an intrinsic part of a style of life." (Rose 1996: 160).

Da langfristige Arbeitsverhältnisse zunehmend seltener gegeben sind, wird die Rhetorik des Managements entsprechend angepasst. Als Lohn des beruflichen Einsatzes werden nun nicht mehr sichere Verträge, sondern eine Weiterentwicklung des eigenen Selbst und der eigenen Fähigkeiten in Aussicht gestellt. Erfolg oder Scheitern liegen dann beim Individuum selbst, das die Risiken trägt. Im Sinne der Gesellschaftsanalyse von Ulrich Beck werden die eigentlich gesellschaftlich-institutionell erzeugten Risiken und Widersprüche nun ebenfalls individualisiert und subjektiviert. Die Individuen tragen dieser Logik nach also abgekoppelt von den sie determinierenden institutionellen Lagen die Verantwortung für die gelungene Lebensführung (vgl. Beck 1986: 218).

2.3.3 Selbstverantwortung im aktivierenden Sozialstaat

Die Individuen sind jedoch nicht nur für die erfolgreiche Gestaltung ihres Arbeitslebens verantwortlich. Die Verbindung aus Freiheitsversprechen einerseits und Verantwortungsübertragung andererseits geht über die eigene Lebensführung auch in Bereiche des Sozialen über.

> Der Neoliberalismus ermutigt die Individuen, ihrer Existenz eine bestimmte unternehmerische Form zu geben. Er reagiert auf eine verstärkte „Nachfrage" nach individuellen Gestaltungsräumen und Autonomiebestrebungen mit einem „Angebot" an Individuen und Kollektiven, sich aktiv an der Lösung von bestimmten Angelegenheiten und Probleme zu beteiligen, die bis dahin in die Zuständigkeit von spezialisierten und autorisierten Staatsapparaten fielen. (Lemke 1997:248)

Auch in Japan ist diese rhetorische Verschränkung aus einem Versprechen der zunehmenden individuellen Gestaltbarkeit einerseits und der damit gleichzeitig einhergehenden Verpflichtung zu gemeinwohlorientiertem Handeln andererseits zu beobachten. So diskutiert Simon Andrew Avenell (2009) am Beispiel von zivilgesellschaftlichen Bewegungen, wie besonders kooperative und institutionell nützliche Gruppen vor allem ab den 1990ern zunehmend staatlich gefördert und damit aber auch zur sukzessiven Auslagerung vorher wohlfahrtsstaatlicher Aufgabe genutzt wurden. Angesichts einer zunehmend alternden Gesellschaft wurde die Idee einer „participation–style welfare society" unter Schlagworten wie „Selbsthilfe" (*jijo*), „Autonomie" (*jiritsu*) und „Selbstverantwortung" (*jiko sekinin*) konzeptualisiert (vgl. 262). Besonders ab den späten 1990er Jahren richtete das Gesundheitsministerium Programme ein, um ehrenamtliche Tätigkeiten zu fördern. Die Bürger:innen sollten keine passiven Konsument:innen sein, sondern dazu angehalten werden, etwas zurückzugeben. Dabei wurde eine Rhetorik der Ermächtigung und Selbstverantwortung genutzt: „Particularly fascinating is the perceptible shift from an overtly managerial tone in the early 1970s to a language of individual empowerment and self-responsibility in a 'participation-style welfare society' by the late 1980s and early 1990s." (Avenell 2009: 264). Auch Shibuya Nozomu und Fujisawa Yoshikazu (1999) diagnostizieren eine entsprechende Umorientierung des japanischen Wohlfahrtsstaates und bezeichnen dies als *sanka-gata fukushi shakai*, also „partizipatorische Wohlfahrtsgesellschaft".

Thomas Lessenich spricht hier vom neosozialen bzw. aktivierenden Sozialstaat, der Eigeninteressen der Individuen mit dem Gemeinwohl in Beziehung setzt (vgl. Lessenich 2008: 85). Wünsche der Individuen nach Autonomie, Freiheit und Selbstverwirklichung gehen also nicht nur mit Verantwortung für die eigene Lebensführung einher, sondern sie werden angehalten, diese auch am Gemeinwohl auszurichten. In vielen aktuellen gesellschaftlichen Themen in Japan lässt sich diese Entwicklung erkennen: Bei Debatten zu Patientenverfügungen (vgl. Spoden 2015), Diskussionen um die die Gestaltung des eigenen Ablebens (*shūkatsu*) (vgl. Mladenova 2023), dem Diskurs um die an Frauen gerichteten „Schwangerschaftsaktivitäten" (*ninkatsu*) (vgl. Fassbender 2021) oder die Bekämpfung des Phänomens des einsamen Todes (vgl. Dahl 2016). Die Botschaft ist jeweils: Durch die richtige Selbstführung kann das Leben individuell gestaltet werden und man fällt gleichzeitig der Gesellschaft nicht zur Last. Selbstverwirklichung (*jibunrashisa*) wird so mit gemeinwohlorientierter Selbstverantwortung (*jiko sekinin*) verbunden. Unzureichende Vorsorge bzw. fehlende Eigenverantwortung stehen dann für eine mangelnde Fähigkeit, von der Freiheit Gebrauch zu machen und die Weigerung, sich an gesellschaftliche Bedürfnisse auszurichten (vgl. Lessenich 2003: 87). Der Staat ist also mit der Produktion von Subjekten beschäftigt, die ihr Streben nach Freiheit, Autonomie und Selbstverwirklichung nicht nur selbstverantwortlich nutzen, sondern auch an das Gemeinwohl ausrichten sollen.

2.4 Individualisierung zwischen Freiheit und Zwang

Man kann die in diesem Kapitel diskutierten, besonders ab den 1990er Jahren einsetzenden Entwicklungen im Anschluss an Ulrich Beck als „zweite Phase der Individualisierung" verstehen. In der ersten Individualisierung traten an die Stelle traditionaler Bindungen und Sozialformen das institutionelle Lebenslaufmuster bzw. in Japan sogar ein „Lebenslaufregime" (vgl. Shimada und Ito 1996: 92), das vom standardisierten Bildungssystem, der Erwerbsarbeit und dem fixierten Rentenalter geprägt war (vgl. Beck 1986: 211)[6]. Mit der zweiten bzw. reflexiven Moderne setzte dann ein weiterer Individualisierungsschub ein, in dessen Folge die Folie der Normalitätsbiographien – Salaryman und Hausfrau – zunehmend an Dominanz verlieren. Da das Normal-Arbeitsverhältnis angesichts wachsender flexibel-irregulärer Beschäftigung und das Kleinfamilienmodell angesichts zunehmender Diversität nicht mehr greifen, entstehen neue „Wahl*möglichkeiten* und Wahl*zwänge*" (Beck 1986: 190; Hervorhebung i.O.). Das heißt einerseits gibt es eine Pluralisierung der möglichen Lebensformen, andererseits ist das Individuum damit aufgefordert, die eigene Biographie selbst zu gestalten. Als verstärkender Effekt treten all dem die „Flüchtigkeit" (Bauman) der Moderne zur Seite, die in ihrem ständigen Wandel kaum noch sichere Anhaltspunkte bietet, das Individuum muss sich also immer neu ausrichten. Dazu Beck:

> Ähnlich wie Zygmunt Bauman und Anthony Giddens betone ich, dass Individualisierung missverstanden wird, wenn sie als ein Prozess verstanden wird, der aus bewusster Wahl oder aus einer Präferenz des Individuums hergeleitet wird. Der entscheidende Gedanke lautet: Individualisierung wird tatsächlich dem Individuum durch moderne Institutionen auferlegt. (Beck 1986: 303)

So diagnostizieren viele Autor:innen im Anschluss an Beck und Anthony Giddens auch für die japanische Gesellschaft den mit der Pluralisierung einhergehenden Druck auf die Individuen, die in der reflexiven bzw. späten Moderne selbst für die Konstruktion ihrer Identität – und damit für ‚Erfolg' oder ‚Scheitern' – verantwortlich werden (vgl. Miura 2006: 21–22; Katō 2009: 260–262). Dazu passt unmittelbar, dass angesichts dieser mit der Anforderung einer aktiven Identitätsfindung verbundenen Unsicherheiten ab den 1980ern ein neuer Markt für Expert:innen und Industrien entstand. Vor allem seit dem Platzen der Bubble Economy haben Ratgeber bzw. Selbsthilfebücher zu Selbstverwirklichung, Selbstsuche und Glück an Popularität gewonnen (vgl. Miura 2006: 18; Coulmas 2010). Dementsprechend nahm

---

[6] Beck verweist darauf, dass dies nicht als nahtloser Übergang, sondern Überlagerung zu verstehen sei. So weist er darauf hin, dass besonders Frauen daher eine „familial-institutionell geprägt Doppelexistenz" (Beck 1986: 212) führen, da für sie sowohl der Familienrhythmus als auch zunehmend der Bildungs- und Berufsrhythmus gilt. Daraus ergeben sich „konflikthafte Zuspitzungen und fortlaufend unvereinbare Anforderungen" (Beck 1986: 212). Dies lässt sich auch für die Entwicklungen in Japan diagnostizieren und der Wiederspruch ist auch heute noch in der Politik Abes evident. Einerseits sollen Frauen auf dem Arbeitsmarkt gefördert werden (Womenomics), zeitgleich werden sie aber als Ursache der geringen Geburtenrate gesehen und sollen vermehrt Kinder bekommen. Im Sinne der Diskursanalyse handelt es sich um den „Deutungskampf" zwischen konkurrierenden Modellsubjekten.

auch im medialen Diskurs die Auseinandersetzung mit Konzepten wie Selbstfindung, Selbstverwirklichung, Selbst-Authentizität und Lebensglück immer mehr Raum ein (vgl. Cave 2007: 37). Dies ist sowohl als Ergebnis des beschriebenen Individualisierungsprozesses als auch Folge der umrissenen gesellschaftlichen Krisennarrative zu betrachten. Besonders deutlich zeichnet sich dies am Wandel der Arbeitswerte ab. Einerseits möchten Individuen persönliche Bedürfnisse in der Arbeit verwirklichen, sie wünschen sich Kreativität, Freiheit und Eigenständigkeit. Andererseits sehen sie sich durch neue Arbeitsprozesse und einen deregulierten Arbeitsmarkt neuen Anforderungen gegenüber, die von ihnen gerade diese Eigenschaften erwarten.

3 Verfall und Idylle: Repräsentationen des ländlichen Japans

> Hier habe ich es gefunden. Eine andere
> Heimat. Berühre die lokale Gemeinschaft und
> gestalte die Zukunft mit deinen Händen.
> (Turns 2016)

In der 2016 erschienen Ausgabe der bereits in der Einleitung erwähnten Lifestyle-Zeitschrift *Turns* findet sich auf der ersten Seite eine doppelseitige Anzeige des Ministry of Internal Affairs and Communications. Ein großes Foto zeigt in Rückenansicht eine junge und eine ältere Frau. Nebeneinander stehen sie am Rand eines frisch bepflanzten Reisfelds und blicken über die unter ihnen liegenden Felder. Im Hintergrund ziehen sich sanfte Hügel am Horizont entlang. Der Himmel ist vom Sonnenuntergang leicht rosa gefärbt. Darüber prangt die oben zitierte Überschrift. „Hier habe ich es gefunden. Eine andere Heimat". Die Bildsprache und der Text rekurrieren dabei auf ein etabliertes Bild ländlicher Gegenden als idyllisch, aber auch als eigentlich Heimat aller Japaner:innen. Der im japanischen Original verwendete Begriff *furusato* meint nämlich nicht per se die eigene Heimat, sondern eine nationale Heimatsphäre. Das verwendete Foto lässt nicht genau zuordnen, wo die beiden aufgenommen wurden. Prinzipiell kann es auf viele ländliche Gegenden in Japan zutreffen. Das Zusammentreffen der jungen, vermutlich urbanen Frau mit der älteren, aus dem ländlichen Raum stammenden, erinnert an die berühmte Werbekampagne „Discover Japan" aus den 1970er Jahren. Auch hier waren die Aufnahmen nicht eindeutig bestimmten Orte zuzuordnen und viele Fotos zeigten einen „moment of encounter between tourist and destination, urbanite and Japanese heritage." (Middeleer 2016: 108). Zum Sehnsuchtsort sollte generell „das ländliche Japan" werden. Wie ich noch diskutieren werde, wollte diese Kampagne junge Menschen zum Urlaub in ländlichen Regionen bewegen. Damals wurde zu einem temporären touristischen Aufenthalt in der „Heimat" aufgerufen. Jetzt sollen junge Menschen dort ihr permanentes Zuhause finden und die Zukunft gestalten.

Vor allem ab den 1970er Jahren wurde unter dem Schlagwort *furusato* in Medien und kulturellen Produktionen das Bild einer spezifisch japanischen ländlichen Idylle entworfen, die in der Modernisierung weitgehend verloren gegangen sei. *Furusato* fand Eingang in alle möglichen Bereiche der Gesellschaft, vom Marketing bis in die Politik und ist nicht nur ein emotionalisierter, sondern auch politisierter Begriff. Auch der aktuelle Premierminister Abe bedient sich dieses Motivs, wenn er betont, wie wichtig es sei, die ländlichen Regionen als *furusato*, als Ort genuin japanischer Eigenschaften, eines japanischen Nationalcharakters, zu bewahren (vgl. CAS 2019).

Neben der pittoresken Fassade restaurierter Orte wie dem UNESCO Weltkulturerbe Shirakawa-go – laut Homepage „Japan's hometown" bzw. „Japan's original landscape"; (Tourist Association Shirakawa-go: Internet) – existiert jedoch noch ein ganz anderes Bild. So titelte das 2014 erschienene Buch des Politikers Masuda Hiroya vom „Aussterben der Regionen" (*chihō shōmetsu*) (vgl. Masuda 2014) und löste ein breites Medienecho aus. Denn das ländliche Japan ist in vielen Gegenden seit Jahrzehnten von Entvölkerung und Strukturschwäche geprägt. Abwanderung und Überalterung, schließende Schulen und Bilder verfallener Häuser oder überwachsener Felder sind in den letzten Jahren auch immer wieder Thema in der internationalen Presse (vgl. Kurtenbach 2014; McCurry 2015; Semuels 2017; Takeo und Dormido 2019). Diese scheinbar widersprüchlichen Bilder nicht-urbaner Räume einerseits als Idylle und andererseits als von Verfall bedroht, sind typisch für viele post-industrielle Industrienationen (vgl. Neu 2006; Langner 2016). Auch die enge Verknüpfung von Landschaft, Natur und Nation ist kein allein japanisches Phänomen (vgl. z. Bsp. Kaufmann und Zimmer 2004 sowie Wallwork und Dixon 2004 über Diskussionen zu Landschaft und Nation in Kanada und der Schweiz bzw. in England).

Die Verwendung nostalgischer Bilder und Narrativen stellt eine wichtige Strategie dar, um das ländliche Japan trotz der medial ebenfalls viel thematisierten Probleme attraktiv zu machen bzw. gerade aufgrund seiner nostalgischen und traditionsbewahrenden Qualität als erhaltenswert darzustellen. Andererseits wird versucht, das Krisennarrativ von den „aussterbenden" Regionen zur Mobilisierung junger Menschen zu nutzen, die als „Retter der Regionen" stilisiert werden. Um zu verstehen, auf welche etablierten Deutungsmuster im Diskurs um Stadt-Land-Migration zurückgegriffen wird, werde ich anhand der umfangreichen vorliegenden Arbeiten zum ländlichen Japan bzw. Japans Regionen die dominanten herausarbeiten: das ländliche Japan als vom Aussterben bedroht und Ziel verschiedenster Revitalisierungsmaßnahmen einerseits und als nostalgisch verklärte ländliche Idylle bzw. nationale Heimatsphäre andererseits.

Ich werde zuerst einen Überblick über die Entwicklung des ländlichen Japans in der Nachkriegszeit geben – die Modernisierung, Industrialisierung, Regionalentwicklung sowie Versuche der Revitalisierung. Daran anschließend widme ich mich dem Diskurs des Niedergangs, der seit den 1970ern die ländlichen Regionen als dauerhafte Krisenorte konstituiert. Hier zeigt sich, wie sich die Erzählung von der Modernisierung der vormodernen, ‚rückständigen' Regionen zur Revitalisierung und Bewahrung der vom Aussterben bedrohten Gemeinden verschiebt. Im zweiten Teil des Kapitels widme ich mich dem Bild der ländlichen Regionen als *furusato*, also als ländliche Idylle und nationalem Heimatort. Dieses hat sich ebenfalls ab den 1970ern etabliert. Gerade dieses Konzept der japanischen ländlichen Regionen als Ort authentischer Japanizität nimmt eine wichtige Rolle im Diskurs um Stadt-Land-Migration ein.

3.1 Das ländliche Japan als Objekt der Modernisierung und Revitalisierung

3.1.1 Die Entwicklung des ländlichen Japans seit der Nachkriegszeit

Bereits die ersten Phasen der Industrialisierung in der Meiji-, Taishō- und frühen Shōwa-Zeit führten zu Abwanderungsbewegungen aus den ländlichen Gebieten in urbane Räume. Dies wurde jedoch weitgehend durch hohe Reproduktionsraten in den von Abwanderung betroffene Gebieten ausgeglichen, die zu einem Überschuss an Arbeitskräften geführt hatten (vgl. Harris 1982: 70; Kitano 2009: 17). In der Nachkriegszeit führte dann die Entwicklung der Schwerindustrie als zentralem Wirtschaftszweig zu starken Ballungseffekten in der Pazifik-Belt-Region, also zwischen Tōkyō und Ōsaka, mit Ausdehnung nach Nord-Kantō und Nord-Kyūshu. Der Großteil der Stahl-, Öl- wie Chemieindustrie, aber auch Weiterverarbeitungsindustrien wie die Automobilbranche siedelten sich in den dort befindlichen Metropolregionen an (vgl. Harris 1982: 73–74). Dadurch entstand eine zunehmende Nachfrage an Arbeitskräften, die in großen Zahlen aus den ländlichen Regionen rekrutiert wurden (vgl. Matanle und Rausch 2011: 85). Allein zwischen 1955 und 1965, also innerhalb von zehn Jahren, wuchs die urbane Bevölkerung fast um das Doppelte, von ca. 31 auf 67 Millionen (vgl. Harris 1982: 52). Die ländliche Bevölkerung reduzierte sich dagegen dramatisch, da anders als vor dem zweiten Weltkrieg die Geburtenrate die Abwanderungsverluste nicht mehr ausgleichen konnte. Die Bevölkerungsabnahme, besonders in peripheren Regionen, lässt sich gut an der demographischen Entwicklung in Ama, einem meiner Feldforschungsorte, illustrieren. Nachdem die Gesamtbevölkerung 1950 mit 6.986 Einwohner:innen ihren Höchststand erreicht hatte, sank sie bis zum Jahr 1970 um 40 % auf 4.257 (siehe Abb. 1).

Besonders zwischen 1955 und 1970 verloren periphere Präfekturen an Bevölkerung, während Präfekturen mit Metropolregionen einen starken Zuwachs zu verzeichnen hatten (vgl. Flüchter 1990: 184). Ab Mitte der 1970er verlangsamten sich diese Prozesse, aber die extrem von Abwanderung betroffenen Präfekturen wie Shimane blieben weiterhin hinter dem durchschnittlichen Wachstum der Gesamtbevölkerung zurück (vgl. Flüchter 1990: 183). Generell verzeichnen seit der Nachkriegszeit die Präfekturen, die keine Metropolregionen beinhalteten, keinen signifikanten Bevölkerungszuwachs[1] mehr (vgl. Matanle und Rausch 2011: 92)

---

[1] Eine Ausnahme bilden die Präfekturen Okinawa und Hokkaido, die beide teilweise hohe Wachstumsraten zu verzeichnen hatten. Dieser Umstand kann unter anderem auf einen „internen Kolonialismus" zurückgeführt werden, durch den diese beiden Regionen als japanisches Territorium konsolidiert und Landesgrenzen gesichert werden sollten (vgl. Weiner 2004, zit.n. Matanle und Rausch 2011: 92).

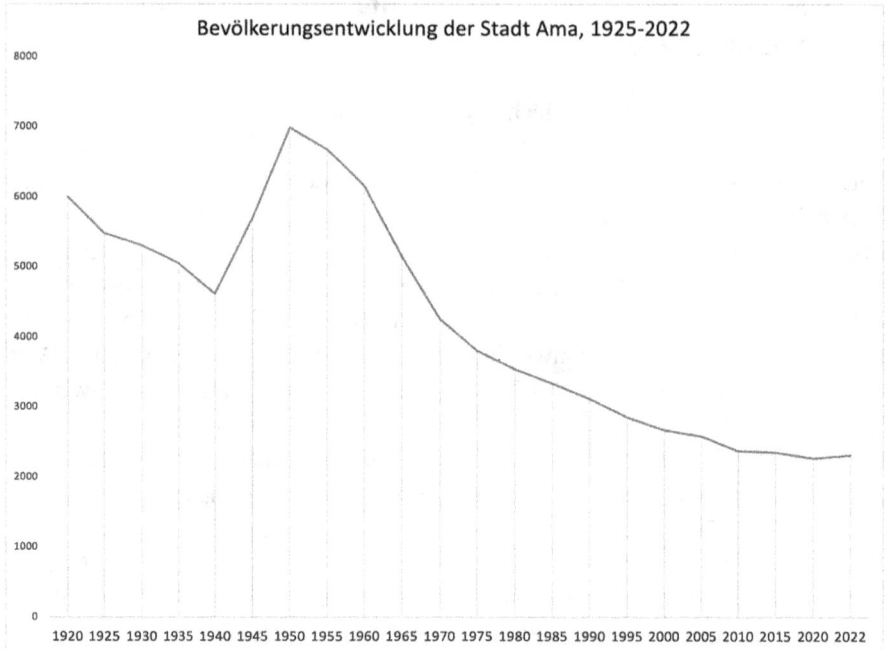

Abb. 1: Bevölkerungsentwicklung der Stadt Ama, 1925–2022. Quelle: eigene Darstellung nach Daten von Ama-chō 2018, Shimane-ken 2023.

Parallel zu diesen industriellen Ballungseffekten verlor der primäre Sektor, also Landwirtschaft, Fischerei oder Forstwirtschaft, der vorher viele Gegenden wirtschaftlich geprägt hatte, an Bedeutung. Waren dort 1950 noch fast 50 % der arbeitenden ländlichen Bevölkerung tätig gewesen, sank dieser Anteil bis 1970 auf knapp unter 20 % (vgl. Harris 1982: 60). Landwirtschaft wurde allerdings staatlich unterstützt, um so Einkommensungleichheiten zwischen ländlichen und urbanen Regionen zu verringern (vgl. Mulgan 2005: 22). Dies führte zusammen mit der Mechanisierung der Agrarproduktion dazu, dass es möglich wurde, weiterhin in kleinen Farmen und als einzelner Haushalt Landwirtschaft, insbesondere Reisanbau, zu betreiben. Der Abbau von Zöllen auf ausländische Importe setzte jedoch Land-, Forstwirtschaft und Fischerei besonders ab den 1970er Jahren zunehmend unter Druck. Heute betreibt nur noch eine Minderheit in Vollzeit Landwirtschaft, die meisten Betriebe sind zudem auf Regierungssubventionen angewiesen (vgl. Mulgan 2005: 23–24). Zudem sind Überalterung und Nachwuchsmangel zu einem drängenden Problem geworden. Seit einigen Jahren werden daher Reformen angestrebt – wie etwa die Konsolidierung der oft kleinen Reisfarmen in größeren und daher möglicherweise effizienteren Betrieben, um den Sektor wieder wirtschaftlicher zu machen (vgl. Jentzsch 2017: 32). Ein wichtiger Grund für die anhaltend hohen Subventionen ist unter anderem auch die große Bedeutung der landwirtschaftlichen Bevölkerung als Wählerblock für die LDP (Liberal Democratic Party of Japan) (vgl. Feldhoff 2017)[2].

Ab den 1970er Jahren nahm auch die Schwerindustrie, die teilweise in regionalen Gegenden angesiedelt worden war – besonders Kohle und Stahl[3], an wirtschaftlicher Bedeutung ab, wohingegen die Elektronikindustrie sowie der Dienstleistungssektor an Bedeutung gewannen (vgl. Kitano 2009: 18–20). Damit wurden für Arbeitskräfte in diesem Sektor auch höhere Bildungsabschlüsse zunehmend wichtiger. Da ein Großteil der Universitäten, vor allem die prestigeträchtigen, ebenfalls in den Metropolregionen liegen, verstärkte dies die Abwanderungsprozesse vor allem aus ländlichen Gegenden in die Präfekturhauptstädte und die großen Metropolregionen (vgl. Kitano 2009: 19). Auch die sich ab den 1980er entwickelnde Elektronik- und IT-Industrie siedelte sich weitgehend in Tōkyō an (vgl. Fujita und Tabuchi 1997: 648). Dies führte auch zu einer Bedeutungsabnahme stärker industriell geprägter Regionen, wie etwa Ōsaka, und zu weiteren Konzentrationseffekten in und um die Hauptstadt Tōkyō (vgl. Kitano 2009: 19). Zudem steht Tōkyō als „global city" international mit anderen globalen Zentren als Standort für Finanzwesen und hochrangige unternehmensbezogene Dienstleistungen in Konkurrenz. Aus der Sicht vieler politischer und wirtschaftlicher Schlüsselakteure muss Tōkyōs Position im globalen Städtewettbewerb langfristig verbessert und gesichert werden. Ein Abbau der Agglomerationseffekte zu Gunsten anderer Regionen würde dem dieser Logik nach entgegenstehen. Der Effekte der Globalisierungen verstärkten so die Agglomeration einerseits und die wirtschaftlichen Probleme andererseits (vgl. Feldhoff 2008: 45–47).

Die Probleme entvölkerter und strukturell schwacher Orte fallen in vielen Gegenden zunehmend ins Auge: verlassene, zusammenfallende Häuser, leerstehende Einkaufsstraßen und überwachsene Felder, schlecht instand gehaltene Straßen und öffentliche Gebäude. Zudem führt die Verwilderung ehemals bestellten Landes zur Zunahme an Wildtieren (Wildschweine, Affen und Rehe), die in nahe-

---

2 Die vor allem vor den 1990ern oft großzügige Vergabe von Finanzmitteln für Infrastrukturprojekte wird ebenfalls oft als effektive Bindung von regionalen Wählerstimmen an die LDP betrachtet (vgl. Sorensen 2002: 208, zit.n. Dimmer und Kremers 2018: 78).
3 Der Niedergang der Kohleindustrie und seine Auswirkungen, sowie das Scheitern von Revitalisierungsstrategien lassen sich in ihrer Dramatik am Beispiel der Stadt Yubari in der Präfektur Hokkaido nachvollziehen. In wirtschaftlichen Hochzeiten lebten dort über 120.000 Menschen. Heute sind es weniger als 8,000, von denen die Hälfte über 65 Jahre alt ist (vgl. The Sankei News 2019). Traurige Berühmtheit erlangte die Stadt auch dadurch, dass sie die als einzige Gemeinde Japans Bankrott anmelden musste.

gelegenen, noch bewirtschafteten Felder Schäden anrichten können (vgl. Matanle und Rausch 2011: 156–169). Auch in Saki, einem Stadtteil von Ama, in dem ich untergebracht war, prägten viele leere, oft teils zusammengebrochene Häuser das Bild (siehe Abb. 2). Die Abnahme an Lebensqualität durch kommunale Sparmaßnahmen führt wiederum zu weiterer Abwanderung. Matanle und Rausch (2011) bezeichnen dies als „cummulative self-reinforcing pattern of depopulation" (19). Lokale Wirtschaftsrezession, demographische Schrumpfung sowie Überalterung und die Abnahme an Lebensqualität aufgrund des Abbaus öffentlicher Einrichtungen und harter Infrastruktur beeinflussen und verstärken sich so gegenseitig.

Abb. 2: Verlassenes Haus in Saki, Ama. Aufnahme: © Ludgera Lewerich.

3.1.2 Staatliche Regionalpolitik: die Modernisierung der Regionen

Bis etwa in die 1970er stand vor allem die wirtschaftliche und sozialstaatliche Entwicklung des ländlichen Raumes im Zentrum nationaler Bestrebungen. Gesetze und Pläne wie der 1951 verabschiedete „Plan zur umfassenden Entwicklung bestimmter Regionen" (*tokutei chiiki sōgō kaihatsu keikaku*) oder das 1954 eingeführte

Gesetz zur gebiertskörperschaftlichen Übertragungssteuer (*chihō kofuzei hō*)[4] und der 1962 beschlossene „Plan zur umfassenden Entwicklung des ganzen Landes (*zenkoku sōgō kaihatsu keikaku*) sollten durch Ausbau der Infrastruktur, Finanzausgleich und Ansiedelungen neuer Industrien ländliche Regionen wirtschaftlich fördern, die allgemeinen Lebensbedingungen verbessern und die wachsende Disparität zwischen urbanen Zentren und ländlicheren Gegenden eindämmen (vgl. Poniatowski 2001: 88; Feldhoff 2013: 103–104; Matanle und Rausch, 2011: 86–87). Weitere Gesetze waren auf besonders geographisch periphere Gebiete ausgerichtet, so etwa das 1965 erlassene „Gesetz zur Entwicklung der Bergdörfer" (*sanson shinkōhō*), das darauf abzielte, die lokale Wirtschaft durch den Ausbau der Infrastruktur und Mechanisierung der Land- und Forstwirtschaft zu stärken und durch den Bau öffentlicher Einrichtung die Lebensqualität zu verbessern. Dieses und andere ähnliche Gesetze nahmen Bergdörfer, entlegene Inseln oder Kohlegebiete in den Blick, waren jedoch oft unterfinanziert und nicht darauf angelegt, spezifische Probleme der individuellen Orte anzugehen (vgl. Feldhoff 2013: 103).

Bemühungen zur Ansiedelung von Industrie durch die nationalen Entwicklungspläne zeigten gewisse Erfolge wie eine Reduktion der regionalen Einkommensungleichheit (vgl. Matanle und Rausch 2001: 86). Im Rahmen des zweiten „Plan zur umfassenden Entwicklung des ganzen Landes" von 1962 wurden unter anderem die Entwicklung von fünfzehn „neuen Industriestädten" weitgehend außerhalb der Pazifik-Belt-Region festgelegt, in denen vor allem Stahlindustrie, Chemie und Deponien angesiedelt werden sollten (vgl. Broadbent 1998: 62–63; Poniatowski 2001: 88). Dadurch erhoffte man sich die Stärkung der lokalen Wirtschaft – etwa durch regionale Anstöße für weiterarbeitende oder zuliefernde Betriebe –, neue Arbeitsplätze und Bevölkerungswachstum. Die erhofften Effekte blieben jedoch oft hinter den Erwartungen zurück (vgl. Flüchter 1990: 189). So waren diese Regionen, trotz Anreizen, wie z.B. Steuererleichterung, für die meisten Unternehmen nicht attraktiv genug. Auch zeigten sich mit der Zeit weitere Probleme, wie etwa Umweltverschmutzungen, die zu zunehmendem Widerstand in der Bevölkerung gegen große Industriegebiete führte (vgl. Flüchter 1990: 189; Broadbent 1998: 74; Matanle und Rausch 2011: 88; Reiher 2014: 185). Vor allem das Problem der Zentralisierung konnte nicht effektiv bekämpft werden, in

---

4 Durch das Gesetz wurde ein System zum Finanzausgleich implementiert. Vom Staat eingenommene Steuergelder werden über einen festgelegten Schlüssel und je nach finanzieller Lage an Gebietskörperschaften übertragen, um ihnen die notwendigen finanziellen Ressourcen zur Wahrnehmung ihrer Aufgaben zuzusichern. So werden Gebietskörperschaften, die ihre Aufgaben nicht allein aus eigenen Mitteln finanzieren können, unterstützt. Diese Einnahmen sind nicht an einen bestimmten Zweck gebunden. Weitere wichtige Transferinstrumente sind die zweckgebundenen Zuweisungen, die i.d.R. nur nach Antrag und nationaler Prüfung zugewiesen werden (vgl. Hüstebeck 2014: 69–70).

den meisten Fällen siedelten sich Industrien wegen der damit verbundeneren Vorteile (kürzere Lieferwege, besser Infrastruktur usw.) weiterhin in Großstadt- und Küstennähe an, oder lagerten ihre Produktion nur teilweise aus, so dass im Endeffekt die Zentralisierung im Pazifikgürtel noch verstärkt wurde (vgl. Poniatowski 2001: 89; Mutai 2008 zit.n. Matanle und Rausch 2011: 88).

Im Rahmen der verschiedenen „Pläne zur umfassenden Entwicklung bestimmter Regionen" entwickelte sich so ein Trend der Regionalentwicklung durch große Baumaßnahmen. Bis in die 1990er Jahre, vor allem aber in der 1960ern und 1970ern, wurden so öffentlichkeitswirksame große Infrastrukturprojekte, wie etwa Schnellstraßen, Brücken oder Tunnel umgesetzt. Diese trugen zwar zur Regionalentwicklung bei, führten aber auch zu einer Abhängigkeit von der Bauindustrie, die zunehmend zum wichtigsten Beschäftigungssektor wurde (vgl. Matanle und Rausch 2011: 235). Zudem konnte das intendierte regionale Wachstum nicht langfristig oder nachhaltig erreicht werden. Große Bauprojekte als Form der Regionalentwicklung wurden vor allem in den 1990er Jahren wegen der hohen Kosten (auch zur Instandhaltung), einer mangelnden Effektivität und als oft am Bedarf vorbeigeplant, zunehmend kritisiert (vgl. Feldhoff 2008: 50; Matanle und Rausch 2011: 236, 238). Regionalentwicklung über die Bauindustrie galt darüber hinaus als Symptom der von der LDP betriebenen „pork barrel politics", die über das Versprechen prestigeträchtiger Projekte die ländliche Wählerschaft motivieren sollte (vgl. Fukui und Fukai 1996).

Ab den späteren 1990er und frühen 2000er Jahren begannen angesichts der Kritik an finanziell aufwendigen und oft wenig effektiven Maßnahmen und den gesunkenen öffentlichen Mitteln dann neoliberale Reformen die Regionalpolitik zu dominieren. Verschiedene Dezentralisierungsmaßnahmen sollten vor allem den Effizienz- und Effektivitätsgrad lokaler Gebietskörperschaften erhöhen – wobei ein weiteres Ziel auch mehr Partizipation der Bürger:innen war (vgl. Hüstebeck 2014: 14). So initiierte die Regierung 1999 die „Heisei-Großfusion" (*heisei dai gappei*), die umfassende Gemeindezusammenlegungen zum Ziel hatte. Dies sollte zu einer Effizienzsteigerung lokaler Verwaltungen und finanziellen Einsparungen führen (vgl. Rausch 2015: 37). Gerade in peripheren Gebieten sollte, angesichts zunehmender Entvölkerung und Überalterung, durch Gemeindefusionierung das Aufrechterhalten wichtiger Leistungen der kommunalen Daseinsvorsorge garantiert werden (vgl. Hüstebeck 2014: 110). Es wurde ein finanzieller Fusionsanreiz geschaffen, der Anfang 2006 auslief, was dazu führte, dass es vor allem bis 2005 zu einer großen Welle an Fusionen kam. An der Heisei-Großfusion wurde im Nachhinein kritisiert, was Wissenschaftler:innen bereits vorher als potentielle Risiken anmerkten: den Verlust lokaler Identität der Orte, die in anderen, oft größeren aufgingen; eine Verlagerung der Dienstleistungen in einen zentral gelegenen, größeren Ort bei Aufgabe vieler Serviceleistungen in den peripheren Teilen. Darüber hinaus ergaben sich oft weniger Einsparungen als erwartet (vgl. Reiher 2009; Rausch 2009: 225; Hüstebeck 2014: 111, 119–120; Thelen und Oguma 2021).

Auch Yabakei und Honyabakei, die Ortsteile, in denen ich für meine Feldforschung Interviews führen konnte, wurden 2005 im Rahmen der Heisei-Großfusion in die Stadt Nakatsu eingemeindet. Die Stadt Itoshima entstand 2010 aus einer Zusammenlegung der Stadt Maebaru und dem Distrikt Itoshima. Ama dagegen entschied sich bewusst gegen eine Fusion mit den auf den Nachbarinseln gelegene Orten Chibu-mura und Nishinoshima-chō, da laut dem damaligen Bürgermeister keine langfristigen Vorteile gesehen wurden (vgl. Yamauchi 2007: 35).

Aufgrund der bereits erwähnten Kritik an zentralstaatlich dominierter Regionalpolitik mit hohen Kosten und besonders angesichts zunehmender Staatsverschuldung, wurden unter Premierminister Koizumi Jun'ichirō weitere Reformen eingeleitet. Beworben wurde diese Politik nicht nur als notwendige Sparmaßnahme, sondern auch mit dem Versprechen von Dezentralisierung zugunsten mehr lokaler Autonomie. Dies stellte zumindest in der Theorie eine Verschiebung von zentraler, einheitlicher Entwicklungspolitik zu stärker lokal organisierter dar. So wurde im Rahmen der sogenannten Dreierreform (*sanmi ittai kaikaku*) die Umverteilung durch das regionale Übertragungssteuergesetz überarbeitet, der Umfang zweckgebundener Staatszuweisungen eingeschränkt und von der Zentralregierung mehr Rechte zu direkten Steuereinnahmen an Gebietskörperschaften übertragen (vgl. Elis und Lützeler 2008: 23). Gemeinden sollten so mehr fiskalische Autonomie erhalten. Zudem ging man davon aus, dass eine eigenverantwortliche Mittelverwaltung die Gemeinden zur effizienteren Gestaltung verpflichten würde (vgl. Hüstebeck 2014: 148). Die Gemeinden sollten lernen „ohne die leitende Hand der Regierung zurechtzukommen" (vgl. Elis und Lützeler 2008: 23). Zwar erhielten die Gemeinden nach der Reform in der Tat mehr Möglichkeiten, selbst Steuern einzunehmen, da jedoch die zweckgebundenen Staatszuweisungen reduziert worden waren, konnten Ortschaften mit geringer Bevölkerung und wenig Einzelhandel oder Industrie die gesunkenen Zuteilungen durch eigene Steuereinnahmen kaum ausgleichen. In Ama etwa verringerte sich nach den Koizumi Reformen das Budget um 130 Millionen Yen (etwa 1,08 Millionen Euro) (vgl. Yamauchi 2007: 27) und brachte den Ort an den Rand des Bankrotts. Viele bereits finanzschwache Gemeinden mussten darum zu Sparmaßnahmen im Sinne von „small government" greifen, also z. B. der Kürzung von öffentlichen Ausgaben oder der Entlassung öffentlicher Angestellter (vgl. Elis 2011: 48). Dies hatte teilweise eine Verschlechterung der sowieso schon angegriffenen öffentlichen Versorgung zu Folge. Die von Koizumi angestrebte Reduktion nationaler Schulden gingen so zu Lasten bereits vulnerabler Gemeinden und verstärkte regionalen Ungleichheiten (vgl. Tsukamoto 2012: 72). Eine häufige Kritik an der Dreierreform ist zudem, dass sie die Verantwortung für Revitalisierung und den Kampf gegen Bevölkerungsschwund weg von der Nationalregierung zu den betroffenen Gemeinden verschoben habe (vgl. Elis 2011: 47; Matanle und Rausch 2011: 255).

Die Auswirkungen dieser neoliberalen Umstrukturierungen auf ländliche Gebiete und die Verstärkung regionaler Ungleichheiten trugen dazu bei, dass die LDP bei den nächsten Wahlen einige Verluste hinnehmen musste. Folgende LDP-Kabinette versuchten wieder ländlicher Wähler zurückzugewinnen, etwa durch Unterstützungsprogramme für landwirtschaftliche Familienbetriebe (vgl. Chiavacci 2010: 65). Die DPJ konnte jedoch die Situation nutzen und mit ihren Wahlprogrammen die ländliche Bevölkerung für sich gewinnen. Dies trug entscheidend zu den Wahlsiegen 2007 und 2009 bei (vgl. Chiavacci 2010: 50). Unter der DPJ (The Democratic Party of Japan, 1996 – 2016) wurde regionale Revitalisierung wieder zu einem zentraleren Thema und Subventionen erhöht (vgl. Song 2015: 142) bei den nächsten Wahlen 2010 verlor die DPJ jedoch bereits wieder an Rückhalt unter ländlichen Wählern.

Die Regionalpolitik des ehemaligen Premierministers Abe, der seit 2012 im Amt war, war anfangs weitgehend durch eine Rückkehr zu öffentlichen Bauvorhaben geprägt – auch in Reaktion auf die Dreifachkatastrophe 2011. Nach den Sparmaßnahmen seit den Koizumi Reformen stiegen damit erstmals wieder die entsprechenden Ausgaben an Infrastrukturprojekten, was durchaus als Rückkehr zu alter, verschwenderischer und ineffizienter LDP-Politik kritisiert wurde (vgl. Hijino 2017: 156 – 158). 2014 erfolgte dann eine Neuausrichtung im Rahmen seiner Politik der *chihō sōsei*, der regionalen Revitalisierung. Diese diskutierte ich in Kapitel 5 genauer, da sie den Hintergrund für die Formation des aktuellen Diskurses um Stadt-Land-Migration darstellt.

3.1.3 Bottom-up Revitalisierungsstrategien ab den 1980ern

Jenseits weitgehend exogener, staatlich gelenkter großer Infrastrukturprojekte und Entwicklungspläne begannen sich ab den 1980er Jahren auch zunehmend lokal orientierte Bewegungen zu etablieren. Ging es vorher vor allem um die wirtschaftliche Modernisierung, konzentrierten sich diese, im Rahmen der sogenannten *mura okoshi* („Dorferneuerung") und *furusato zukkuri* Bewegungen, mehr auf die Nutzung kulturellen Kapitals zur Entwicklung bzw. Revitalisierung. Zumeist wird die 1979 etablierte Strategie der *isson ippin undō* („Ein Dorf, ein Produkt Bewegung") der Präfektur Oita als das Vorbild genannt, das besonders die Entwicklung und Vermarktung lokaler Produkte popularisierte. Der damalige Gouverneur, Hiramatsu Morihiko, hatte angeregt, dass jeder Ort in Oita ein bestimmtes Produkt auswählen solle, das vermarktet werden und so auch der Identifikation mit diesem Ort dienen sollte. Basierend darauf wurden dann Karten erstellt, auf der jeder Ort mit seinem Produkt markiert wurde (vgl. Knight 1994: 638 – 639). Die Idee des „Local Branding" ist bis heute eine typische

Revitalisierungsstrategie und wird von der Nationalregierung gefördert. Seit 2006 können regionale Produkte auch beim japanischen Patentamt angemeldet werden (vgl. Rausch 2008: 229–231). Auch in Ama wurden so verschiedenste besondere lokale Produkte neu ‚entdeckt' und dann vermarktet, wie etwa das Oki Rind, ein Fertigcurry, auf der Insel gewonnenes Salz, lokaler Reis und ein Kräutertee (vgl. Lewerich 2020). An der Vermarktung lokaler Produkte ist jedoch zu kritisieren, dass hier einerseits eine große Zahl von im Prinzip ähnlichen Güter (wie etwa Reis oder Rindfleisch) den Markt überschwemmen. Aus diesem Wettbewerb können oft nur wenige Orte und Produkte erfolgreich hervorgehen. Besonders die bereits infrastrukturell schlecht aufgestellten Orte haben hier weniger Chancen. Auch staatliche Gelder zur Produktförderung, auf welche die meisten Gemeinden angewiesen sind, werden in der Regel nicht pauschal vergeben und setzen daher die Kommunen untereinander in Konkurrenz (vgl. Rausch 2010: 39)

Neben dieser Fokussierung auf materielle Produkte etablierte sich auch die Strategie, immaterielle Güter wie etwa lokale Feste, Tänze oder Theaterformen bekannt zu machen und zu vermarkten, um Touristen anzulocken. Hierfür wurden teilweise auch ‚vergessene' Bräuche wiederentdeckt, nicht selten handelte es sich dabei um einen Fall von „invented traditions" (vgl. Hobsbawm und Ranger 1983; Martinez 1990).

Die Strategien lassen sich als „Vermarktung des Ländlichen" zusammenfassen. Materielle wie immaterielle Güter wurden und werden möglichst attraktiv und an die urbane Bevölkerung ausgerichtet verpackt (vgl. Creighton 1997). Davon erhofften sich die Orte wirtschaftliches Wachstum, aber auch eine Zunahme an Touristen. Vor allem im Rahmen der Nostalgiewelle der späten 1970er, die ich im Kapitel 3.3 noch genauer betrachte, wurde der Tourismus zu einem der wichtigsten Wirtschaftszweige ländlicher Regionen. Die wachsende Finanzkraft der Bevölkerung und der Ausbau der nationalen Infrastruktur führten zu einem Boom des Inlandstourismus, von dem auch bestimmte periphere Regionen durch Erschließung profitieren konnten.

Tourismus wurde daher 1987 im Rahmen des vierten Plans zur Entwicklung des gesamten Landes als sogenanntes „Resort Law" auch Teil nationaler Revitalisierungs- und Entwicklungsstrategien. Die Regierung von Premierminister Nakasone Yasuhiro versprach sich davon vor allem privatwirtschaftliche Investitionen in große Tourismusanlagen und damit in die Regionalentwicklung (vgl. Funck 1999: 335). Tatsächlich führte das Gesetz in den 1980ern zu einer Reihe von touristischen Großprojekten. Viele waren aber, als mit dem Beginn die wirtschaftliche Rezession einsetze, noch nicht fertig gebaut. Investoren zogen sich aus den Projekten zurück. Außerdem begannen japanische Tourist:innen lieber in Resorts in asiatischen Nachbarländern zu reisen, wo der Aufenthalt günstiger war (vgl. Funck 1999: 339, 341–342). Zudem war der Fokus auf Tourismus allein nicht dazu geeignet, die eigentlichen Probleme zu adressieren, die hinter Entvölkerung und wirtschaftlichem Abschwung standen (vgl. Matanle und Rausch: 262).

Der Tourismus bleibt jedoch eine wichtige Revitalisierungsstrategie bzw. ein generell bedeutsamer Wirtschaftszweig und hat sich mittlerweile in verschiedenste Sparten aufgeteilt. So gibt es etwa Art Tourism (vgl. Klien 2010; Sieland 2019), Heritage Tourism (vgl. McMorran 2008) oder Contents Tourism (vgl. Scherer und Thelen 2017). Hier stehen Orte aber auch in zunehmender Konkurrenz zueinander und da Tourismus oft Wandel unterliegt, handelt es sich um einen recht risikoreichen Wirtschaftszweig (vgl. Matanle und Rausch 2011: 431). So versucht auch Ama, den Tourismus anzukurbeln. Geographisch ist die Insel jedoch eher abgelegen – sie ist nur auf dem Schiffsweg zu erreichen, überdies ist die Präfektur Shimane nicht an das Shinkansen-Netz angeschlossen. Dazu erschwert die Konkurrenz der landschaftlich als ansprechender geltenden Nachbarinseln diese Bemühungen erheblich. Viele ländliche Orte versuchen sich voneinander abzugrenzen, Nischen zu finden und sich erfolgreich zu vermarkten. Auch hier stehen die ländlichen Regionen wieder ganz in ihrem Bezug zur Großstadt bzw. den großstädtischen Touristen. Um diese anzulocken, müssen die Orte sich ansprechend „verpacken". Es handelt sich also um eine Kommodifizierung des regionalen Raumes als Konsumprodukt für die urbane Bevölkerung (vgl. Creighton 1997; Moon 2002).

3.2 Verfall: von der „Entvölkerung" bis zum „Aussterben" der Regionen

Nach diesem Überblick über die Entwicklung der ländlichen Regionen in der Nachkriegszeit möchte ich abschließend noch einmal dezidiert auf das massenmediale Bild bzw. das diskursiv konstituierte Deutungsmuster des ländlichen Japans als vom Verfall bedroht eingehen. Es ist dieses Deutungsmuster, welches das Bild eines gesellschaftlichen Notstands entwirft, dessen sich die jungen Menschen annehmen sollen. Wie in den vorherigen Abschnitten diskutiert, sind die Probleme der Entvölkerung, Überalterung und Strukturschwäche keine neuen. Weder die großen kostspieligen Infrastrukturprojekte aus den Zeiten des Wirtschaftsbooms noch Initiativen für eine mehr lokal verortete, endogene Entwicklung und Förderung konnten des Problems signifikant Herr werden. Die Ursachen sind vielfältig und sicher von Ort zu Ort verschieden, gemeinsam ist ihnen jedoch der Zusammenhang mit den Agglomerationseffekten in Tōkyō, die nicht effektiv bekämpft wurden oder werden konnten.

Als ab den 1970ern die Folgen der Abwanderungen sichtbar wurden, entwickelte sich ein Diskurs, der zwar einerseits in zunehmend drastischen Formulierungen Aufmerksamkeit für die schwierige Lage der regionalen Gegenden erzeugte, gleichzeitig aber dadurch vor allem ab den 2000ern ein Bild des Verfalls prägte.

Dieser Diskurs des Verfalls wird oft als überzogen (vgl. Yamashita 2012, 2014), aber auch kontraproduktiv kritisiert, da er die lokale Bevölkerung mut- und hoffnungslos zurücklasse (vgl. Odagiri 2014: 12). Zudem kann er dazu beitragen, dass Menschen eine Rückkehr oder einen Neuzuzug angesichts scheinbar dramatischer Zustände gar nicht in Erwägung ziehen. Das im Diskurs von verschiedenen Akteuren entworfene Bild des Notstands ist aber trotz dieser Kritik sehr dominant, was sich in vielen Schlagwörtern widerspiegelt: *akiya* (leerstehende Häuser), *shattā shōtengai* (geschlossene Einkaufsstraßen), *genkai shūraku* (Dörfer am Limit), *chihō shōmetsu* (regionales Aussterben).

Zuerst galt das ländliche Japan in der Nachkriegszeit jedoch nicht als existenzbedroht, sondern vor allem als modernisierungsbedürftig. An den Errungenschaften des Wirtschaftswunders sollte auch das ‚Hinterland' teilhaben, das aufgrund realer Probleme wie etwa Armut weitgehend von einem Bild der Rückständigkeit geprägt war. Neben den höheren Löhnen zog gerade auch das Großstadtleben mit seinen attraktiveren Lebensbedingungen viele junge Menschen an (vgl. Harris 1982: 86). Städte galten als modern und sauber, sie versprachen Wohlstand, westlichen Lebensstil und kultivierte Lebensweisen. Das Leben in den Metropolregionen bot besonders für junge Ehepaare mehr Freiheit als das Leben in einem 3-Generationen-Farmhaushalt. Das ländliche Japan wurde dagegen weitgehend mit Rückgewandtheit, Armut, Ignoranz und (überholten) Traditionen assoziiert (vgl. Kelly 1990: 222; Moon 2002: 240–241). Es wurde Gegenstand der im vorherigen Unterkapitel umrissenen Modernisierungsmaßnahmen, die besonders auf den Ausbau der Infrastruktur oder den Ausgleich von Einkommensungleichheiten abzielten.

Wie ich im weiteren Verlauf dieses Kapitels ausführlicher diskutieren werde, entstand ab den späten 1960ern und 1970ern dagegen ein nostalgisch gefärbtes Bild ländlicher Regionen. Parallel dazu rückte aber das Problem der Entvölkerung in den politischen und öffentlichen Blick. So wurde die Abwanderung aus den ländlichen Regionen unter dem Schlagwort *kaso* („Entvölkerung") zunehmend debattiert und betroffene Gebiete ab 1967 erstmals offiziell als *kaso chiiki* („entvölkerte Region") bezeichnet (vgl. Elis und Lützeler 2008: 17). Auslöser dieser Diskussionen war der besonders dramatische Bevölkerungsrückgang durch Abwanderung junger Menschen in der Präfektur Shimane, die in den 1960ern die höchsten Bevölkerungsverluste aller Präfekturen zu verzeichnen hatte (vgl. Flüchter 1990: 184). Mit der Einführung des Emergency Act for the Improvement of Depopulated Areas (*Kaso chiiki taisaku kinkyū sochi hō*) wurde erstmals ein Gesetz verabschiedet, das primär das Problem der Entvölkerung ländlicher Gebiete zum Ziel politischer Strategien machte. Seit 1970 wurde es in verschiedenen Überarbeitungen fortgeführt und ist bis heute gültig (vgl. Yamashita 2012: 23)[5]. Auch Ama und Yabakei (die beiden Ortsteile Honyabakei und Yabakei, nicht aber die Stadt Nakatsu selbst) sind als *kaso chiiki* klassifiziert (vgl. MIC 2017b). Als *kaso chiiki* eingestufte Orte werden dabei so definiert: „have experienced a significant population loss, whereby the area has experienced declines in its vitality and is in a lower level in terms of production functioning and infrastructures related to daily living, compared to other areas" (Matanle und Rausch 2011: 17–18).

Die Entvölkerung wurde in den 1970ern vor allem als Ergebnis der Abwanderung junger Menschen in die Städte diskutiert. Als sich in den späten 1970ern und 1980ern die Bevölkerung vieler peripherer Präfekturen stabilisierte (vgl. Matanle und Rausch 2011: 92) sowie sogar leichte Rückwanderungsbewegungen zu beobachten waren, galt das Problem für viele als gelöst. Man sprach gar vom *chihō no jidai*, also der „Ära der Regionen" (vgl. Yamashita 2012: 24). Dem lag unter anderem eine politische Wende zugrunde, in deren Rahmen in den 1960ern und 70ern eine Reihe progressiver Gouverneure und Bürgermeister gewählt wurden, die die Politik der Zentralregierung teilweise direkt in Frage stellten und kritisierten. Damit wurde die Hoffnung verbunden, dass die Regionen nun als Gegengewicht zum konservativ dominierten Zentrum agieren könnten (vgl. Hijino 2017: 35).

Während in den 1980ern eher lokale Identität oder das Nutzen lokaler Ressourcen im Zentrum standen, zeigten sich in den 1990ern zunehmend die langfristigen Auswirkungen der massiven Abwanderungen in den 1960ern und 1970ern. Aufgrund des Mangels an jüngeren Generationen ergab sich ein zunehmender Bevölkerungsrückgang infolge von Überalterung und einer niedrigen Geburtenrate. Anfangs fanden diese Probleme jedoch keine große öffentliche Aufmerksamkeit. Yamashita führt dies zum einen auf die zuerst noch recht gute finanzielle Situation der betroffenen Gemeinden zurück. Zum anderen überschnitt sich diese Entwicklung mit der Bubble Economy und deren Platzen, die die öffentliche Aufmerksamkeit auf sich zog (vgl. Yamashita 2012: 24). Außerdem kehrten aufgrund der wirtschaftlichen Rezession und damit verbundener wachsender Arbeitslosigkeit viele in ihre Heimatpräfekturen zurück oder entschieden sich dagegen, für Universitätsausbildung oder Arbeit ihre Region zu verlassen (vgl. Matanle und Rausch 2011: 89). Erst im Rahmen der verschiedenen Reformen unter Premier Koizumi in den 2000er wie die Heisei-Großfusion und die Dreierreform und deren Auswirkungen rückte das Problem der Entvölkerung durch Überalterung wieder vermehrt in den Blick der Öffentlichkeit und des Mediendiskurses. Die Politik Koizumis

---

5 Das Special Law Promoting Independence in Depopulated Areas (*Kaisei kaso chiiki jiritsu sokushin tokubetsu sochi hō*), das im Jahr 2000 verabschiedet und zuletzt 2017 überarbeitet wurde, stellt die aktuellste Version des Gesetzes dar (vgl. MIC, 2017a).

wurde dabei als Grund für den Niedergang ländlicher Regionen gesehen (vgl. Chiavacci 2010: 59).

Ab 2007 dominierte ein neues Schlagwort den wieder entfachten Diskurs: *genkai shūraku.* Dieser durch den Soziologen Ōno Akira geprägte Begriff bezeichnet Siedlungen, in denen über 50 % der Bevölkerung bereits über 65 Jahre alt sind, diese stellen bei ihm die Vorstufe zu den *shōmetsu shūraku,* den verschwundenen Siedlungen dar (vgl. Ōno 2005).

Ähnlich wie das Problem der ‚Entvölkerung durch Überalterung' wurde Ōnos Begriff aber erst in der Mitte der 2000er zu einem vielbeachteten Thema in Massenmedien und Politik. Hier sieht Yamashita einen Zusammenhang mit den Auswirkungen der erwähnten Reformen auf bereits finanziell angeschlagene Gemeinden, die erstmals deutlich wurden (vgl. Yamashita 2012: 34). Die Vermutung liegt auch nahe, dass der 2006 erfolgte Antrag der Stadt Yubari auf den Status einer „Körperschaft unter finanzieller Sanierung" – äquivalent zu einem Bankrott – als erster und bisher einziger Stadt Japans ebenfalls dazu beigetragen haben könnte, dass Überalterung und leere kommunale Kassen unter dem griffigen Schlagwort *genkai shūraku* zu massenmedialer Aufmerksamkeit führten. Yamashita nennt noch eine weitere Erklärung: die Oberhauswahlen im Jahr 2007, bei denen die LDP große Verluste erlitt (vgl. Yamashita 2012: 34). Dieses historische Ergebnis wurde unter anderem auch auf das Wegbrechen der sonst so loyalen ländlichen Wählerschaft aufgrund der erwähnten Reformen zurückgeführt. Vor der Wahl wurde die prekäre Situation ländlicher, peripherer Gebiete zum großen Thema und die Opposition nutzte dies geschickt für den Zugewinn ländlicher Wählerstimmen (vgl. Chiavacci 2010: 50). Des Weiteren wurden im Rahmen der breiten gesellschaftlichen Debatten zur *kakusa shakai,* also der wachsenden sozialen Ungleichheiten seit dem Zusammenbruch der Bubble Economy (siehe Kapitel 3.2.1), auch regionale bzw. urban-ländliche Disparitäten als *chiiki kan kakusa* seit der Mitte des ersten Jahrzehnts unseres Jahrhunderts massenmedial diskutiert (vgl. Elis und Lützeler 2008: 15–16). Vor diesem Hintergrund wurde der Begriff der *genkai shūraku* zum Sinnbild regionalen Niedergangs und es entwickelte sich ein Katastrophendiskurs, der das ländliche Japan teilweise als quasi bereits ausgestorben darstellt.

Etwa sieben Jahre später sorgte im Mai 2014 der sogenannte Masuda Report für eine erneute Intensivierung des Diskurses und prägte den *genkai shūraku* vielleicht noch an Dramatik übertreffendenden Begriff des „Verschwindens" bzw. „Aussterbens der Regionen" (*chihō shōmetsu*). Dieser vom Politiker Masuda Hiroya später auch als Buch herausgegebene Bericht identifizierte 896 Orte, also die Hälfte aller japanischen Gemeinden, als potentiell vom Verschwinden bedroht. Auch der Masuda Report und der Begriff der *chihō shōmetsu* wurde in den Massenmedien rasch aufgegriffen und führten zu einer teilweise dramatisierenden Berichterstattung. Das breite Medienecho zementierte jedoch das Bild ‚aussterbender' Regionen, trotz (vor allem von Wissenschaftler:innen) geäußerter Kritik. Yamashita (2014) verweist etwa darauf, dass durch den Masuda Report und die anschließende Medienberichterstattung ein Bild der Unausweichlichkeit regionalen Verschwindens gezeichnet werde (13,14). Odagiri (2014) befürchtet zudem einen Effekt den er als *akirame-ron* bezeichnet, dass also in den als potentiell vom Verschwinden bedroht gekennzeichneten Siedlungen eine Atomsphäre des „wenn wir sowieso verschwinden, können wir auch aufgeben" entstehen könnte (12).

Was in den 1970ern mit dem Schlagwort *kaso* begann, setzte sich über die Jahrzehnte in weiteren Begriffen bis zu *chihō shōmetsu* als aktuellem Schlagwort fort. Der ländliche Raum ist in diesem Diskurs ein scheinbar dauerhafter Krisenort, besonders bedroht von Abwanderung und Überalterung. Wie Elis und Lützeler (2008) anmerken, wurde die Situation vieler ländlicher Gebiete erst dann zu einem großen Thema, als unter anderem deutlich wurde, dass Überalterung und Bevölkerungsrückgang bald auch urbane Räume betreffen würden (17). Dies verdeutlicht, wie sehr der Diskurs um das ländliche Japan durch den urbanen Blick und urbane Anliegen geprägt ist.

3.3 Idylle: Die nostalgisch verklärte, nationale Heimat

> (T)here are no agrarian countrysides in contemporary Japan, except in the (senti)mental imagery of *furusato* motifs. (Kelly 1990: 224)

> Es sind die Menschen, die in den Regionen leben, in den Bergdörfer und auf den abgelegenen Inseln, die das *furusato* mit seinen Traditionen bewahren und das schöne Japan tragen. Dieses *furusato* dürfen wir nicht aussterben lassen. (CAS 2014)

Im scharfen Kontrast zu dem dargelegten Diskurs des Verfalls steht das der regionalen, besonders der ländlichen Gebiete als Idylle, als *furusato*. Im Herbst 2015 stellte der damalige Premierminister Abe vor der Nationalversammlung seine Politik der Revitalisierung der Regionen, *chihō sōsei* vor, und hob in seinem Appell an die Abgeordneten hervor, dass Revitalisierung vor allem notwendig sei, um diese Regionen als *furusato*, als Ort alter Traditionen und Fundament des ganzen Japan zu erhalten. Das Konzept ländlicher Regionen als Ursprungsort und Bewahrer eines besonderen japanischen Nationalcharakters hat seine Wurzeln in der Meiji-Zeit, geht aber in seiner aktuellen Darstellung vor allem auf die 1970er Jahre zurück. *Furusato* wird in der englischsprachigen Literatur meist mit „hometown" oder auch

„native place" übersetzt, wörtlich bedeutet es aber einfach „altes Dorf" (vgl. Ivy 1995, Robertson 1988). Es findet seine deutsche Entsprechung am ehesten im Begriff der Heimat, der ebenfalls sowohl den individuellen Heimatort als auch ein nationales Konstrukt beinhalten kann (vgl. Yorioka 2008). Auch der Begriff *furusato* kann sowohl auf das eigene Heimatdorf verweisen, aber vor allem auch auf eine diskursiv konstruierte nationale Heimat und damit verbundene Vorstellungen japanischer nationaler Identität. Der Begriff setzt sich aus *furu(i)*, „alt" und *sato*, „Dorf" zusammen. Laut Robertson (1991) spiegeln sich darin schon die temporale sowie die räumliche Dimension des Begriffes wieder. Zeitlich deutet *furu(i)* auf etwas Vergangenes hin, auf Geschichte, aber auch auf Natürlichkeit und Vertrautheit. Gleichzeitig ist *furusato* damit nicht in einer konkreten Epoche verankert, sondern in einer vage, irgendwo entfernt liegenden Vergangenheit. Räumlich verweist der Begriff mit *sato* auf Dörfer und Siedlungen in ländlichen Gebieten und lokale Autonomie (S. 14). Er evoziert landwirtschaftliche Lebensformen und eine räumliche Nähe zur Natur. Dies spiegelt sich auch in der Rede des damaligen Premierministers Abe wieder, in der von Traditionen, also Geschichte gesprochen wird, die in ländlichen Gebieten verwurzelt sei und bewahrt werde.

3.3.1 Die Meiji-zeitlichen Wurzeln des *furusato* Motivs

Das *furusato*-Deutungsmuster wird seit den 1970ern in den Massenmedien visuell durch Bilder einer bestimmten Landschaft definiert: „the quintessential features of furusato include forested mountains, fields cut by a meandering river, and a cluster of thatch-roof farmhouses." (vgl. Robertson 1988: 494). Dieses Bild der ‚genuin japanischen' Landschaft hat dabei seine Wurzeln in der Meiji-Zeit, in der Intellektuelle wie Shiga Shigetaka (1863–1927) eine bestimmte japanische Naturästhetik identifizierten und kanonisierten (vgl. Robertson 1988: 498). Durch die Werke Shigas wurde erstmals eine ‚japanische Landschaft' zum Teil einer nationalen Identität, „in der der Charakter Japans als Nation eingeschrieben und der Blick auf die eigene Umwelt maßgeblich verschoben wurde" (vgl. Sieland 2020: 43). *Furusato* beinhaltet aber nicht nur eine visuelle Dimension, also die Repräsentation von Ländlichkeit und japanischer Landschaft, sondern auch eine soziale Dimension: die der Dorfgemeinschaft (vgl. Thelen 2022: 28[6]). Diese soziale Dimension wiederum hängt eng mit der Forschung des Gründers der japanischen Ethnologie, bzw. der Folklore-

---

6 Thelen (2022) bezeichnet die Landschaft als „physische Dimension" (28), da *furusato* ja auch für ein tatsächliches altes Dorf stehen kann. Ich halte hier jedoch die Bezeichnung „visuelle Dimension" für passender, da es vor allem um die Konstruktion und Repräsentation einer imaginierten Landschaft geht.

studien, Yanagita Kunio (1878–1962), zusammen. Yanagita begann vor allem in den 1920er Jahren in den ländlichen Gebieten nach einer „japanischen Essenz" zu suchen (vgl. Ivy 1995; Schnell 2008: 209). Die ländliche Dorfgemeinschaft identifizierte er im Zuge seiner Forschung als Geburtsort japanischer Kultur und Traditionen (vgl. Morris-Suzuki 1995: 766). Yanagita vertrat lange Zeit die Ansicht, dass die Menschen in den entferntesten Bergdörfern „the true bearers of Japanese culture" seien (vgl. Hashimoto 1998: 135). Sein Interesse an einem ‚ursprünglich' japanischem Leben entstand aus persönlichen Erfahrungen mit den dramatischen Veränderungen, die die Meiji-Reformationen auch für ländliche Gegenden mit sich gebracht hatten. Wie Harootunian (2000) anmerkt, thematisierte Yanagita bereits in den 1930ern jene Auswirkungen, die Modernisierung und Industrialisierung auf die Peripherie hatten, die auch in der Nachkriegszeit zu beobachten waren: „According to Yanagita, the periphery was being bled dry by the cities, emptied of labor and drained of its distinctive mode of existence." (312).

Yanagita sah nicht nur allein diese Regionen, sondern das ‚authentische' Japan zunehmend durch die Prozesse der Modernisierung, also der Verwestlichung bedroht. Das wahre japanische Leben sei daher nur noch in den vom Zentrum der Modernisierung entfernten, entlegenen Dörfern der Peripherie (*chihō*) zu finden (vgl. Hashimoto 1998: 134–135, 140). Angesicht tiefgreifender gesellschaftlicher Umwälzungen suchte Yanagita nach Kontinuität, Stabilität und einer verbindenden, gemeinsamen Vergangenheit, die er in den ländlichen Gemeinschaften zu finden vermeinte. So war für ihn eine gemeinsame Vorstellung „essentiell japanischen" Lebens prinzipiell tief in den Herzen aller Japaner vorhanden (vgl. Hashimoto 1998:139).

Diese Konzeptualisierung des ländlichen Japans als Wurzel einer authentischen japanischen „Essenz" sieht Michael H. Rea (2000) auch beim zentralen Reformer der Meiji-Zeit und ersten Premierminister, Ito Hirobumi angelegt. So sei in dessen Schriften ebenfalls das Bild der Dorfgemeinschaft mit ihren „warmen, zwischenmenschlichen" Beziehungen als zentrales Merkmal eines japanischen Nationalcharakters angelegt (645). Hier deutet sich bereits die dritte Dimension des *furusato* an. Neben der visuellen und der sozialen, ist dies die *affektive*. Die sozialen Bindungen werden als ‚warm' bezeichnet, es handelt sich im nostalgischen Rückblick um eine wohlmeinende Dorfgemeinschaft (vgl. Robertson 1988: 503).

Wie Andrew Barshay (1998) anmerkt, betrachtete Ito diese Eigenschaften allerdings durchaus auch kritisch, manche Elemente der Vergangenheit waren für Ito als „rückgewandt" zu überwinden. Aber angesichts sozialer Ängste, die durch die massiven Veränderungen der Modernisierung ausgelöst worden waren, entwickelte sich im späten neunzehnten Jahrhundert ein „neo-traditional turn": „‚The past' returned, both to validate the present – modernity placed under the discipline of tradition – and to constrain the future." (246). Die Evokation der Vergangenheit erfüllte für Ito wie Yanagita und andere Intellektuellen somit mehrere Funktionen: es legitimierte sowie „zähmte" die umwälzenden Kräfte der Modernisierung, konstituierte ein in Traditionen und nationalem Charakter vereintes Volk, es sollte gegenwärtige Unsicherheiten und Ängste durch die Konstruktion von Kontinuität bekämpfen und sich von der Dominanz und dem Einfluss des Westens emanzipieren. Damit wurde im Rückblick die eigene Vergangenheit homogenisiert und romantisiert und zum Bollwerk gegen die negativen Kräfte der Modernisierung, also Verwestlichung.

> Without mention of poverty, rigid class relations, and popular discontent, Ito insists that Japan's "vast village community" can remain just that, a passive place of "warm emotions between man and man" that will serve the state as a prophylactic against the deleterious social effects of modernization (meaning Westernization). (Rea 2000: 645).

Mishima Ken'ichi (2003) betrachtet besonders die 1930er, in denen außer Yanagita verschiedene andere bekannte Intellektuelle, wie etwa Watsuji Tetsurō, das Bild einer besonders gearteten Japanizität konstruierten, als eine Dekade deren diskursive Formierungen bis heute wirkmächtig sind (27)[7]. Das Bild, das sich damals etablierte, lässt sich laut Mishima, trotz Unterschieden zwischen den Autoren, unter anderem auf folgende Dogmen zusammenfassen:

> die einzigartige Homogenität der japanischen Nation; die gleichfalls einzigartige Kontinuität des Kaiserhauses als Integrationsmedium der Nation; die besondere Kultiviertheit im Alltagsleben des Volkes, das deswegen den europäisch-kapitalistischen, d.h. den krassen sozialen Gegensatz nicht kenne; die Bedeutung der Weisheit, die im bodenständigen traditionellen Bauernleben mit seinen Bräuchen und Sitten stecke. [...] (Mishima 2003: 29)

Diese Vorstellung legte das Fundament sowohl für das Konzept des ländlichen Japans als *furusato*, als auch für die *nihonjinron* Diskurse der 1970er und 80er (s. Kapitel 2.1). Yanagita und andere Intellektuelle verorteten die japanische kulturelle Identität dabei besonders in der Reis anbauenden Dorfgemeinschaft. Aus dieser auf Zusammenarbeit angewiesenen Landwirtschaftsform und den daraus resultierenden sozialen Werten und Normen erkläre sich das japanische Wesen als ein stärker gemeinschaftlich orientiertes gegenüber dem individualistischen westlichen (vgl. Ohnuki-Tierney 1994: 91–92; Schnell 2008: 204–205; 210). Auch die eingangs zitierter Betonung des ehemaligen Premierminister Abe, dass der „Nationalcharakter unseres Landes" in Gegenden bewahrt werde, die traditionelle Wirtschaftsformen

---

7 Mishima fasst die Werke dieser Autoren als „Selbstbehauptungsdiskurse" vis-a-vis ‚dem Westen' auf und kritisiert auch die oft entweder apologetische oder unverhältnismäßig kritische Analyse dieser Denker und ihrer Werke (vgl. Mishima 2003: 27–28).

wie Landwirtschaft, Fischerei und Forstwirtschaft betreiben (vgl. CAS 2019), lässt sich als Fortsetzung dieser Auslegung einordnen.

3.3.2 Der *furusato* Boom der 1970er und 1980er

Blickt man auf die Entwicklung des „Nostalgie-Narrativ" zurück, so zeigt sich, dass es besonders in Zeiten, die als von gesellschaftlichen Veränderungen geprägt gesehen werden, wieder vermehrt in die öffentlichen Diskurse tritt. Das trifft auf die Politik Abes zu, die, angesichts der „verlorenen zwei Dekaden" und anhaltender wirtschaftlicher Rezession über die Rhetorik von „ewiger Kultur und Traditionen", eines gemeinsamen „Nationalcharakters", Einheit und Kontinuität bemühte. Dies ist ebenso zu beobachten für die ausgehenden 1970er und 1980er Jahren, in denen sich die kontemporäre Idee des ländlichen Japans als *furusato* verankerte. Die Popularität von *furusato* wird als Reaktion auf verschiedene gesellschaftliche Veränderungen gesehen. Dazu gehören die rasche Urbanisierung und Industrialisierung mit ihren Auswirkungen wie Umweltverschmutzungen und urbaner Enge (vgl. Ivy 1995: 35). Zudem hatte es einen massiven Einfluss amerikanischer Populärkultur gegeben, die zu einer Gegenreaktion führte, zu einem Wunsch, wieder ‚das Eigene' zu entdecken – unter Großstädter:innen, aber vor allem auch Kulturkritikern. „Cultural critics increasingly associated modernization with the cost of Japan's lost national cultural identity." (Middeleer 2016: 97). Eine weitere wichtige Rolle in dieser Entwicklung wird auch der Ölkrise der 1970er zugeschrieben. Angesichts dieses ‚Schocks' wurden nun Abhängigkeiten von ausländischen Produkten reevaluiert. Es kam zu kritischen Diskussionen um Konsum und eine notwendige Steigerung der Selbstversorgung (vgl. Robertson 1991: 28). Mit der Kritik an bestimmten Aspekten des Großstadtlebens, wurden die ländlichen Gebiete zur Projektionsfläche für Wünsche nach all dem, was in der Stadt nun nicht mehr zu finden sei: Natur, Authentizität, Gemeinschaftssinn, Traditionen und Emotionen (*kokoro*) – also die bereits angesprochenen visuellen, sozialen und affektiven Dimensionen – und vor allem die Japanizität (vgl. Moon 2002: 241).

Mit den Prozessen der Modernisierung und Urbanisierung hatte sich auch das ländliche Japan massiv verändert. Wie im vorherigen Unterkapitel erörtert, wurde die Entvölkerung und Veränderung dieser Gebiete ab den späten 1960ern und vor allem in den 1970ern zu einem breit diskutierten Thema. Vor diesem Hintergrund war das ländliche Japan nun plötzlich nicht mehr nur ‚rückständig' sondern wurde wiederentdeckt und erreichte als *furusato* besonders in den 1980ern extreme Popularität. Das Interesse am ländlichen Japan, an einer bestimmten japanischen idyllischen Vergangenheit, wird auf ein Gefühl der Heimatlosigkeit zurückgeführt, die sich in dieser Zeit ausgebreitet habe. Durch die rasche Urbanisierung lebte ein

Großteil der Bevölkerung zwar in den Städten, viele besaßen aber noch Wurzeln in den ländlichen Gebieten. „The nostalgic yearning for furusato is strongly associated with an urbanization that in many cases leads to a sense of homelessness, meaning the loss of ties to rural communities." (Creighton 1997: 243). In diese Heimat war jedoch aufgrund der Veränderungen, die auch die Regionen betrafen, keine Rückkehr mehr möglich. Angesichts der Veränderungen der Gegenwart wurde das ländliche Japan im nostalgischen Rückblick als ideales Bild stabilisiert und zum festen Referenz- und Ankerpunkt erhöht.

> The nostalgia embedded in the word furusato [...] is a nostalgia for a pristine native culture. This "pure" culture is presumed to have existed in pastoral tranquility until vitiated and transmogrified by outside forces—such as westernization, industrialization, urbanization, and today, internationalization. (Robertson 1988: 508)

Diese kulturelle Repräsentation, das Deutungsmuster des ländlichen Japan als *furusato*, dient also trotz der tatsächlichen Veränderung, durch etwa die Industrialisierung, weiterhin als ‚Bollwerk' gegen die Kräfte der Verwestlichung und Modernisierung. Als Wurzel nationaler Identität bewahrt es so scheinbar eine ‚japanische Essenz' vor diesem Einfluss.

3.3.3 *Discover Japan:* Entdecke Japan und entdecke dich selbst

Vor dem Hintergrund der geschilderten Entwicklungen entwickelte sich ab den 1970ern ein Boom des ländlichen Japan bzw. des *furusato,* der sich über Werbung, Marketing und mediale Produktionen bis in die Politik ausbreiten sollte (vgl. Robertson 1997: 98 – 100). Die Medien- und die Tourismusindustrie erkannten das Vermarktungspotential hinter dem neuen Interesse am Ländlichen (vgl. Creighton 1997: 241 – 244) und trugen gleichzeitig zur weiteren Verbreitung bei. Neben dem Musikgenre der Enka, dessen Lieder oft wehmütig das *furusato* besangen (vgl. Yano 2002), war vor allem die Discover Japan Kampagne der „Japanese National Railways" (JNR) (heute Japan Railways Group) einflussreich. Ab 1970 bewarb diese Kampagne das Reisen mit der Bahn[8]. Mit dem Titel „Discover Japan" und dem Slogan „das

---

8 Für die Olympischen Spiele 1964 und die Expo 1970 war das Bahnnetz stark ausgebaut worden. Besonders durch den neu eingeführten Shinkansen waren hohe Kosten für die JNR entstanden. Die nach dem Ende der Expo wegfallenden Reisezahlen sollten durch die Kampagne ausgeglichen werden (vgl. Ivy 1995: 36; Middeleer 2016: 111)

schöne Japan und ich" (*utsukushii nihon to watashi*)[9] wurde zum Entdecken Japans aufgerufen. Auf den Postern und in den Werbefilmen war dabei jedoch meist nicht zuzuordnen, wo genau diese aufgenommen worden waren. Beworben wurde so weniger eine spezifische Destination, sondern ein vager, ferner, nicht-urbaner Raum. Ging es vorher bei Reisen vor allem um *meisho*, also berühmte Orte und darum, diesen speziellen Ort gesehen zu haben, wurde das Ziel der Reise bei „Discover" die Entdeckung des *utsukushii nihon*, des schönen Japans: „In Discover Japan, however, the appeal was non-specific, to a Japan in general – unnamed, yet somehow still recognizable." (vgl. Ivy 1995: 47).

Gezeigt wurden vor allem junge Frauen – durch ihre modische Kleidung eindeutig als Städterinnen identifizierbar – in ländlicher Szenerie oder vor mit Tradition und Vergangenheit assoziierten Hintergründen. Diese jungen Frauen repräsentierten dabei die Zielgruppe der Werbekampagne. Neben der Entdeckung dieser Orte wurden auch Begegnungen beworben. Auf verschiedenen Postern treffen die jungen Frauen auf Menschen, die eindeutig dem Ländlichen oder dem ‚Traditionellen' zuzuordnen sind: ein Mönch, oder eine Frau in Kimono, die den modern gekleideten jungen Frauen zulächelt. Hier trifft das moderne Japan symbolisch auf das traditionelle: „The most powerful theme connecting these and other images is the moment of encounter between tourist and destination, urbanite and Japanese heritage." (Middeleer 2016: 108). Die Kampagne spielte also mit den ländlichen Gebieten als ein traditionelles Japan, das den Großstädtern sowohl fremd als auch bekannt sei. Es muss zwar entdeckt werden, aber, so suggeriert der Slogan „das schöne Japan und ich", es gibt bereits eine Beziehung. Die Reisenden werden in dieser Beziehung explizit als Japaner:innen angesprochen, die ihr Land (wieder) kennen lernen sollen. Die Verortung im ländlichen Raum stellt das „schöne Japan" dabei in Kontrast zu den (verwestlichten und modernen) Metropolen. Mit der Reise, so wird suggeriert, können die Tourist:innen dagegen ein vormodernen, authentisches Japan und ihre eigenen japanische Identität wiederfinden. „Through Discover Japan's process of guided tourism, the tourist would not only experience Japanese distinctiveness, they would also realize Japanese identity within themselves." (Middeleer 2016: 117). Die ländlichen Gebiete, das *furusato* sind hier als Heimat sowohl Ursprung als auch das Endziel der Reise (vgl. Ivy 1995: 39).

Entdeckt werden kann aber nicht nur Japan, sondern es wird auch die Möglichkeit zur Selbstentdeckung versprochen. So zitiert Middeleer Fujioka Wakao, den Chef der Kampagne: „Discovery is really one's own self. 'Discover myself,' I said to

---

9 Der Slogan war inspiriert von Kawabata Yasunaris Dankesrede anlässlich der Verleihung des Literaturnobelpreises. Seine Rede war *Utsukushii nihon no watashi* getitelt, was in etwa mit „das Ich des schönen Japan" übersetzbar ist. Im Werbeslogan wurde das possessive *no* mit der Konjunktion *to* (und) ersetzt und dadurch die Bedeutung etwas verschoben (vgl. Ivy 1995: 44).

myself. The self of travel, the discovery of myself, traveling through myself... „Discover myself" had become our campaign concept." (Fujioka 2010: 10, zit.n. Middeleer 2016: 109). Hier werden die Reisenden als Individuen adressiert, denen keine Reise an bestimmte Orte nahegelegt wird, sondern für die eine ganz persönliche Erfahrung beworben wird. Die Reisenden sollen die Reiseziele selbst entdecken (vgl. Ivy 1995: 43). Die Selbstentdeckung durch eine Form des Konsums, hier das Reisen, erinnert an die in Kapitel 2.3.1 besprochenen Werbekampagnen. Slogans wie „ich selbst, neu entdeckt" des Seibu-Kaufhauses waren ebenso vage gehalten wie die Discover Japan Kampagne. Beworben wurde kein spezifisches Produkt oder ein spezifischer Ort, sondern Reisen um des Reisen willens bzw. Konsum um des Konsum willens.

Durch die Begegnung mit dem „schönen Japan", in der Interaktion mit Natur, Traditionen und den Menschen vor Ort, wird eine Entdeckung des eigenen Selbst bzw. des japanischen Selbst versprochen. Die Regionen werden in ihrer unspezifischen Darstellung zu einer abstrakten japanischen Heimatsphäre, in der die urbane Bevölkerung finden kann, was sie jenseits des urbanen Raumes sucht. Diese Heimatsphäre bietet somit Abstand von der Desillusionierung im modernen Leben und wird zu all dem, was dort verloren gegangen zu sein scheint.

> Furusato is [...] is, rather, everything that suburbs and metropoles are not: compassion, camaraderie, tradition, and even motherly love are presumed absent from postwar urbanized society, with its preponderance of nuclear families and mothers working for wages outside their homes. (Robertson 1988: 503)

Im *furusato*-Diskurs erfolgt die Prägung dieses Bildes, die kulturelle Repräsentation der ländlichen Räume, also weitgehend aus dem Blick der Großstädter:innen und ihrer scheinbaren Bedürfnisse.

3.4 Regionen in der Verantwortung

Die beiden Deutungsmuster von Verfall und Idylle scheinen sich diametral gegenüber zu stehen, sind jedoch eng miteinander verknüpft. Besonders deutlich wird dies etwa in den Reden des damaligen Premierministers Abe zu seiner Politik der Revitalisierung der Regionen. Gerade da das ländliche Japan die nationale Heimatsphäre darstellt, muss es vor dem Aussterben gerettet werden (vgl. CAS, Japan 2014). So zeichnet sich aber auch der deutliche Widerspruch im Diskurs über die Revitalisierung besonders ländlicher Regionen ab: würden sie jemals vollständig „modernisiert", verlören sie genau das, was sie erhaltenswert macht: ihren diskursiv als so wichtig konstituierten Status als Traditionen bewahrende, qua vor-

moderne, also vor-westliche Sphäre nationaler Identität. So fasst Kelly (1990) zusammen: „Japan's countrysides are now both its inaka and its furusato. As the back
ward „boonies," they must be assimilated into a modern society, but as the nation's
„folk," they must be preserved as testimony to a moral society." (Kelly 1990: 223). Die
ländlichen Gebiete sind so im Diskurs sowohl von Verfall bedroht als auch Ursprung
von Japanizität, sie sind, um noch einmal Kelly zu bemühen „economically marginal" aber „culturally central" (vgl. Kelly 2006).

Gleichzeitig werden die Regionen trotz der benannten Probleme zunehmend
sich selbst überlassen. Im Grunde können die diskutierten Reformen so als neoliberaler Rückzug des Staates gewertet werden, der die Verantwortung für die Revitalisierung immer mehr den betroffenen Orten zuschiebt (vgl. Rausch 2009: 224).
Die Betonung der demographischen Entwicklung als Ursache ländlichen Niedergangs verschleiert zudem, dass vor allem wirtschaftliche Probleme – und die Effekte der Agglomeration in Tōkyō – die eigentlichen Ursachen sind (vgl. Lützeler
2016:154). Tourismus oder die Vermarktung lokaler Produkte als Strategien zur
Revitalisierung setzen die Gemeinden zueinander in Konkurrenz, sie stehen zudem
in einem Wettbewerb um zunehmend begrenzte Fördermittel. Gemäß der neoliberalen Logik werden sie fast nicht mehr als Gemeinden, sondern wie Unternehmen behandelt (vgl. Matanle und Rausch 20111: 267). Dabei übersteigen die hinter
Entvölkerung und Strukturschwäche liegenden Prozesse – wie etwa die Agglomeration in Tōkyō – die Einfluss- und Zugriffsmöglichkeiten vieler lokaler Regierungen. Und auch mehr fiskalische Autonomie kann dem wenig entgegensetzen, wenn
nicht genügend Steuern eingenommen werden können oder lokal durch die Abwanderung das Know-How fehlt, effektive Revitalisierungsstrategien zu imple-
mentieren. So werden die Regionen immer mehr sich selbst überlassen, was sich
auch in Abes Politik widerspiegelte. Mit Bezug auf Ama und das Stadtmotto *nai
mono ha nai* – ein Wortspiel mit den beiden Bedeutungen der Phrase „überhaupt
nichts" und „alles ist da" (vgl. Lewerich 2020: 212) erklärte er in einer Rede zu seiner
Politik der regionalen Revitalisierung:

> Es gilt, nicht die großen Städte zu imitieren, sondern die Individualität maximal zu nutzen. Ein
> Ideenwandel ist erforderlich. Wenn die verschiedenen Städte den Mut haben zu erkennen, ‚das
> Authentische' gibt es nur hier, dann würde sich die Situation ohne Zweifel vollständig ver-
> ändern. (CAS 2014).

Die Botschaft scheint klar: die Zeiten großzügiger finanzielle Unterstützungen sind
vorbei, die Regionen müssen sich mit ihrem Status zufriedengeben. Unter dem
Schlagwort der „Authentizität" (*kosei*) wird dies zudem als positiv verkauft. Eine
ernsthafte Strategie zur Bekämpfung der Zentralisierung in Tōkyō zu Gunsten der
Regionen scheint so in weiter Ferne. Stattdessen liegt die Verantwortung für die

Bekämpfung bei den Regionen selbst und, wie besonders in Kapitel 6 zu sehen sein wird, der jungen Generationen Japans, die sich dieser Herausforderungen nun annehmen sollen.

4 Subjektivierungsforschung: Selbst-Erzählungen als diskursive Positionierungen

Bei der Planung und zu Beginn der Durchführung meiner Feldforschung galt das Interesse meiner Arbeit noch vor allem den autobiographischen Erzählungen von jungen Großstädter:innen in Japans ländlichen Räumen. Dabei lag der Fokus auf den Motivationen, Zielen und Erfahrungen, wie auch dem Bild des ländlichen Japans, das in den Interviews entworfen wird. Im Verlauf der Erhebung meiner empirischen Daten und beim Sammeln von zusätzlichem Material, wie Lifestyle Magazinen, Zeitungsartikeln und Veranstaltungsflyern sowie -ankündigungen, fielen mir dabei zunehmend zwei Punkte auf: Erstens, das wiederholte Auftauchen bestimmter narrativer Muster zu Japans Regionen und dem Phänomen der Stadt-Land-Migration sowohl im öffentlichen Diskurs als auch in vielen meiner bereits geführten Interviews. Und zweitens die aktive Rolle, die viele meiner Interviewpartner:innen und Informant:innen selbst in den Diskussionen zu diesen Themen zu spielen schienen: als Vortragende auf Seminaren oder Messen, als Protagonist:innen von Artikel in Zeitschriften und Magazinen, als aktive Nutzer:innen der sozialen Medien, über die sie von ihrem Leben in den Regionen berichteten.

Angesichts dieser Übereinstimmung gewisser narrativer Muster und der ‚diskursiven Verstrickungen' der Interviewten erschien mir die Aufarbeitung der erhobenen Interviews im Sinne der (Re)konstruktion narrativer Identität zu kurz zu greifen. Die narratologische Forschung betont selbstverständlich den Einfluss von kulturellen Sinnstiftungsangeboten, auf die das erzählende Selbst zurückgreift sowie die inhärente Sozialität biographischer Stegreif-Erzählungen. Entsprechend den sozial etablierten Sinnkategorien, die das Individuum für seine eigene Identität als relevant betrachtet, werden diese kulturell vorgeprägten Muster oder Rollenkonzepte in das Identitätskonzept eines Individuums eingebunden (vgl. Lucius-Hoene und Deppermann 2004: 66, Meuter 1995: 232). Diese normativen Identitätsansprüche, die an das Individuum von kollektiven wie individuellen Anderen herangetragen werden, sind dabei jedoch in der Regel nicht Gegenstand der Untersuchungen. Mir erschien allerdings gerade angesichts meiner dargelegten Beobachtungen der strukturierte Blick auf den öffentlichen Diskurs wichtig für eine umfassende Analyse meiner empirischen Daten. Für mich stand das Interesse im Vordergrund, nicht nur die Selbst-Erzählungen zu untersuchen, sondern die Frage, ob, und wenn ja wie, diese sich auf den öffentlich-medialen Diskurs um Stadt-Land-Migration beziehen. An dieser Stelle kam die Möglichkeit eines Einbezugs einer Diskursanalyse ins Spiel. Viele Formen der Diskursforschung interessieren sich jedoch wiederum weniger für die Ebene der Empirie und die Frage ob und wie Individuen auf Diskurse reagieren. Zumeist fokussieren dieser Arbeiten allein auf die

Untersuchung der programmatischen Seite, die Seite der „Anrufungen" wie etwa die im Diskurs produzierten Modellsubjekte (z. B. „Das unternehmerische Selbst" bei Bröckling 2007) (vgl. Bosančić 2016: 96–97).

Aufbauend auf dieser Erkenntnis, aus dem Interesse an einer diskursiven Situierung biographischer Forschung und unter anderem in Anschluss an, beziehungsweise in Erweiterung der Wissenssoziologischen Diskursanalyse (WDA) von Reiner Keller (2005, 2011) hat sich in den letzten Jahren eine empirische Subjektivierungsforschung entwickelt, die genau diese Schnittstelle bzw. die Verschränkungen zwischen Subjekten und Diskursen in den Blick nimmt[1]. Genauer gesagt geht es dabei um die Frage nach den Verhältnissen zwischen in Diskursen erzeugten, normativen Subjektpositionen einerseits und den tatsächlichen Subjektivierungsweisen der durch die Diskurse Adressierten andererseits. Die Trennung ist dabei als eine heuristische zu sehen, da die verschiedenen Arbeiten der Subjektivierungsforschung die komplexe Beziehung zwischen Adressierung und Adressierten betonen. Die Individuen gelten nicht als den machtvollen Diskursen „ausgeliefert", sondern als selbstreflexive Subjekte, die mit mehr oder weniger Potential ausgestattet sind, um die Adressierungen eigensinnig zu interpretieren (vgl. Keller 2011: 216) und etwa über kollektive Prozesse auch Gegenpositionen zu formulieren, die in neue Subjektpositionen münden können (vgl. Bosančić 2019: 50).

Mit dem in der Subjektivierungsforschung entwickelten Ansatz der doppelten Empirie, die sowohl Diskurse als auch Individuen in den Blick nimmt, bietet sich die Möglichkeit, Subjektpositionen, Deutungsmuster und *storylines* aus dem öffentlich-medialen Diskurs um Stadt-Land-Migration herauszuarbeiten, zu untersuchen, ob und wie die in den Diskursen angesprochenen Subjekte sich zu den angebotenen Subjektpositionen in Bezug setzen und inwiefern sie selbst als Akteure an den Diskursen und der Formation eben dieser Subjektpositionen beteiligt sind.

Im Folgenden werde ich kurz die WDA umreißen, da die Subjektivierungsforschung weitgehend auf den dort entwickelten Diskursbegriff und die Diskursanalyse der WDA aufbaut. Danach werde ich vor allem in Bezug auf die Arbeiten von Sasa Bosančić und Lisa Pfahl die empirische Subjektivierungsanalyse als das meiner Arbeit zugrundliegende Forschungsprogramm vorstellen.

---

1 Vgl. Bosančić 2014, 2016, 2019, Geimer, Amling, Bosančić 2019, Keller und Bosančić 2019, Pfahl 2011, Tuider 2007, Spies und Tuider 2017

4.1 Wissenssoziologische Diskursanalyse

Im deutschsprachigen Raum sind in Anschluss an Michel Foucaults Diskursbegriff verschiedene Richtungen der sozialwissenschaftlichen Diskursanalyse bzw. -forschung entstanden, die mit einem zum Teil recht disparaten Verständnis von Diskurs arbeiten. Dies ist unter anderem darauf zurückzuführen, dass Foucault in seinen Werken den Diskursbegriff recht offen definiert, stets weiterentwickelt und andererseits keine konkrete methodische Herangehensweise an die Erforschung von Diskursen offengelegt hat. Es gibt kurz gesagt keine Foucaultsche Diskursanalyse per se, da bei ihm verschiedene Fragen, wie genau er seine Quellen für etwa „Archäologie des Wissens" behandelt, also analysiert hat, unklar bleiben (vgl. Keller 2007: 7–8). Die Offenheit von Foucaults Diskursbegriff und der Wandel, den das Konzept auch innerhalb der Arbeiten Foucaults erfahren hat, machen es dadurch einerseits sehr anschluss- und erweiterungsfähig, aber bieten eben auch viel Interpretationsspielraum. Detaillierte Überblicksarbeiten über die verschiedenen Formen von Diskursforschung auch über die Soziologie hinaus sind bereits an anderer Stelle erfolgt (vgl. Angermüller 2005; Keller 2011; Bührmann und Schneider 2008).

In Anschluss an Keller, der wiederum auf Foucault aufbaut, verstehe ich Diskurs folgendermaßen:

> Diskurse, verstanden als analytisch abgrenzbare Ensembles von Praktiken und Verläufen der Bedeutungszuschreibung, denen ein gemeinsames Strukturierungsprinzip zugrunde liegt, sind raum-zeitlich sowie soziale strukturierte Prozesse (Keller 2011: 192)

Die WDA will dabei als empirisches Forschungsprogramm auf Grundlage entsprechenden Datenmaterials Diskurse untersuchen. „Diskurs bezeichnet einen Strukturierungszusammenhang, der verstreuten diskursiven Ereignisse zugrunde liegt." (Keller 2011: 205). Ein diskursives Ereignis bzw. Aussageereignis kann etwa eine Zeitungsmeldung oder ein Vortrag sein. Diese diskursiven Ereignisse bzw. Aussageereignisse können durchaus zeitlich wie räumlich weit voneinander getrennt erscheinen, wichtig ist für Keller der typisierbare Kerngehalt, die typische „Aussage", der sie als Teil ein und desselben Diskurses ausweist. Diskurse setzen sich aus diesen Aussageereignisse zusammen, die wiederum durch den Diskurs strukturiert sind: „Ohne Aussageereignisse gibt es keine Diskurse; ohne Diskurse können Aussageereignisse nicht verstanden, typisiert und interpretiert werden." (Keller 2011:205). Eine Aussageereignisse kann also ein in der *Asahi Shinbun* erscheinender Artikel zu Stadt-Land-Migration sein oder die Informationsbroschüre, die während einer Messe an Interessierte ausgeteilt wird. Diese Aussageereignisse sind nicht in einem leeren Raum entstanden, sondern folgen bestimmten Regeln der Art und

Weise der Aussageproduktion, die von den Diskursen bereitgestellt werden (vgl. Keller 2011: 208). Diskursstrukturen legen also als Machtstrukturen fest, *was* überhaupt *wie* von *wem* gesagt werden darf. Dabei ist ein Diskurs jedoch keineswegs statisch, sondern die Formation von Diskursen ist als Prozess zu begreifen, „der zwischen Reproduktion und Transformation" oszilliert (vgl. Keller 2011: 204).

In der WDA verbindet Keller programmatisch zwei Traditionen der sozialwissenschaftlichen Analyse von Wissen: die Diskursforschung und die Hermeneutische Wissenssoziologie, die wiederum stark von der sozialkonstruktivistischen Wissenssoziologie nach Berger und Luckmann (1966) beeinflusst ist. In der WDA will Keller durch diese Zusammenführung Leerstellen der beiden Forschungstraditionen füllen. Die Annahmen Berger/Luckmanns der gesellschaftlichen Konstruktion der Wirklichkeit sind dabei grundlegend für die WDA. Auch wenn bei Berger/Luckmann selbst der Diskursbegriff nicht vorkommt, sprechen sie jedoch immer wieder von systematisierten und institutionalisierten Formen der Wissensproduktion Wissensvorrat und Sonderwissensbeständen, die den Anschluss an eine diskursanalytische Perspektive laut Keller möglich machen (vgl. Keller 2011: 182). Der Fokus liegt bei ihnen jedoch vor allem auf der Konstruktion von Alltagswissen, auf der „Rekonstruktion von Deutungsleistungen individueller Akteure, die nicht in Bezug zur Ebene der kollektiven Wissensvorräte gesetzt werden" (Keller 2011: 183). In der WDA soll die empirische Wissensforschung durch die Öffnung hin zu den Meso- und Makroebenen von Wissensverhältnissen und -politiken, also die Untersuchung des Zusammenspiels von Sonderwissensbeständen (Expertenwissen) und Alltagswissen erweitert werden und andererseits die Machtverhältnisse, die in der Produktion von Wissen eine Rolle spielen, stärker in den Blick genommen werden (vgl. Keller 2007). An dieser Stelle kommt die Verbindung mit der Foucaultschen Diskursforschung zum Tragen, da sich diese besonders dafür interessiert, wie in den ‚Wahrheitsspielen' der Diskursen Wissen objektiviert und Macht auf Subjekte ausgeübt wird. Die WDA stützt sich dabei besonders auf die Diskurskonzepte, die Foucault in „Archäologie des Wissens" und „Der Fall Riviere" entwickelt hat. Zentral ist dabei Foucaults Forderung „die Diskurse (...) als Praktiken zu behandeln, die systematisch die Gegenstände bilden, von denen sie sprechen." (vgl. Foucault 1981: 74). Keller betont jedoch, dass es weder um ein werkgetreues Nachfolgen der Ansätze Foucaults noch der ursprünglichen Intention von Berger und Luckmann geht (vgl. Keller 2011: 190). Stattdessen soll Foucaults Diskurstheorie für Diskurse als strukturierte und strukturierende Strukturen sensibilisieren und der Rückgriff auf Berger und Luckmann „die Rolle gesellschaftlicher Akteure in den Machtspielen des Wissens" betonen (Keller 2011: 191).

Für die Verbindung der Diskurskonzepte Foucaults mit der empirischen Wissensforschung ist die Rolle des Subjekts bzw. der Akteure in den Diskursen und die Auswirkungen der Diskurse auf Akteure zentral. In der Wissenssoziologie wird laut

Keller oft die ‚Unterwerfung' durch Diskurse betont, während die „Dialektik von Zwang und Ermächtigung des Handelns durch Institutionen" (Keller 2011: 186) übersehen wird. Zum anderen ist Foucaults methodisches Vorgehen wie bereits erwähnt nur ansatzweise ausgearbeitet. Um diese Lücken zu schließen, verweist die WDA auf die Bedeutung der Diskursforschung als empirisches Unternehmen, auf deren Basis die Theoriebildung zu erfolgen hat (Keller 2011: 11) und bedient sich dabei der etablierten Methoden der qualitativen Sozialforschung, wie an Arbeitsstrategien aus der Grounded Theory.

In der Zusammenführung der Foucaultschen Diskurskonzepte und der Wissenssoziologie nach Berger/Luckmann in der WDA soll eine Analyse der „diskursiven Konstruktion der Wirklichkeit" (Keller 2011: 179) ermöglicht werden. Um Diskurse als Praktiken zu behandeln, bedarf es jedoch, wie bereits erwähnt, eines Akteurskonzeptes, da die Akteure die Vermittlungsinstanz zwischen Diskursen und Aussagereignissen, die den Diskurs bilden, darstellen (Keller 2011: 209). In der WDA werden daher in Anschluss an Berger/Luckmann „Prozesse der gesellschaftlichen Objektivierung von symbolischen Ordnungen ebenso erfasst wie die Rückwirkung dieser Ordnung auf soziale Akteure und deren subjektive Sinnkonstitution" (Keller 2011: 191). Es wird ein Akteurskonzept eingeführt, das „soziale Akteure sowohl als diskursiv konstituierte wie als regelinterpretierend Handelnde, als aktive Produzenten und Rezipienten von Diskursen" versteht (Keller 2011: 11.). Dieses Handeln wiederum, wird von Diskursen überformt, die dieses erst ermöglichen, aber auch beschränken (Keller 2011: 189).

4.2 Die Empirische Subjektivierungsanalyse

Akteur:innen sind also (potentiell) sowohl Produzent:innen als auch Rezipient:innen von Diskursen. Sie können in Sprecher:innenpositionen kommen und so legitime Aussagen im Diskurs treffen. Sprecher:innenposition meint dabei Positionen, in denen soziale Akteur:innen z. B. innerhalb institutioneller Settings und den daran geknüpften Rollen an der Diskursproduktion teilnehmen. Um auf eine Sprecher:innenposition zu kommen, ist eine bestimmte Qualifikation notwendig, die das Einnehmen der Position und die damit verbundene Macht zur diskursproduzierenden Aussage legitimiert. Dazu gehört etwa eine entsprechende Karriere, Sozialisation oder Ausbildung (vgl. Keller 2012: 100).

Gleichzeitig werden Akteur:innen in Diskursen in der Form von Subjektpositionen adressiert und positionieren sich mehr oder weniger diesen. Subjektpositionen – auch als Modellsubjekte bezeichnet – meinen dabei „Subjektschablonen, in denen Handlungsfähigkeiten, Praktiken und Materialitäten auf der diskursiven Ebene miteinander gekoppelt sind" (Keller und Bosančić 2017: 35). Die Positionierungen der Akteur:innen zu den an sie gerichteten Diksursen bzw. Subjektpositionen werden zumeist als tatsächliche Subjektivierungsweisen (bei Keller) oder Selbst-Positionierungen (bei Bosančić) bezeichnet.

Dabei muss hier kurz auf das Subjektkonzept eingegangen werden, mit der die empirische Subjektivierungsforschung arbeitet. Diese baut vor allem auf den Arbeiten von Mead und Goffman auf. Während Mead und Goffman zwar nicht mit Diskursbegriffen im Foucaultschen Sinne gearbeitet haben, so gehen doch beiden von kulturellen Rollen- und Sinnstiftungsangeboten sowie symbolischen Ordnungen an, die menschliche Selbstverhältnisse prägen. Damit ist ihre Forschung anschlussfähig an die Diskursforschung (vgl. Bosančić 2014: Kap. 4.1). Im Anschluss an Mead und Goffman versteht die Subjektivierungsforschung Menschen als Subjekte, die durch Diskurse adressiert werden und auf Grundlage der eigenen sozialstrukturellen und biographischen Prägungen auf diese diskursiven Adressierungen reagieren. Das heißt, sie sind mehr oder weniger frei darin, wie sie sich zu diesen Diskursen verhalten. Selbst-Positionierungen zu den Modellsubjekten sind also keine direkten Übernahmen der ‚Subjektschablonen' – selbst, wenn dies intentioniert ist, ist es aufgrund der durch die soziale Situiertheit geprägte unterschiedliche Interpretationsleistung der Individuen unmöglich. Zudem werden die Akteure zu jeder Zeit auch von verschiedenen Diskursen adressiert (vgl. Keller 2012: 70). Daher ist das Verhalten zu den im Diskurs entworfenen Modellsubjekten wandelbar und tentativ, ein Prozess der Auseinandersetzung der Teile annimmt, andere ablehnt, oder umdeutet (vgl. Bosančić 2016: 108). Damit sind Subjektposition und tatsächliche Subjektivierungsweisen nicht als hierarchisch und dichotom gegenüberstehend zu sehen, sondern als miteinander in Beziehung und Austausch. Subjektpositionen bringen Subjektivierungsweisen hervor und anders herum – Subjekte, beziehungsweise Akteure sind dabei die Vermittlungsinstanz, die strukturiert wird und selbst in strukturierende Positionen gelangen kann (vgl. Bosančić 2019: 50).

Trotzdem ist es jedoch Menschen nicht möglich, sich Diskursen völlig entziehen. Das Selbst-Bewusstsein des Subjekts ist im Anschluss an Mead an signifikante und generalisierte Andere, also an nahestehende Bezugspersonen und der Wahrnehmung der an sie herangetragenen gesellschaftlichen Erwartungen gebunden und davon beeinflusst. Das Selbst als reflexive Instanz ist also an die jeweilige soziosymbolische Ordnung gebunden (vgl. Bosančić 2016: 106–107). Dabei regulieren die kulturellen Normalitätsvorstellungen sowohl die Selbstäußerungen der Menschen in Interaktionen als auch deren eigene Selbst-Wahrnehmung und wiederum die Fremd-Wahrnehmung durch andere. Was sich jedoch unterscheidet, ist welche Identitätserwartungen und Rollenvorstellungen an das Selbst herangetragen werden beziehungsweise welches es an sich adressiert wahrnimmt. Das kann sich einmal durch die sozialen Kategorien, also Geschlecht, Klasse, Ethnizität usw. ändern. Andererseits werden auch in unterschiedlichen sozialen Situationen (Beruf,

Familie, Freizeit usw.) verschiedene Erwartungen an das Selbst adressiert, das sich dazu in Beziehung setzen muss. Diese Alltagsadressierungen sind wiederum zu großen Teilen durch diskursiv konstituierte Subjektpositionen vermittelt (vgl. Bosančić 2016: 109). Besonders in der Gegenwart ist dabei eine Omnipräsenz von Diskursen durch Expertensysteme in Ratgeberliteratur, Fernsehsendungen und die sozialen Netzwerke zu beobachten (vgl. Bröckling 2007). Subjektivierung versteht Bosančić daher „auf der Ebene tatsächlich lebender Menschen im Anschluss an Mead, Goffman und andere als einen Selbst-Positionierungsprozess" (Bosančić 2016: 108). Und weiter „ein tentativer, prekärer, dynamischer und unabschließbarer Prozess der Auseinandersetzung mit den Fremd-Identifizierungen durch diskursiv konstituierte Subjektpositionen" (Bosančić 2016: 108). Die Subjektivierung findet auf der Ebene des Individuums also in der Auseinandersetzung mit den verschiedenen an es herangetragenen Adressierungen statt.

Wenn also das Selbst eine sozial situierte und reflexive Instanz ist, die sich den Identitätsnormen, und -erwartungen Rollenerwartungen nicht entziehen kann, welche wiederum durch die allgegenwärtigen Subjektpositionen der Diskurse geprägt sind, dann bietet sich die Möglichkeit, durch Erhebung empirischer Daten das Zusammenspiel von diskursiven Modellsubjekten und tatsächlichen Subjektivierungsweisen in den Blick zu nehmen. Dies ist das zentrale Anliegen der empirischen Subjektivierungsforschung.

Während die WDA aus dem Anliegen heraus entwickelt wurde, zwei scheinbar disparate Zweige der Wissensforschung zusammenzubringen und gegenseitig fruchtbar zu machen, ist die empirische Subjektivierungsforschung wiederum mit dem Ziel entstanden, die WDA mit der Subjekt- bzw. Biographieforschung zusammenzubringen. Durch die Verbindung aus subjektfokussierter Empirie und Diskursanalyse können so, wie bereits angedeutet, sowohl die Modellsubjekte in den Diskursen als auch die darauf reagierenden tatsächlichen Subjektivierungsweisen untersucht werden. Damit ergibt sich eine empirische Doppelperspektive, da Subjektpositionen sowie Selbst-Positionierungen empirisch analysiert werden sollen. So können biographische Analysen in einen größeren Zusammenhang eingebettet werden und die „diskursive Situiertheit menschlicher Selbstverhältnisse" (Bosančić 2016: 97) in den Blick genommen werden.

Die verschiedenen Spielarten der empirischen Subjektivierungsforschung (vgl. Bosančić 2014; Pfahl 2011; Spies 2010; Spies und Tuider 2017; Tuider 2007) bringen also Biographie- und Diskursforschung zusammen. Biographische Erzählungen, wie sie in offenen Interviewmethoden erheben werden können, werden als Positionierungen in Diskursen und Auseinandersetzung des erzählenden Subjekts mit diskursiv konstituierten Subjektpositionen verstanden. Die zentrale Fragestellung ist damit in Anlehnung an Foucault: „Anhand welcher Wahrheitsspiele gibt sich der Mensch sein eigenes Sein zu denken"? (vgl. Foucault 1989: 13, zit.n. Bosančić 2018:

93). Bisher wurde die Frage danach, wie Akteurinnen die Formen des „Subjekt-Seins" (Geimer, Amling, Bosančić 2019: 2), die an sie herangetragen werden aushandeln, sich aneignen oder ablehnen weitgehend unsystematisch behandelt (vgl. Geimer, Amling, Bosančić 2019: 2). Dieses Forschungsdesiderat soll durch die empirische Doppelperspektive korrigiert werden.

Das Verhältnis der Vorstellungen des Menschen über sich selbst zu den gesellschaftlich-diskursiven Vorgaben ist dabei eng mit Fragen nach Autonomie, Macht und Freiheit verbunden. Das Subjekt wird nicht nur als Effekt von Macht und Wissen verstanden, als Ergebnis der produktiven Qualität von Macht, sondern angelehnt an Foucaults Spätwerk, anerkannt, dass Subjektivierung auch vom Individuum selbst ausgehen kann (vgl. Saar 2007: 249 f zit.n. Spies 2009: 24). Foucault erläutert das Verhältnis von Macht und Subjekt folgendermaßen:

> Macht wird nur auf „freie Subjekte" ausgeübt und nur sofern diese „frei" sind. Hierunter wollen wir individuelle und kollektive Subjekte verstehen, vor denen ein Feld von Möglichkeiten liegt, in dem mehrere Führungen, mehrere Reaktionen und verschiedene Verhaltensweisen statthaben können. (Foucault 1987: 255).

Wären die Subjekte vollständig determiniert, dann wäre keine Machtausübung notwendig. Das Subjekt ist nicht nur unterworfen, sondern hat auch die Möglichkeit der „Widerspenstigkeit der Freiheit" (Foucault 1987: 256).

Damit wird deutlich, dass es sich um einen komplexen Prozess handelt, in dem Adressierungen und Adressierte nicht als dualistisch getrennt zu betrachten sind. Bosančić veranschaulicht diesen Prozess am Beispiel der Frauenbewegung der sogenannten 68. Unterordnende Subjektpositionen – sowohl die traditionell-konservative der „Frau am Herd" als auch die progressive der „Frauenfrage als Nebenwiderspruch" – wurden von einer zunehmenden Zahl an Frauen abgelehnt, die sich in verschiedenen Formen zu organisieren begannen und dort eigene Positionierungen diskutierten und formulierten. Sie konnten in Sprecherinnenpositionen kommen und etablierten in einem kollektiven Prozess im Rahmen von Deutungskämpfen die neue Subjektposition der „emanzipierten Frau". Damit wurde es auch weiteren Frauen möglich, sich zu dieser Subjektposition zu positionieren (vgl. Bosančić 2019: 50). Dieses Beispiel zeigt auch, dass es zu jedem Zeitpunkt auch eine Reihe verschiedener, teilweise sich auch wiedersprechende Subjektpositionen geben kann, die durch unterschiedliche, in Machtkämpfen befindliche Diskurse vermittelt werden, in deren Schnittfeldern sich die Subjekte befinden (vgl. Keller 2011: 163). Daraus lässt sich ebenfalls eine gewisse Freiheit ableiten, da nicht nur eine, sondern immer auch mehrere Subjektpositionen zur Verfügung stehen, zu denen sich die Subjekte positionieren (können).

> Innerhalb eines Diskurses entstehen unterschiedliche Subjektpositionen, in die das Subjekt hineingerufen wird. Diese Positionierungen bleiben jedoch nicht ein für allemal bestehen, denn durch die Unabschließbarkeit von Diskursen entstehen Dislokationen, wodurch Subjekte ihren Charakter als Momente im Diskurs verlieren und zu Elementen werden können, die innerhalb (neu) artikulierter Diskurse (neue) Subjektpositionen einnehmen. (Spies 2009: 45).

Damit wird deutlich, dass sowohl Diskurse, als auch darin produzierte Subjektpositionen und somit auch Subjektivierungsweisen bzw. Selbst-Positionierungen nicht statisch, sondern mehr oder weniger wandelbar, tentativ und flexibel sind.

Diskurse sind so als Regel setzende Instanzen zu verstehen, die dadurch eine produktive Macht entfalten, dass sie „Sagbarkeitsräume" eröffnen, die „Deutungen der individuellen Biographie bereitstellen" (vgl. Bosančić, Pfahl und Traue 2019: 138). Sie grenzen aber eben auch ein, da sie festlegen, was gesagt und was nicht gesagt werden darf. Dass diese Macht jedoch nicht allumfassend ist und Diskurse und ihre Regelsysteme selbst prozesshaft sind, wurde zu Beginn dieses Kapitels bereits diskutiert. Diskurse entwickeln aber mithilfe von Anerkennungsversprechen bei der versuchten Einnahme von Subjektpositionen einerseits und Drohungen durch mahnende Beispiele andererseits eine subjektivierende Macht (vgl. Bosančić 2014: 130).

Die Subjektivierungsanalyse nimmt also grundsätzlich an, dass Menschen mehr oder weniger frei sind, sich zu den Subjektpositionen, also den Rollen- und Normalitätserwartungen, die an sie gestellt werden, zu verhalten. Daraus, aber auch aus den individuell verschiedenen biographischen und sozial-strukturellen Situierungen, die in einer Pluralität von Aneignungskontexten münden, ergibt sich, dass diskursiv vermittelte Subjektposition und Selbst-Positionierung nie genau deckungsgleich sein können (vgl. Bosančić 2019: 47).

Dieser Ansatz der gewissen Interpretationsfreiheit der Subjekte kommt auch aus der Verbindung mit der Biographieforschung, die an der Diskursforschung zumeist die dortige Annahme kritisiert, dass das Subjekt mehr oder weniger unterworfen sei (vgl. Bosančić 2016: 96). Dagegen arbeitet die Biographieforschung stärker Eigensinn und Handlungsmacht der Subjekte heraus, die in der Diskursforschung aus dem Blick geraten sei (vgl. Spies und Tuider 2017; Spies 2019). Die Diskursforschung betrachtet stärker die „gouvernementalen Kraftfelder" (vgl. Bröckling, Krasmann und Lemke 2010: 28, zit.n. Geimer, Amling, Bosančić 2019: 2), deren normativ aufgeladene Deutungsmuster, Techniken der Selbstformierung und -optimierung, die das Handeln von Akteuren nicht nur einschränken, sondern sie erst ermöglichen (vgl. Geimer, Amling, Bosančić 2019: 2). Durch die empirische Untersuchung von diskursiven Subjektpositionen und tatsächlichen Subjektivierungsweisen bzw. Selbst-Positionierungen können diese beiden Ebenen systematisch untersucht und miteinander verbunden werden. Also einerseits die diskursive

Produktion symbolischer Ordnungen und deren Einschränken und Ermöglichen von Handeln sozialer Akteure. Und andererseits, wie die in den Diskursen Angerufene auf Anrufungen reagieren und wie sie kreativ-eigensinnig mit diesen umgehen. Dabei gibt es selbstverständlich auch in zunehmend pluralistischen Gesellschaften nicht nur eine, sondern eine Vielzahl an Subjektpositionen, die an Subjekte herangetragen werden und teilweise auch miteinander in Machtkämpfen um Wahrheit stehen. Nimmt man also diese doppelte Perspektive ein, kann einerseits analysiert werden, wie Diskurse und ihre Subjektpositionen auf Subjekte Macht auswirken und ihre Selbstverhältnisse und Selbsttechnologien beeinflussen. Andererseits werden dabei auch die Möglichkeiten der Subjekte ausgelotet, durch mehr oder weniger vorhandene Ressourcen diese für sich anzunehmen, in Frage zu stellen, umzudeuten oder abzulehnen.

Die bisherigen Arbeiten zur Subjektivierungsforschung haben bereits ein Vokabular der Untersuchung der programmatischen Seite entwickelt, das in der Subjektivierungsforschung weiter ausgebaut wird. Die für meine Arbeit zentralen möchte ich hier kurz zusammenfassen.

4.3 Die diskursiven Adressierungen und die Adressierten

4.3.1 Subjektpositionen

Subjektpositionen sind die im Diskurs vorgenommenen Positionierungen und Adressierungen sozialer Akteure (vgl. Keller 2012: 100). Es handelt sich um typisierbare Interpretationsschemata und Identitätsangebote, die an die Adressierte herangetragen und von diesen angeeignet werden (können) (vgl. Keller 2011: 217). Subjektpositionen legen also den Subjekten nahe, „wie sie ihr *Selbst* regieren sollen." (vgl. Bosančić 2014: 129; Hervorhebung im Original). Sie entwerfen etwa Modellsubjekte als Verheißung oder ‚Blaupause'. Als Beispiel nennt Keller aus den umweltpolitischen Diskursen der 1970er den umweltbewussten Bürger, der versucht, mittels bestimmter Praktiken, umweltschonend zu handeln. Dem steht als Anti-Subjekt der unverantwortliche Umweltfeind gegenüber, der seinen Müll einfach in die Gegend wirft (vgl. Keller 2012:100–101). Diese Subjektpositionen geben also vor, was die Adressierten tun und lassen sollen, sie vermitteln, was sozial erwünscht und anerkannt ist und was eben nicht. Weitere Beispiele normativer Selbstvorgaben wären z.B. das unternehmerische Selbst, das gesunde oder fitte Selbst oder die emanzipierte Frau. Abschreckende Negativmodelle wären dagegen „Rabenmütter" oder die „Arbeitslosen" (vgl. Bosančić 2019: 49).

Wichtig ist dabei, dass Subjektpositionen in ihrer Form als Modellsubjekte als idealtypisch zu betrachten sind. Ulrich Bröckling schreibt entsprechend in seiner Analyse der Subjektivierungsform des „unternehmerischen Selbst":

> Das unternehmerische Selbst bezeichnet überhaupt keine empirisch beobachtbare Entität, sondern die Weise, in der Individuen als Personen adressiert werden, und zugleich die Richtung, in der sie verändert werden und sich verändern sollen. Es existiert nur im Gerundivum, als zu produzierendes und optimierendes. Ein unternehmerisches Selbst ist man nicht, man soll es werden. (Bröckling 2007: 46).

D. h. die Subjektpositionen vermitteln Handlungs-, Verhaltens- und Deutungsweisen, nach denen die Individuen streben und sich verstehen sollen. Dabei besitzen, wie bereits diskutiert, die Individuen aber durchaus einen Eigensinn und sind nicht einfach dieser Subjektivierungsform ausgeliefert. Wie sie sich dazu verhalten, ist Gegenstand der empirischen Subjektivierungsforschung.

Subjektpositionen können neben konkreten Rollenvermittlungen (Muttter, Vater usw.) auch Konzepte vom ‚persönlichen Glück' und dem Wohlergehen des ‚ganzen Lebens' beinhalte. Sie stellen dann „identitäre Modelle für die wesentlichen Bereiche menschlicher Existenz" bereit (Bosančić 2019: 169), „die Individuen rücken hier also ‚ganzheitlich' in den Fokus der „identitären Anrufungen" (Bosančić 2019: 171–172). So sieht Bosančić bei einem Typ, den er als „script-vermittelte Subjektposition" kategorisiert eine Überschneidung mit Foucaults Konzept der Pastoralmacht, da die Individuen dazu aufgerufen werden, im Beruf und Privatleben nach irdischem Glück zu streben. Diese Subjektpositionen sind daher nach Bosančić vor allem in den öffentlichen Diskursen der Massenmedien zu finden, in der Lifestyle- und Beratungsliteratur (Bosančić 2019: 171). Hier lässt sich eine eindeutige Überschneidung mit dem Diskurs um Stadt-Land-Migration finden, der stark mit Versprechen eines „guten Lebens", von „Glück", „Selbstfindung" und „Selbstverwirklichung" arbeitet. Auch findet dieser Diskurs vor allem in den Massenmedien statt, in den klassischen Printmedien, aber auch in Filmen, Serien und vor allem den sich ausschließlich mit diesem Thema beschäftigenden Lifestyle-Zeitschriften. So lassen sich nach Bosančić besonders in diesen Diskursen Subjektpositionen herausarbeiten, die ‚erfolgreiche' und ‚gelingende' Identitäten anpreisen, indem „reale oder fiktive Figuren mit bestimmten Charaktereigenschaften besetzt" werden (Bosančić 2019: 171). Im Diskurs um Stadt-Land-Migration geschieht dies, wie später noch im Detail zu sehen sein wird, oft am Beispiel bereits erfolgreich aufs Land gezogener „Senpai", die ihre Traumexistenz scheinbar verwirklichen konnten und so zu Modellsubjekten gemacht werden. Demgegenüber wird dann auch von „Gescheiterten" gesprochen und mahnend vorgehalten, wie deren Fehler für die Adressierten zu vermeiden sind. Das Material zu Stadt-Land-Migration kann also als Ratgeberliteratur verstanden werden, als „Medium der Führung zur Selbstführung" (Viehöver 2012: 217).

Bei der Analyse der Subjektpositionen waren für mich dabei folgende Fragen anleitend:

1. Wie wird Stadt-Land-Migration definiert und wer wird adressiert?
2. Welche Motivationen und Ziele werden als valide Optionen genannt?
3. Wie wird Stadt-Land-Migration dabei attraktiv gemacht, welche Versprechungen bzw. Verheißungen lassen sich finden?
4. Welche Rolle spielen dabei die etablierten Deutungen des ländlichen Japan zwischen Verfall einerseits und Idylle andererseits?

4.3.2 Die tatsächlichen Subjektivierungsweisen

Wenn man von einer mehr oder weniger vorhandenen Freiheit der Individuen ausgeht, ergibt sich, wie bereits diskutiert, dass die diskursiven Adressierungen nicht deckungsgleich sein können mit den tatsächlichen Subjektivierungsweisen. Bosančić versteht daher die tatsächliche Subjektivierungsweisen bzw. Selbst-Positionierung als „mehr oder weniger kreativ-eigensinnige Ausdeutung, Aneignung oder Ablehnung der Subjektposition" (Bosančić 2019: 49), die aus den Interviews zu rekonstruieren ist. Beziehungsweise es stellt sich überhaupt die Frage, ob die Adressierungen Effekte haben oder nicht etwa von den eigentlich Adressierten gar nicht wahrgenommen werden. Wie bereits dargelegt, interessiert sich die Subjektivierungsanalyse genau hierfür, für die Untersuchung der Positionierung der Adressierten zu den diskursiven Adressierungen: „Wie gestaltet sich das Verhältnis der Subjekte zu den sozialen und kulturellen Ordnungen und Strukturen, d. h. wie bewegen sich die Subjekte im Kräftefeld der Diskurse und Dispositive?" (Bosančić, Pfahl und Traue 2019: 142).

Im ersten Schritt der Analyse habe ich jedoch die Interviews nicht direkt mit dem aus dem Diskurs herauspräparierten Subjektposition und den narrativen Deutungsmustern abgeglichen. Um einen vorschnellen Rückschluss auf tatsächliche Verknüpfungen zwischen Adressierungen und (möglicherweise) Adressierten zu vermeiden, habe ich diese daher getrennt voneinander kodiert und ausgewertet. Dabei waren Interpretationsgruppen hilfreich, die eine Art Kontrollmechanismus darstellten, um nicht in die Interviews den Diskurs „hineinzulesen". Folgende Fragen stellen dabei die zentralen Fokussierungen in der Analyse dar:

1. Wie erzählen die Interviewten ihre Erfahrung von der Entscheidung zum Umzug bis heute?
2. Welche Motivationen, Ziele und Wünsche nennen sie?

3. Welche Rolle spielen dabei bestimmte Vorstellungen von Stadt und Land und wie sind diese in den Erzählungen ausgestaltet?

4.3.3 Deutungsmuster und *storyline*

Ob sich die Diskurse und ihre Adressierungen in den Selbst-Erzählungen niederschlagen, muss am Text des Interviews nachgewiesen werden (vgl. Schäfer und Völter 2005: 179). Neben der Analyse, ob und wie die Interviewten sich zu bestimmen Subjektpositionen positionieren, ist es auch hilfreich in den Blick zu nehmen, ob es bestimmte Deutungsmuster und *storylines* bzw. narrative Strukturen gibt, die sich sowohl im Diskurs als auch den Selbst-Erzählungen wiederfinden. Der Begriff ist im Verlaufe dieser Arbeit bereits gefallen, ich möchte ihn daher gerne präzisieren. Als Deutungsmuster verstehe ich, wieder in Anschluss an Keller, „Interpretationsschemata oder -rahmen (frames), die für individuelle und kollektive Deutungsarbeit im gesellschaftlichen Wissensvorrat zur Verfügung stehen und in ereignisbezogenen Deutungsprozessen aktualisiert werden" (Keller 2011b: 108). Es handelt sich also um ein Interpretationsmuster für weltliche Phänomene, das mit Handlungsorientierungen, Regeln usw. verbunden wird. Keller nennt etwa aus deutschen Mülldebatten das Technik-Deutungsmuster „Risiko", das besagt, dass es immer ein Restrisiko gäbe, dass Nebenfolgen nie vollständig kalkulierbar seien. Da auch technischer Fortschritt diese nicht lösen können, werden politische Maßnahmen präferiert (vgl. Keller 2011b: 110).

Dagegen bezeichnet *storyline* oder *plot* den roten Faden, die narrative Strukturen, die verschiedene Aussagen zu Erzählungen und Geschichten verbinden (vgl. Keller 2011b: 110). Sie setzten diskursive Akteure, Deutungsmuster, Problemdefinition usw. in Beziehung, „sie konstituieren (bestreitbare) Weltzustände als Erzählungen, in denen es handelnde Akteure, Ereignisse, Herausforderungen, Erfolge und Niederlagen, ‚Gute ' und ‚Böse' etc. gibt." (Keller 2011a: 251–252). Damit verbindet die narrative Struktur die verschiedenen Aussagen zu einer (mehr oder weniger) kohärenten Geschichte.

Solche *storyline*s herauszuarbeiten ist gerade für Untersuchung der tatsächlichen Subjektivierungsweisen bzw. Selbst-Positionierungen relevant. So argumentiert Bosančić, dass es nicht reicht, wenn im Interview Stichworte fallen, die auch im Diskurs vorkommen:

> Vielmehr wäre es notwendig, weitere Ähnlichkeiten und Gemeinsamkeiten zwischen den jeweiligen Selbst-Positionierungen im Verlauf des gesamten Interviews und den *storylines* der Diskurse aufzuweisen, um tatsächlich plausibel machen zu können, dass hier Beeinflussungen durch die Subjektpositionen aus bestimmten Diskursen vorliegen. (Bosančić 2016: 112).

Die Analyse von Deutungsmuster und *storyline*s im Diskurs ist also hilfreich, um das zentrale Anliegen der empirischen Subjektivierungsanalyse umzusetzen: die Untersuchung der Wechselwirkungen zwischen diskursiven Subjektpositionen und den tatsächlichen Subjektivierungsweisen der Adressierten.

5 Der Diskurs um Stadt-Land-Migration zwischen Verheißung und Verpflichtung

> Die strukturellen Probleme wie Bevölkerungsrückgang und Überalterung mit denen die Regionen konfrontiert sind, sind tiefgreifend. Aber junge Menschen haben Träume und Wünsche für die Zukunft und wünschen sich die Herausforderungen anzugehen. Ich bin überzeugt, dass gerade diese „Jugend" der Schlüssel ist, um die Krise zu bremsen.
>
> (CAS 2014)

Im September 2014 stellte der damalige Premierminister Abe Shinzō sein neues Programm zur Revitalisierung der Regionen, *chihō sōsei*, vor. Dabei präsentierte Abe seine Lösung für die Probleme von Bevölkerungsrückgang und Überalterung: „die Jugend" (*wakamono*). Die „jungen Leute", so legte Abe nahe, wünschten sich, die Herausforderungen in den ländlichen Gebieten anzugehen. Ihre Träume und Wünsche werden rhetorisch mit den strukturellen Problemen der ländlichen Regionen verknüpft. Gleichzeitig wird ihnen so die Verantwortung für eine jahrzehntelange strukturell bedingte Krise zugewiesen. Bereits dieser kleine Ausschnitt lässt den Versuch einer politischen Aktivierung bzw. Responsibilisierung junger Menschen für die Revitalisierung erahnen, bei gleichzeitiger Bezugnahme auf ein scheinbar bereits in dieser Gruppe angelegtes Interesse. Auch fünf Jahre später wurde weiterhin die Jugend in die Verantwortung genommen. So machte Abe in einer Rede im Jahr 2019 deutlich: „Mit der Kraft junger Menschen werden wir die strahlende Zukunft der Regionen erschließen." (CAS 2019).

5.1 *Chihō sōsei*: Abe Shinzōs Politik der regionalen Revitalisierung

Abes *chihō sōsei*, seine Politik der regionalen Revitalisierung, wird – in Anlehnung an die populäre Bezeichnung „Abenomics" für seine Wirtschaftspolitik – auch als „Local Abenomics" bezeichnet. Mit dieser Politik reagierte das Kabinett Abe 2014 auf den sogenannten Masuda Report (vgl. Chiavacci 2018: 225). So wie die Publikationen von Ōno zu den *genkai shūraku* sieben Jahre zuvor eine breite Debatte über die von extremer Überalterung bedrohten Siedlungen angestoßen hatte (siehe Kapitel 3.2), führte auch der im Juni 2014 publizierte Masuda Report, der das potentielle Verschwinden von 896 regionalen Kommunen (*chihō shōmetsu*) thematisierte (vgl.

Masuda 2014), zu einem breiten Medienecho (vgl. Hijino 2017: 157; Odagiri 2014: 2). Neben Masudas Prophezeiungen trug vor allem die drastische Rhetorik des „Verschwindens" oder „Aussterbens" (*shōmetsu*) in Abgrenzung zu früheren noch etwa weniger extremen Begriffen wie *genkai shūraku* oder *kaso* einiges zur Anheizung der öffentlichen Debatte bei. Masuda thematisierte unter anderem zwei zentralen Faktoren für die Entvölkerung: die Abwanderung bzw. den Mangel an Frauen im gebärfähigen Alter und Tōkyō als demographisches ‚schwarzes Loch', das nicht nur die Bevölkerung aus den Regionen anziehe, sondern das zugleich ein Ort sei, an dem junge Menschen keine Kinder bekämen (vgl. Masuda 2014).

Im Rahmen der Local Abenomics setzte Abe auch einen neuen „State Minister for the Promotion of Overcoming Population Decline and Vitalizing Local Economy" (später umbenannt in „Minister of State for Regional Revitalization") ein (vgl. Chiavacci 2018: 225). Das Thema der ländlichen Revitalisierung wurde zu einem neuen Fokus seiner Politik und dominierte die Wahlen im Dezember 2014 (vgl. Chiavacci 2018: 233). Es folgten eine Reihe von Manifesten, Reden und Diskussionen in öffentlichen Foren (vgl. Hijino 2017: 158). So präsentierte Abe im September 2014 seine neue Revitalisierungspolitik in einer Rede zum neuen Sitzungsjahr vor dem Repräsentantenhaus. Als dritten von fünf Punkten erläuterte der Premierminister darin sein Konzept der *chihō sōsei*, der Revitalisierung der Regionen, das seither jedes Jahr in seinen Grundsatzreden[1], mal mehr mal weniger ausführlich, thematisiert wurde. Hijino beobachtete dabei für die Wahlen 2014 und die Kommunalwahlen 2015 einen Fokus auf Themen wie Autonomie, Einsatz, Wettbewerb und Verantwortlichkeit lokaler Regierungen. Oft wiederholte Schlagworte und Konzepte betonten die Notwendigkeit von „Kreativität", „Leidenschaft" oder „Einsatz" auf lokaler Ebene, während die Zentralregierung sich „zurückziehen" und „unterstützen" werde (vgl. Hijino 2017: 158–159). Auf diese Weise wird für Hijino die Verantwortung für Ideen und Pläne zur Revitalisierung an lokale Regierungen abgegeben, wobei grundsätzlich fraglich bleibt, ob diese so eine Verantwortung schultern könnten, oder wollten (vgl. Hijino 2017: 159, s. dazu auch die Kapitel 3.1.2). Denn die im Rahmen der *chihō sōsei*-Politik von der Nationalregierung zur Verfügung gestellten Mittel werden nicht pauschal vergeben, sondern nach Beurteilung eingegangener Projektanträge. Gemeinden, die nicht über das Knowhow oder andere Ressourcen verfügen, auf die Ausschreibungen zugeschnittene Projektanträge zu verfassen, sind also potenziell benachteiligt. Zudem ist die Geschichte lokaler Autonomie bei der Stadtplanung relativ kurz. Erst seit 1999 besitzen Gemeinden diesbezüglich mehr Rechte zur Selbstverwaltung (vgl. Dimmer und Kremers 2018: 78).

---

1 Mit Ausnahme des Jahres 2015, in dem aufgrund der Wahlen keine Grundsatzrede stattfand.

Der Masuda Report und die anschließende Implementierung der „Local Abenomics" im Jahr 2014 führten zu einer beträchtlichen Zunahme der Thematisierung von regionaler Revitalisierung unter dem Stichwort *chihō sōsei* einerseits und dem „Umzug in die Regionen", *chihō ijū*, andererseits. Denn die Anwerbung junger Menschen zum Umzug in entvölkerte Gebiete stellt eine der zentralen Strategien im Masuda Report und der Politik Abes dar.

5.1.1 Junge Menschen braucht das Land

Ein großes Problem vieler ländlicher Regionen ist vor allem die Abwanderung und Überalterung der Bevölkerung. Um junge Menschen zum Zuzug zu motivierten führte die Stadt Ama 1998 ein Praktikumsprogramm ein. Die Praktikant:innen erhielten 150.000 Yen im Monat an Gehalt und möblierte Wohnungen zu günstigen Mietpreisen (vgl. Shimada 2016: 17). In Ama war das Ziel des Programmes, mit Hilfe der jungen Menschen lokale Produkte zu entwickeln und zu vermarkten, was in einigen Fällen, wie bei den Felsenaustern oder einem lokalen Curryprodukt auch gelang (vgl. Lewerich 2020: 220). Auch drei meiner Interviewten waren Mitte der 2000er über dieses Programm nach Ama gekommen und dortgeblieben.

2009 und 2010 implementierte dann das Ministry of Internal Affairs and Communication (MIC) die bereits in der Einleitung kurz erwähnten staatlichen Programme, Chiiki okoshi kyōryokukutai (CHOK) sowie Shūraku shien in („Dorfhelferin")[2] (vgl. MIC 2009, 2010). Junge Menschen können für bis zu drei Jahre bei festem Gehalt, und in günstigen Wohnungen bzw. Häusern untergebracht, in lokalen Projekten arbeiten. Die Kommunen bieten dabei die notwendige Infrastruktur und der Staat finanziert die Gehälter und den Mietzuschuss. Zudem unterstützt das Ministerium die Kommunen auch bei der Bewerbung ihrer Stellen (vgl. MIC 2019). Das CHOK-Programm begann 2009 mit Gemeinden und 89 Stellen, im Jahr 2018 waren es 5.359 Stellen in 1.050 Gemeinden (vgl. MIC 2018a). Seit der 2014 ausgerufenen Revitalisierungspolitik unter Abe wurden noch mehr staatliche Gelder in das Programm investiert und die Zahl der Stellen erhöht. Sie sollen bis 2024 noch auf insgesamt 8.000 Stellen wachsen (vgl. MIC 2018b). Auch in Ama, Yabakei und Itoshima gibt es solche Stellen, in Ama insgesamt 29[3], in Nakatsu, der Stadt zu der Yabakei gehört, 11 und in Itoshima 4 (vgl. MIC 2018a).

---

2 Ich fokussiere mich hier auf das CHOK Programm, da es einerseits das zahlenmäßig sowie von der Öffentlichkeitswirksamkeit her bedeutendere darstellt und andererseits der Großteil meiner Interviewteilnehmer/innen in Ama darüber angestellt waren.
3 Ama liegt damit auch national ganz vorne. Nur zwei Gemeinden, Tsuwano, ebenfalls in der Präfektur Shimane und Takeda in der Präfektur Oita hatten mit 30 bzw. 43 im Jahr 2018 mehr Stellen

Laut Regierungsumfragen sind es vor allem junge Menschen in ihren 20ern und 30ern, die am Programm teilnehmen, sie stellen rund 74%. Etwa 40% der Teilnehmer und Teilnehmerinnen sind weiblich und rund 63% von ihnen bleiben nach Abschluss des Programms auch in der Gegend wohnen, in der sie tätig waren (vgl. MIC 2017c). Aus den Daten geht jedoch nicht hervor, ob es sich dabei auch um eine dauerhafte Ansiedelung handelt oder ob die Absolvent:innen eventuell nach wenigen Jahren wieder wegziehen. Die Nachhaltigkeit ist also schwer abschätzbar. Gerade diese Ansiedelung stellt jedoch neben dem Beitrag junger Menschen zur Revitalisierung das primäre Ziel der Programme dar. Dilley et al. (2022) weisen darauf hin, dass zwischen 2000 und 2015 die Anzahl an Personen, die in von Entvölkerung besonders bedrohte Orte ziehen, insgesamt sogar gesunken ist. Es scheint so, dass nur bestimmte Orte profitieren, wie z.B. Ama, das im Diskurs viel Aufmerksamkeit bekommt. Doch selbst solche „Gewinner" können trotz positiver Zuwanderung aufgrund der niedrigen Geburten- und höheren Sterberate keinen Bevölkerungszuwachs verzeichnen (6). Ihr Fazit lautet darum: „despite the emphasis being placed on counterurbanisation as a development strategy by the Japanese Government, Japan has not experienced urban de-concentration through counterurbanisation in a significant way." (Dilley et al. 2020: 6).

Ein weiteres Ziel ist die Unternehmensgründung durch Absolvent:innen des CHOK- Programms in ländlichen Gegenden. Dafür werden ebenfalls Gelder zur Verfügung gestellt, mit maximal 1.000.000 Yen (ca. 8.300 Euro). Laut Regierungsstatistik gründen 30% nach Ende des CHOK-Programmes ein Unternehmen (vgl. MIC 2018b). Auch hier ist jedoch die langfristige Erfolgsquote nicht einsichtig.

Im Rahmen der Diskussion um das „Verschwinden der Regionen" und die „Local Abenomics" bekam auch die „Stadt-Land-Migration" vermehrte mediale Aufmerksamkeit. Dabei wird im Japanischen meistens von *chihō ijū* oder *I-turn* gesprochen. *Chihō ijū* umfasst dabei prinzipiell alle Formen der Migration aus Metropolen in die Regionen. *I-turn* verweist dagegen auf Menschen, die in Regionen ziehen, aus denen sie nicht stammen. Oft wird I-turn auch mit den Begriffen *U-turn* (Menschen kehren in ihre Heimatregionen zurück) oder *J-turn* (Menschen kehren in regionale Städte nahe ihrer Heimatdörfer zurück) als *UI-turn* oder *UIJ-turn* gebündelt. Es gibt noch weitere Begriffe, unter anderem den vom Wissenschaftler Odagiri Tokumi geprägten *den'en kaiki* („Rückkehr auf das Land") (Odagiri 2014). Dabei handelt es sich um einen eher in der Forschung verwendeten Begriff. Die Lifestyle-Zeitschriften sprechen auch häufig von *inaka kurashi* („Landleben"), das dann nicht mehr die Migration, sondern den versprochenen Lebensstil bezeichnet.

(vgl. MIC 2018a). Gemessen an der Gesamtbevölkerung hat Ama jedoch den höchsten Anteil, da es wesentlich kleiner als die beiden anderen Orte ist.

5.1.2 Stadt-Land-Migration in der Presse

Der starke Anstieg der medialen Aufmerksamkeit zu Stadt-Land-Migration nach der Veröffentlichung des Masuda-Berichts und der neuen Revitalisierungspolitik Abes im Jahr 2014 lässt sich gut an der zweitgrößten japanischen Tageszeitung, der *Asahi Shinbun*, ablesen. Ich habe dafür über das Fachportal CrossAsia im Archiv der *Asahi Shinbun* die Haupt- und die Regionalausgaben aus den Jahren 2009–2022 nach Artikeln zu Stadt-Land-Migration durchsucht. Genutzt habe ich hierfür das Kompositum *chihō ijū*, die gemeinsam auftretende Begriffe *chihō* und *ijū*, die Bezeichnungen *I-turn (Itān), inaka kurashi* sowie *den'en kaiki*.

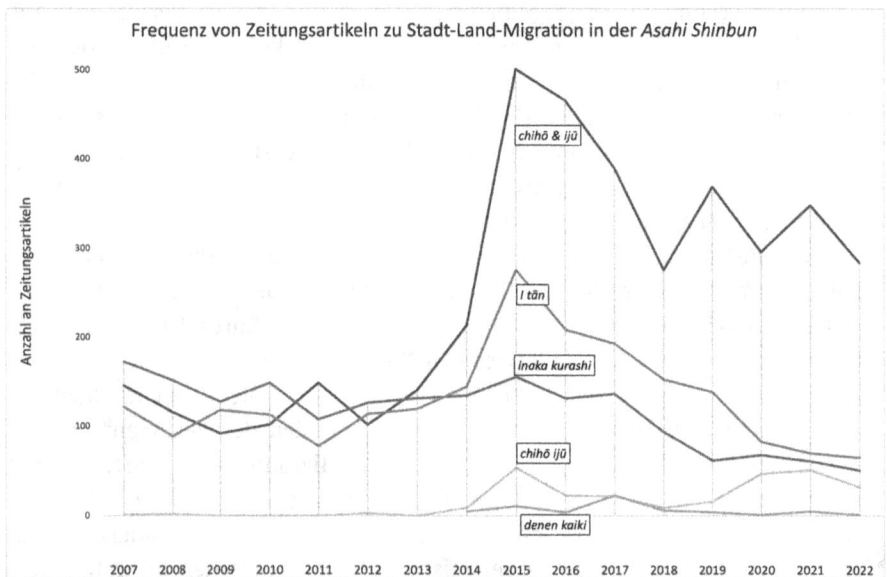

Abb. 3: Frequenz von Zeitungsartikeln zu Stadt-Land-Migration in der *Asahi Shinbun*. Quelle: eigene Darstellung, basierend auf dem Archiv der *Asahi Shibun*.

In der Berichterstattung der *Asahi Shinbun* tritt der Begriff *chihō ijū* als Kompositum vermehrt erst 2014 auf [4]. Meistens schreiben Artikel jedoch über *chihō he ijū suru* („in die Regionen umziehen") oder *chiho he no ijū* („Umzug in die Regionen"). Daher wurde auch nach den gemeinsam auftretenden Begriffen *chihō* und *ijū* ge-

---

4 Vorher gab es nur im Jahr 2011 und im Jahr 2013 jeweils einen Artikel, in dem der Begriff fiel.

sucht[5]. Dabei zeigt sich, dass in der Berichterstattung der *Asahi* Artikel am häufigsten sind, in denen die Begriffe *chihō* und *ijū* gemeinsam auftauchen. Danach folgen die Begriffe *I-turn* und *inaka kurashi*, während *chihō ijū* und *den'en kaiki* wesentlich seltener verwendet werden. Für alle Begriffe zeigt sich ein deutlicher Anstieg an Artikeln im Jahr 2015, besonders bei den gemeinsam gesuchten Begriffen *chihō* und *ijū*. Erschienen 2014 insgesamt 210 Artikel, waren es 2015 mit 501 Artikeln mehr als doppelt so viele. Auch der Begriff *I-turn* verzeichnet in dieser Zeit einen starken Zuwachs, von 145 Artikeln im Jahr 2014 zu 276 Artikeln im Jahr 2015 (s. Abb. 3). 2015, also das Folgejahr auf die im Sommer 2014 vorgestellte Revitalisierungspolitik Abes, ist ganz klar als Höhepunkt der Berichterstattung zu „Stadt-Land-Migration" erkennbar. Die Begriffe *chihō* und *ijū* steigen dann in ihrer Erwähnung ab 2019 wieder an und halten sich auf einem wesentlich höheren Niveau als vor 2014. Die anderen Schlagwörter scheinen dagegen stark an Aufmerksamkeit eingebüßt zu haben. Eine Erklärung hierfür könnte sein, dass sich die bedeutungsneutraleren Wendungen, wie *chiho he no ijū*, gegenüber den anderen Begriffen durchgesetzt haben. Auch die Ende 2022 veröffentlichte Revitalisierungsstrategie des aktuellen Premierministers Kishida spricht vor allem von *chihō he no ijū*, *chihō ni ijū* oder von *chihō he no hito no nagare* („Zustrom von Menschen in die Regionen"). *UJI-turn* kommt dagegen nur dreimal, *den'en kaiki* nur einmal vor (vgl. CAS 2022).

Es zeigt sich jedoch deutlich, dass sich durch den Masuda Report und die *chihō sōsei* Politik ein öffentlicher Diskurs formiert hat, in dem das Phänomen *chihō ijū*, also der „Umzug in die Regionen" bzw. die „Stadt-Land-Migration", verhandelt und damit erst konstituiert wird. Artikel in den Tageszeitungen kommentieren und erklären den „Boom", Lifestyle Zeitschriften, Internetblogs, Flyer oder Broschüren stellen das Leben in den Regionen vor, berichten über erfolgreich Umgezogene oder geben Ratschläge, wie man sich selbst ein Leben auf dem Land aufbauen kann. In den Metropolen, insbesondere aber in Tōkyō und Ōsaka, finden regelmäßig große Messen, Informationsveranstaltungen und Seminare statt, die durch staatliche, präfekturale oder kommunale Einrichtungen, aber auch private Unternehmen oder Lifestyle Zeitschriften organisiert werden. Auf diesen Veranstaltungen stellen sich Städte und Gemeinden oder potenzielle Arbeitgeber aus den Regionen vor. An Informationsständen oder in Vorträgen berichten junge Menschen als *keikensha* (durch den Umzug erfahrene Person) oder *senpai* (eine bereits umgezogene Person

---

5 Dabei kann nicht ausgeschlossen werden, dass unter den seit 2007 erschienen 4.174 Artikeln auch solche erfasst wurden, die nicht den Umzug in japanischen Regionen thematisieren. Bei einer Stichprobe fiel z. B. ein Bericht über einen französischen Film auf, in dem es um ein Paar ging, das ins ländliche Frankreich zieht. Dessen ungeachtet zeigt sich jedoch ein extremer Anstieg an Artikeln vor allem im Jahr 2015 (s. Tabelle 2).

mit Vorbildscharakter[6]) von ihrem neuen Leben. Interessierte können sich von Expert:innen beraten lassen, wie sie selbst ihren Umzug gestalten könnten. Rund um das Thema der Stadt-Land-Migration ist also ein breiter Diskurs entstanden. Aus ausgewähltem Material werde ich in diesem Kapitel die Subjektposition der *I-turner* sowie die narrative Struktur bzw. die dominante *storyline* zum Phänomen „Stadt-Land-Migration" rekonstruieren.

Dafür werde ich zuerst das ausgewählte Material und die dahinterstehenden Akteure vorstellen, um danach zur eigentlichen Analyse überzugehen, die in vier Unterkapitel aufgeteilt ist. Das erste Kapitel thematisiert, wie das Phänomen „Stadt-Land-Migration" im Diskurs definiert wird, wer adressiert werden soll und welche Erklärungen bzw. Einordnungen für den *chihō ijū* „Boom" dort zu finden sind. Die anschließenden drei Kapitel beschäftigen sich dann mit den Adressierungen: was für „Verheißungen" sollen das Leben in den Regionen attraktiv machen bzw. was für ein Leben wird versprochen, welche „Vorgaben" müssen die Adressierten befolgen, um den Umzug erfolgreich zu verwirklichen und welche „Verpflichtungen" werden ihnen gleichzeitig zugeschrieben? Daran anschließend werde ich das Modellsubjekt sowie die dominante *storyline* zusammenfassen, die sich aus dem Material rekonstruieren lassen. Daran lässt sich herausarbeiten, wie der Umzug in die Regionen und das Leben im ländlichen Japan im Diskurs dargestellt werden.

5.2 Die Akteur:innen und das Material

Es gibt im Diskurs eine große Anzahl an Akteur:innen, die von lokalen oder nationalen Politikern und Politikerinnen, lokalen Regierungen und Ministerien über öffentliche und private Unternehmen, bis hin zu diversen Expert:innen reichen. Um deutlich zu machen, mit welchem Material ich gearbeitet habe und wie es zu dieser Auswahl kam, lege ich an dieser Stelle die Erstellung meines Materialkorpus dar.

---

6 Der Begriff *senpai* verweist zwar einerseits auf eine gewisse Hierarchie, da die zeitlich vorher in die Organisation (Highschool, Arbeitsstelle usw.) eingetretene der später hinzugekommenen Person übergeordnet ist. *Senpai* haben aber auch eine gewisse Vorbildsfunktion und Verantwortung für die Jüngeren. Diese Bedeutung ist meiner Ansicht nach im Kontext der Veranstaltungen die implizierte: an die *senpai* können sich die Interessierten vertrauensvoll wenden bzw. von deren Wissen und Erfahrung profitieren.

5.2.1 Eine vom Forschungsfeld geleitete Auswahl der Akteure

Da meine Forschung auf die Frage ausgerichtet war, wie sich die Selbsterzählungen meiner Interviewten zu den Erzählungen des Diskurses verhalten, habe ich für die Analyse Akteur:innen ausgewählt, die das Phänomen *chihō ijū* bzw. *I-turn* kommentieren, sich dezidiert an Interessierte richten und diesen Ratschläge und Expertenwissen weitergeben oder Dienstleistungen anbieten. Da eine große Bandbreite an privaten, öffentlichen und politischen Akteur:innen im Diskurs aktiv ist, musste aus forschungspragmatischen Gründen eine Eingrenzung vorgenommen werden. Einerseits habe ich, im Anschluss an meine oben dargelegte Annahme, dass verschiedene Ereignisse im Jahr 2014 zur Konstituierung des Diskurses in seiner aktuellen Form geführt haben, mit meiner Auswahl von Texten ab dem 2014 begonnen. Andererseits habe ich mich bei der Auswahl der Akteur:innen von der Feldforschung leiten lassen. Ich habe mit den Akteur:innen angefangen, die mir während des Forschungsaufenthaltes, also durch teilnehmende Beobachtungen bei verschiedenen Veranstaltungen, den Aufenthalten in den drei Orten sowie den erhobenen Interviews, begegnet sind. Dies waren vor allem die Lifestyle Zeitschriften *Sotokoto* sowie *Turns*, das Informationszentrum Furusato Kaiki Shien Sentā in Tōkyō und das Online-Portal Japan Organization for Internal Migration (JOIN).

Um den Blick auch auf die größere, gesamtgesellschaftliche Diskussion und Einordnung des Phänomens zu richten, habe ich zudem die große Tageszeitung *Asahi Shinbun*, deren Wochenzeitschrift *Aera* und die wöchentlich erscheinende Wirtschaftszeitschrift *Shūkan Tōyō Keizai* mit in die Analyse einbezogen. Anders als die Lifestyle Magazine richten sich diese Medien an ein wesentlich breiteres Publikum. Dadurch konnte die Analyse des Diskurses um eine breitere Medienöffentlichkeit erweitert werden. Den Abschluss meiner einbezogenen Akteure bildet das eigens von Abe begründete „Machi, hito, shigoto sōsei honbu" (etwa „Hauptbüro für die Revitalisierung von Städten, Menschen und Arbeit", kurz „Sōsei honbu"), das dem Kabinettsbüro zugeordnet ist und unter dem Vorsitz des Premierministers steht. Dieses Büro wurde 2014 im Rahmen des neuen Gesetzes zur Revitalisierung der Regionen geschaffen. Es soll sich vor allem um eben jene Revitalisierung kümmern und dabei insbesondere Probleme wie Landflucht sowie Überkonzentration in Tōkyō fokussieren und die Work-Life-Balance in den Regionen verbessern (vgl. CAS 2015). In diesem Rahmen wurde auch ein Guidebook entwickelt, das sich dezidiert an Menschen richtet, die über einen Umzug in die Regionen nachdenken. Dieses Guidebook habe ich in den Datenkorpus aufgenommen.

Die Auswahl der Akteur:innen über die Feldforschung begann mit meiner Teilnahme im April 2016 an einem Informationsseminar zum Umzug in die Präfekturen Shimane und Tottori an, das in Tōkyō stattfand. Dort kam ich mit Frau S.

ins Gespräch, einer Mitarbeiterin der Präfektur Shimane, die für die Beratung von an einem Umzug Interessierte zuständig war. Frau S. empfahl mir eine weitere Veranstaltung in einem Café in Tōkyō, die im Rahmen der sogenannten *Shimakoto Akademī* (dazu später noch mehr) von der Lifestyle Zeitschrift *Sotokoto* in Zusammenarbeit mit der Präfektur Shimane organisiert wurde. Dort stellte Frau S. mir eine Redakteurin sowie den Chefredakteur des Magazins *Sotokoto* vor. So wurde ich darauf aufmerksam, wie viele Veranstaltungen in Zusammenarbeit mit bzw. von den Lifestyle-Magazinen *Turns* und *Sotokoto* organisiert wurden und werden. Beide Zeitschriften wurden auch von vielen meiner Interviewpartner:innen aus Ama, Itoshima und Yabakei erwähnt. Mehrere von ihnen zeigten mir Ausgaben, in denen sie selbst interviewt und ihr Leben in den Regionen vorgestellt worden waren. Manche waren mehr als einmal und in verschiedenen Zeitschriften vorgestellt worden, teilweise sogar in den Titelgeschichten. Somit zeigte sich zunehmend, dass die Lifestyle-Magazine *Sotokoto* und *Turns* eine sehr aktive und wichtige Rolle im Diskurs spielen.

Seit mehreren Jahren gibt es in Tōkyō, mittlerweile auch in Osaka oder Nagoya, Anlaufstellen, die gezielt Interessierte zur Möglichkeit der Rückkehr oder des Neuzuzugs in die Regionen informieren. Auf das Informationszentrum *Furusato Kaiki Shien Sentā* (*Furusato Sentā*) und die Informationsseite JOIN wurde ich ebenfalls während meiner Feldforschung aufmerksam, da ich mehrmals Veranstaltungen besuchte, die z. B. im *Furusato sentā* stattfanden, oder von JOIN mit organisiert wurden. Beide, das Zentrum und das Portal, wurden wiederum im Guidebook des Kabinettsekretariats, in Zeitungen, Lifestyle Magazinen oder Internetblogs als Anlaufstellen für Interessierte empfohlen.

Bei der Auswahl der Tageszeitungen habe ich zuerst mit einer Recherche aller drei großen Zeitungen begonnen und deren Archive nach Artikeln zu den Themen *chihō ijū* und *I-turn* durchsucht. Aus diesen Artikeln habe ich dann diejenigen ausgewählt, deren Schwerpunkt auf dem Zuzug junger Menschen in ländliche Regionen lag. Sehr kurze Artikel, wie etwa Hinweise auf Veranstaltungen sowie Artikel, in denen die Begriffe zwar fielen, dabei aber nicht das Hauptthema waren, habe ich nicht in die Analyse einbezogen. Im Verlauf der ersten Auswertung zeigte sich für die drei Zeitungen eine weitgehende Übereinstimmung der Einordnung des Phänomens. Aus forschungspragmatischen Gründen entschloss ich mich daher – auch um die Fülle des Materials einzugrenzen – nur die *Asahi Shinbun* für eine tiefergehende Analyse auszuwählen.

5.2.2 Das Material

Die *Asahi Shinbun*, als große überregionale Tageszeitung mit einer morgendlichen Auflage von rund 4 Millionen, erreicht das breiteste und größte Publikum und damit auch Menschen, die erst durch die Zeitung von diesem Thema erfahren. Das gleiche gilt auch für die Zeitschriften *Aera* und die *Shūkan Tōyō Keizai*. Das spiegelt sich auch in den dortigen Artikeln wieder, die oft in das Thema einführen, also das Phänomen Stadt-Land-Migration vorstellen. Anhand von Fallbeispielen wird der „Trend" illustriert, aber auch von Expert:innen diskutiert und kommentiert, Erklärungen zu den Hintergründen des *„ijū būmu"* (Migrationsboom) geliefert und Bezüge auf andere, übergreifende gesellschaftliche Themen hergestellt. Aber es gibt auch Artikelreihen, die sich an potenziell am Umzug Interessierte richten, ihnen genaue Tipps geben, wo im Internet Informationen zu finden sind oder wo in den Großstädten Beratungszentren angesiedelt sind. In dem betrachteten Zeitraum (2014-Anfang 2018) sind, wie bereits deutlich wurde, in den Haupt- sowie den Regionalausgaben der *Asahi Shinbun* regelmäßig Artikel erschienen, die sich mit dem Phänomen Stadt-Land-Migration beschäftigten. Zudem wurden ein- bis zweimal jährlich auch mehrteilige Serien publiziert, die sich sehr ausführlich mit dem Thema auseinandersetzten.

Die Lifestyle Zeitschriften *Sotokoto* und *Turns* richten sich grundsätzlich eher an ein Publikum, das bereits Interesse an Themen wie „Japans Regionen" und „Migration" mitbringt. Die Artikel sind jedoch so gestaltet, dass auch eine uninformierte Leserschaft leicht in die Lektüre einsteigen kann. So gibt es immer wieder kurze Erklärungen darüber, um was es sich eigentlich bei *I-turn* oder *chihō ijū* handele. Das Magazin *Sotokoto* beschreibt sich als „soziales und öko(logisches) Magazin" (vgl. *Sotokoto:* Internet), das den Leser:innen Informationen bereitstelle, die als Tipps für das eigene Leben dienen sollen. Die Zeitschrift wird bereits seit 1999 publiziert und widmete sich anfangs Themen wie Nachhaltigkeit, Ökologie oder Slow Life und hatte einen großen Einfluss auf die Popularisierung des Konzeptes LOHAS in den frühen 2000ern (vgl. Yoneda 2018: 67). Auch wenn der Fokus nicht nur auf Migration in die Regionen liegt, so hat *Sotokoto* seit 2010 jedes Jahr Ausgaben publiziert, deren Hauptthema das „Leben in den Regionen", „Arbeiten in den Regionen" oder „empfohlene Orte zum Umzug" waren. Besonders seit 2015 ist dabei ein starker Anstieg an Stichworten, die auf das Thema „Japans Regionen" hinweisen, wie *chiiki*, *rōkaru* oder *chihō* zu verzeichnen (vgl. Yoneda 2018: 72). Dies fällt zeitlich mit dem, vor allem ab 2015 zu beobachtenden Anstieg dieser Themen in den japanischen Tageszeitungen zusammen und lässt sich wiederum auf die Formierung des aktuellen Diskurses in Anschluss an die Publikation des Masuda Reports und Abes Politik der Revitalisierung der Regionen zurückführen.

Die Zeitschrift *Turns* ist etwas jünger – sie erscheint seit 2012, anfangs viermal im Jahr und mittlerweile alle zwei Monate. Anders als das Magazin *Sotokoto*, das sich thematisch etwas breiter aufstellt und vor allem seit 2015 vermehrt zu Japans Regionen und Migration schreibt, liegt bei *Turns* seit Beginn der Hauptfokus auf den Regionen und der Stadt-Land-Migration. Dies spiegelt sich auch im Namen der Zeitschrift wieder, der sich unter anderem vom Begriff *I-turn* ableitet. *Turns* beschäftigt sich laut der Homepage mit Japans Regionen und dem dortigen Essen, der Natur, dem Lifestyle usw., was als „Charme des lokalen Lebens" zusammengefasst wird (vgl. *Turns:* Internet). Ebenso wie *Sotokoto* bringt *Turns* regelmäßig Ausgaben heraus, die sich speziell mit Themen wie Arbeiten und Leben in den Regionen beschäftigen, für eine Neuansiedelung geeignete Orte vorstellen oder Tipps sowie konkrete Anleitungen zum Umzug in die Regionen geben.

Neben der Herausgabe der Zeitschriften pflegen beide Zeitschriften aktive Profile in den sozialen Medien (Facebook, Twitter und Instagram), über die nicht nur die neuesten Ausgaben, sondern regelmäßig auch Events angekündigt werden, die jeweils von den Zeitschriften selbst veranstaltet werden oder an denen sie beteiligt sind. Auch bei diesen Events geht es in den meisten Fällen um Japans Regionen oder Stadt-Land-Migration, es werden gezielt Orte oder Jobangebote vorgestellt und es gibt Erfahrungsberichte bereits von der Stadt in die Regionen Umgezogener.

Sotokoto betreibt zudem in Zusammenarbeit mit mehreren Präfekturen und Kommunen sogenannte „Akademien". Angefangen mit der Präfektur Shimane (Shimakoto Akademī) haben auch diese Initiativen eine Bewerbung der Regionen in den Großstädten zum Ziel und richten sich mit ihren Seminaren und sonstigen Veranstaltungen an Menschen, die am Leben in den Regionen interessiert sind (vgl. Shimakoto Aakdemī: Internet). Die vielen Aktivitäten *Sotokoto*s sind dabei vor allem auf den Chefredakteur Sashide Kazumasa zurückzuführen, der im Bereich Revitalisierung der Regionen und Stadt-Land-Migration sehr aktiv ist und ein eigenes Buch zum Thema veröffentlicht hat (vgl. Sashide 2016). *Turns* ist mit seiner geringeren Auflagenzahl und weniger Aktivitäten nicht ganz so präsent wie *Sotokoto*, arbeitet aber ebenfalls mit verschiedenen Präfekturen und Gemeinden zusammen und hat, äquivalent zu den Akademien *Sotokoto*s, die „*Turns* no gakkō" („*Turns* Schulen") gegründet – so z. B. in Gifu (vgl. Turns Online).

Die Verlage beider Zeitschriften sind auch Mitglieder von JOIN, einer 2007 unter der Schirmherrschaft des MLIT als Teil des „Japan Center for Regional Development" etablierten Organisation, die unter anderem das bereits erwähnte, umfassende Informations- und Vermittlungsportal JOIN betreibt und Messen sowie Seminare zum Umzug in die Regionen veranstaltet. Im Onlineportal finden Interessierte vielseitige Informationen zum „Landleben" sowie zu Informationsveranstaltungen und Seminaren über Stadt-Land-Migration, Jobangeboten, Immobilien (*akiya*) und dem CHOK-Programm. JOIN veröffentlicht auf der Homepage außerdem immer wieder verschiedene Artikel, in denen bestimmte Orte vorgestellt werden oder Menschen über ihre Erfahrungen mit Stadt-Land-Migration und ihr Leben sowie ihre Arbeit in den Regionen berichten. Dort werden auch Informationszentren und Anlaufstellen in den Großstädten oder Leitfäden zur Vorbereitung für einen Umzug in ländliche Gegenden bereitgestellt (vgl. JOIN: Internet).

Neben verschiedenen privaten Unternehmen wie unter anderem ANA, Fujitsu oder JTB sind auch die Kommunen der 47 Präfekturen und einige Vermittlungsportale auf Präfektursebene ebenfalls Mitglieder von JOIN (vgl. JOIN: Internet). JOIN verbindet so, laut eigener Aussage, Unternehmen, Kommunen und Präfekturen und veranstaltet Seminare zum Austausch untereinander. Auf den jährlich stattfindenden, von JOIN organisierten Messen stellt sich regelmäßig eine Auswahl an Orten, aber auch Unternehmen den Besuchern vor. Daneben werden Jobangebote, Wohnraum zum Verkauf oder zum Mieten, Touren in die Regionen, Aktionen zum „Probewohnen" in ländlichen Dörfern usw. auf der Homepage von JOIN eingestellt. JOIN gehört damit zu den größten und umfassendsten Vermittlungsportalen, betreibt aber kein analoges Informationszentrum.

Während JOIN vor allem eine Internetplattform betreibt, gibt es aber auch mehrere Anlaufstellen in großen Städten, in denen man sich vor Ort beraten lassen kann. Eine der bekanntesten, mit Standorten in Tōkyō und Ōsaka, ist das bereits erwähnte, staatlich finanzierte Furusato kaiki shien sentā, das 2002 gegründet wurde (vgl. Furusato kaiki shien sentā: Internet). Hier finden ebenfalls regelmäßig Informationsveranstaltungen und Vorträge statt. Zudem wird jährlich eine große Messe organisiert. Vor allem gibt es die Möglichkeit, sich vor Ort ausführlich zu einem Umzug in die Regionen beraten zu lassen. Auf der Homepage finden sich zudem ein Blog und das Webmagazin Furusato. Im Zentrum sind Kommunen, Präfekturen und Unternehmen entweder selbst vertreten oder sie legen Informationsmaterial aus. Das Zentrum bringt jedes Jahr Statistiken zu seiner Arbeit heraus. Besonders die Erhebungen zu Anzahl, Alter und Geschlecht der Beratenen sowie den beliebtesten Präfekturen für einen Umzug werden regelmäßig in anderen Kontexten, wie den Reden des Premierministers Abes, zitiert (vgl. CAS 2018).

Mit der Auswahl wird also einerseits die politische Seite abgebildet: das Guidebook des Kabinettsekretariats und Abes Reden, aber auch JOIN als staatlich finanzierter Akteur. Die mediale Seite habe ich anhand der Zeitung *Asahi Shinbun*, der Zeitschriften *Aera*, *Shūkan Tōyō Keizai*, *Sotokoto* und *Turns* untersucht.

5.2.3 Die Materialanalyse

Nachdem die Auswahl der Akteure und des Datenkorpus erläutert wurde, geht es nun in die Analyse des Materials. Ich habe für die direkten Zitate dabei stets besonders prägnante Aussagen ausgewählt, um daran die Äußerungen zu illustrieren, aus denen sich der Diskurs zusammensetzt. Wenn es im Material Widersprüche oder unterschiedliche Deutungen gab, habe ich das kenntlich gemacht bzw. diskutiert. Wo solche Ausführungen fehlen, bedeutet dies, dass selbst, wenn nur aus einem Aussageereignis, also etwa einem Artikel der *Asahi Shinbun* direkt zitiert wird, sich daraus eine für den Diskurs typische Aussage herausarbeiten lässt. Der Aufbau dieses Kapitels ist dabei wie folgt: Zuerst untersuche ich, wie „der Boom" bzw. „das Phänomen" im Diskurs definiert, also erst konstituiert, und für die Leserschaft erklärt wird. Daran schließt sich die Einordnung des Phänomens in größere gesellschaftlichere Zusammenhänge an, die in vielen Artikeln, vor allem denen der *Asahi Shinbun*, *Aera* oder *Shūkan Tōyō Keizai* vorgenommen wird.

5.3 Die Definition des Phänomens „Stadt-Land-Migration"

5.3.1 Stadt-Land-Migration als Boom unter den jungen Generationen

> Der Boom, aufs Land zu ziehen, breitet sich
> aus. Über das Landleben als ruhige
> Zurückgezogenheit von älteren Generationen
> nach dem Ruhestand hinaus, hat auch das
> Interesse der arbeitstätigen Generationen an den
> Regionen in beträchtlichem Maße zugenommen.
> (Nakashima 1.04.2017: 9).

So beginnt der erste Artikel der im April 2017 in der Wochenzeitschrift *Asahi Shinbun* erschienenen, fünfteiligen Serie „Das Einmaleins der Migration in die Regionen" (*chihō ijū no iroha*). Die Artikelreihe des Journalisten Nakashima Tetsurō ist als Gespräch zwischen Kanetarō und seiner Bekannten Tokoku über das Phänomen der Stadt-Land-Migration (*chihō ijū*) angelegt. Während Kanetarō über das Thema weitgehend uninformiert zu sein scheint, kennt Tokoku sich bestens aus. Kanetarō steht somit Pate für eine noch weitgehend unwissende, aber durchaus interessierte Leserschaft. Er stellt Tokoku verschiedene Fragen zum Thema, fasst das Gelernte zusammen oder kommentiert die neuen Informationen. Tokoku führt als Expertin in das Phänomen ein, erklärt die wichtigsten Schritte zum erfolgreichen Umzug in die Regionen und gibt im Verlauf der Serie auch konkrete Hinweise darauf, wo die Leserschaft weiterführende Materialen erhalten, beziehungsweise ausführlich beraten werden kann. Die Artikelserie will das Publikum also nicht nur über das Thema Stadt-Land-Migration aufklären, sondern gezielt die Leserschaft dazu ermutigen, bei Interesse am Thema selbst aktiv zu werden. Somit lässt sich der Artikel auch als Ratgeber einordnen.

Der erste Artikel der Reihe beginnt mit der oben zitierten Einführung in das Phänomen, aus der folgende, durch den Autor vorgenommene, Rahmung deutlich wird: erstens, wird Stadt-Land-Migration als wachsender „Boom" konstatiert, also als ein Thema, das zum Verfassungszeitpunkt auf breites Interesse zu stoßen und zudem noch im Aufschwung befindlich zu sein scheint – es breitet sich aus. Diese Konstatierung eines neuen Phänomens lässt sich in fast allen untersuchten Zeitungsartikeln der *Asahi Shinbun*, *Aera* und *Shūkan Tōyō Keizai* beobachten. Zweitens wird eine Neudefinition von Stadt-Land-Migration vorgenommen. Wurde der Umzug aufs Land vorher anscheinend vor allem mit Ruhestandsmigration assoziiert, stellt der Artikel einen Wandel fest, der dafür gesorgt habe, dass nun nicht mehr nur Rentner:innen das Leben auf dem Land (*inaka kurashi*) suchen, sondern auch Berufstätige sich für den Umzug in die Regionen interessieren.

Nach dieser Einführung beginnt das eigentliche Gespräch zwischen Kanetaro und Tokoku mit der Feststellung, dass beide in ihrem Bekanntenkreis Menschen kennen, die über einen Umzug nachdenken. Handelt es sich bei dem befreundeten Paar von Kanetarō um junge Eltern, so sind Tokokus Nachbarn ein verrentetes Ehepaar, dessen Kinder ausgezogen sind. Auch hier wird die Ausweitung auf mehrere Generationen, Berufstätige und Verrentete, vorgenommen. Zudem wird dadurch, dass „zufällig" beide Menschen kennen, die an einem Umzug interessiert sind, die Ausbreitung und zunehmende Alltäglichkeit des Phänomens „Migration in die Regionen" betont.

Was aber erwartet diese jüngere Generation, die sich laut der Artikelserie neuerdings für das Thema interessiert, vom Leben in den Regionen? Die konkrete Antwort findet sich im fünften und letzten Teil der Serie, der den Titel „Die arbeitende Generation wird zum Herzstück des Booms" trägt (vgl. Nakashima 29.04. 2017: 9). Tokoku betont hier zuerst noch einmal, wie dominant dieser Trend geworden sei und unterstreicht zusätzlich anhand einer Statistik des Furusato kaiki shien sentā den Generationenwechsel von Stadt-Land-Migration als Phänomen der Ruheständler:innen zu einem Phänomen der Berufstätigen. Diese Einordnung findet sich auch in einer 2018 von Abe gehaltenen Rede, der dort fast im gleichen Wortlaut eine entsprechende Beobachtung des Generationenwechsels wiedergibt und sich dabei, ebenso wie der *Asahi Shinbun*-Artikel, auf Zahlen des Furusato kaiki shien sentā bezieht:

Vor zehn Jahren waren über 40 % der Ratsuchende über 60 Jahre alt [...] Aber jetzt nehmen die unter 30jährigen die Hälfte ein. Das ist ein so großer Wandel, dass man von einer revolutionären Veränderung sprechen kann. (CAS 2018).

Anders als die Ruheständler:innen, die ruhige Entspannung suchen, so macht Tokoku zur Verwunderung Kanetarōs („Das ist ja überraschend") deutlich, wollen die Jüngeren vor allem arbeiten. So habe in Umfragen unter Interessierten unter den Antworten auf die Frage, was man als Voraussetzung für einen möglichen Umzug betrachte, „einen Ort, an dem es Arbeit gibt" die vorher dominante Angabe „eine schöne Natur„ überholt. Die berufstätige Generation, so wird hier impliziert, sei eine aktive, die arbeiten statt nur in der Natur entspannen wolle. Zudem äußere die Mehrheit den Wunsch, in eine regionale Stadt zu ziehen. Daher sei es angebracht, nicht mehr von „Landleben" (*inaka kurashi*) zu sprechen, sondern von „Leben in den Regionen" (*chihō kurashi*) (vgl. Nakashima 29.04.2017: 9). Während der Begriff *inaka* stärker dörfliches Leben in einer ländlichen Umgebung evoziert, kann *chihō* dagegen prinzipiell auf alle Gegenden außerhalb Tōkyōs oder zumindest außerhalb des Pazifikgürtels verweisen – also auch auf regionale Städte.

Unter den so eingeführten Begriff *chihō kurashi* kann also mehr fallen, als nur das „ruhige Leben auf dem Land" (*inaka kurashi)* – es ist hier nur *eine* mögliche Form, die darunter subsumiert wird. Neben *inaka kurashi* wird im Artikel als Bezeichnung für das überholte Verständnis vom Umzug aufs Land als Ruhestandsphänomen auch die wesentlich weniger populäre Bezeichnung *furusato kaiki* („Rückkehr ins *furusato")* erwähnt, die vor allem durch den Namen des *Furusato kaiki shien sentā* bekannt ist. So fragt Kanetaro, warum das Beratungszentrum denn nun nicht *chihō ijū*, also „Umzug in die Regionen" im Namen trage. Dies, so erfahren wir, sei ebenfalls ein Erbe der Babyboomer, die vor allem ab 2007 in das Rentenalter kamen und zu einem erheblichen Anteil aufs Land zurückgekehrt seien – daher also die Bezeichnung *furusato kaiki*. Somit wird deutlich, dass laut dem Artikel auch diese Bezeichnung eher der älteren Generation zuzuordnen sei.

In einer weiteren Artikelreihe von 2014, diesmal in der *Asahi* erschienen, wird der Agrarwissenschaftler Odagiri Tokumi von der Meiji Universität interviewt, der bereits mehrfach zum Thema publiziert hat (vgl. Odagiri 2014). Odagiri spricht ebenfalls von „Migration in die Regionen" als zunehmend dominiert von Interessierten unter 40, bezeichnet das Phänomen aber als *den'en kaiki*, also „Rückkehr in ländliche Umgebung" und definiert es als „Rückkehr oder Neuzuzug in die Regionen" (Kanda 20.08.2014: 15). Dieser Begriff wurde dann 2017 auch zum Titel einer weiteren, diesmal zehnteiligen Artikelserie, in der *den'en kaiki* ebenfalls als Phänomen der Stadt-Land-Migration junger Menschen definiert wird (vgl. Kanda 06.03. 2017: 2).

Allerdings wird *inaka kurashi* nicht in allen untersuchten Artikeln ausschließlich mit Ruhestandsmigration assoziiert. So lautet etwa der Titel des Guidebooks des Kabinettsekretariats: „Ratgeber zum Umzug in die Regionen. Wie wäre, mit dem Landleben zu beginnen?". Hier wird also prominent mit *inaka kurashi* als Form der Stadt-Land-Migration geworben. Direkt auf der ersten Seite wird jedoch die Assoziation von *inaka kurashi* mit „entspanntem Leben" aufgegriffen, um dann eine klare Abgrenzung dazu vorzunehmen: „Landleben beutet nicht nur ein entspanntes Leben umgeben von Natur!" (CAS n.d.: 1). Mit Ausrufezeichen unterstrichen, wird hier ebenfalls deutlich gemacht, dass es nicht darum gehen soll, ein ruhiges Leben zu führen. Anders als die *Asahi Shinbun* Artikel, die alternative Begriffe nutzen, um sich von dieser semantischen Verschränkung von Landleben und Entspannung bei *inaka kurashi* zu distanzieren, definiert das Guidebook ihn eher um. Dies wird auf der nächsten Seite in einer genauen Anleitung zum Landleben nochmal aufgegriffen und verdeutlicht:

> „Ich bin das Leben in der Stadt müde und möchte darum entspannt auf dem Land leben.".
> Solche Sätze hört man oft, aber das reicht nicht. Es ist wichtig, sich seine Ziele klarzumachen:
> möchte man einen Garten oder ein Gemüsebeet haben oder beabsichtigt man Landwirtschaft
> zu betreiben? (CAS n.d.: 2).

Entspanntes Leben als Ziel wird hier eindeutig als nicht ausreichend konstatiert, die Adressierten sollen ganz im Gegenteil aktiv sein und dabei geplant vorgehen. Durch die Formulierung „so etwas hört man oft" wird die Assoziation von Landleben mit Entspannung als ein häufiges Missverständnis dargestellt, das korrigiert werden muss. *Inaka kurashi* scheint also bei vielen Menschen jenes Bild entspannten Lebens hervorzurufen, das im Diskurs um Stadt-Land-Migration allerdings eindeutig unerwünscht scheint. Gegen Ende des Ratgebers werden dann auch anonyme, „ehrliche" Erfahrungsberichte (*honne*) von bereits auf Land Gezogenen wiedergegeben, von denen die Leserschaft lernen könne. Unter der Überschrift „Landleben = gar nicht entspannt?" berichtet so eine Person, dass sie mit der Intention umgezogen sei, das „Slow Life" auf dem Land zu genießen, dabei nun aber beschäftigter sei als vorher. Das liege daran, so wird den Leser:innen im Anschluss an diesen kurzen Erfahrungsbericht erklärt, dass, anders als in der Großstadt, auf dem Land die Nachbarschaftsbeziehungen eng und die lokalen Feste häufig seien. Mit der Pflege des Gartens oder etwa dem Schneeschippen sei man so durchaus sehr beschäftigt (vgl. CAS n.d.: 18). Die Adressierten sollen also nicht nur zu einem tätigen Leben an- und aufgerufen werden; durch die deutliche Distanzierung von dem Verständnis des Landlebens als „entspannt" soll auch eine Passung von möglichen Erwartungen der Lesenden an die lokalen Gegebenheiten vorgenommen werden.

In den Artikeln werden somit ein Generationenwechsel und ein Paradigmen-wechsel konstatiert. Wollten vorher vor allem Ruheständler in die Regionen ziehen, seien es nun zunehmend die jüngeren, berufstätigen Generationen. War vorher das Ziel ein ruhiges Landleben, so gehe es nun primär um die Suche nach tätiger Arbeit. Auf der einen Seite steht also Alter – Rente – Entspannung und demgegenüber Jugend – Arbeit – Aktivität. Damit wird ein normativer Gegensatz zwischen der verdienten Entspannung nach der Rente und der Verpflichtung jüngerer Genera-tionen zu einem aktiven, berufstätigen Leben aufgemacht. Angesprochen sind in den Artikeln vor allem die Generationen zwischen 20 und 40, die in den Regionen Arbeit suchen wollen bzw. sollen. Zwar bezeichnen nicht alle Artikel die Adres-sierten so explizit als *arbeitende* Generation (*hataraku sedai*); andere sprechen vor allem von den jungen Menschen (*wakamono*) oder den jungen Generationen (*wakai sedai*). Davon abgesehen ähneln sich aber die Zuschreibungen, die in der Artikel-reihe „Das Einmaleins der Migration in die Regionen" besonders explizit gemacht werden: junge Menschen ziehen vermehrt in die Regionen, sie suchen dabei nicht das entspannte Landleben, sondern wollen arbeiten. Die ständige Konstatierung eines sich ausbreitenden Booms, die Betonung, dass sich und Leser:innen ver-standen werden, die in die Gruppe der (bald) Berufstätigen fallen. Man will keine potenziellen Aussteiger:innen adressieren, sondern ein Publikum, das auch in den Regionen regulärer Berufstätigkeit nachgehen möchte. So wird die im Diskurs er-wünschte Vorstellung von Stadt-Land-Migration beziehungsweise Landleben an die Leserschaft vorgegeben und gleichzeitig mit bestimmten Erwartungen aufgeräumt. In Bezug auf kulturell vorhandene Bilder sowie vorher scheinbar dominante Defi-nitionen (*inaka kurashi* als ruhiges Landleben) wird eine Neuaushandlung vorge-nommen, die den Umzug aus der Stadt aufs Land klar im Mainstream verorten und ein breites Publikum ansprechen soll. Der Umzug in die Regionen, dem lange ein gewisses Stigma des Versagens anhaftete, wird so zur gesellschaftlich akzeptierten Wahl. Dies erinnert an die in Kapitel 2 erwähnte Serie *Osozaki no himawari*. Der Protagonist Jōtaro scheitert an der lange dominanten Normalbiographie des Salaryman, aber findet Sinn und Glück in einem ländlichen Ort. Dies tut er nicht als Aussteiger, sondern als akzeptiertes Mitglied der lokalen Gesellschaft, die er durch seinen Einsatz für die Revitalisierung unterstützt.

5.3.2 Krisen als gesellschaftliche Hintergründe des Phänomens

Neben dieser Definition des Booms wird in vielen der untersuchten Texte – mal mehr mal weniger ausführlich – auch erklärt, wie es eigentlich zu diesem Phäno-men gekommen sei. Es werden gesellschaftliche Hintergründe angeführt, die zu einem Sinneswandel der jungen Menschen geführt hätten, die sich nun zunehmend für das ländliche Japan zu interessieren scheinen. Es sind vor allem, aber nicht nur, Artikel in der *Asahi Shinbun* und der *Shūkan Tōyō Keizai*, die sich damit beschäftigen. Oft werden in diesem Zusammenhang Experten:innen interviewt. Dabei handelt es sich meist um Wissenschaftler:innen, wie den bereits erwähnten Agrarwissenschaftler Odagiri Tokumi, der besonders häufig zu Wort kommt. In den Lifestyle-Zeitschriften dagegen finden sich eher Interviews und Gespräche mit bzw. Kommentare von Experti:nnnen aus der Praxis, die in der Rekrutierung und Beratung von Interessierten tätig sind und deren Autorität in ihrer aus der beruflichen Erfahrung gesammelten Kompetenz liegt. Da hier der Fokus stärker auf praktischen Tipps liegt, spielen die gesellschaftlichen Hintergründe eine eher untergeordnete Rolle. Das Gleiche gilt auch für die Informationsportale wie JOIN oder das Guidebook des Kabinettsekretariats. Individuelle Motivationen von Interessierten und deren Zusammenhang mit gesamtgesellschaftlichen Ereignissen werden zwar gelegentlich im Rahmen von Fallbeispielen thematisiert, aber dann nicht übergreifend den *I-turnern* zugeschrieben.

Betrachtet man Artikel, die sich mit der Frage beschäftigen, wie es denn zum Boom gekommen sei, ist stets von einem Wertewandel der jungen Generationen die Rede, der hinter dieser Entwicklung stehe. In einigen Texten bleibt dabei unklar, woher dieser Wertewandel kommt oder wie er sich gestaltet, er wird nur konstatiert. Andere dagegen gehen detaillierter auf die Hintergründe ein. Es sind vor allem zwei Ereignisse, die als Auslöser des Wertewandels und damit des Phänomens genannt werden: die Weltfinanzkrise von 2008 (in Japan als „Lehman Schock" bezeichnet) sowie das Tōhoku-Erdbeben bzw. die Atomkatastrophe in Fukushima im März 2011. Teilweise wird auch das Platzen der Bubble Wirtschaft erwähnt, was aber meist der ersten, kleineren Stadt-Land-Welle der späten 1990er Jahre zugeordnet wird.

In einem im August 2014 in der *Asahi Shinbun* erschienenen Interview zum Überleben regionaler Städte, beschreibt der Wissenschaftler Odagiri den Boom als Entwicklung, die in den 1990er begonnen habe, in den 2000er deutlich hervorgetreten sei und ab 2009 durch das CHOK-Programm zusätzlich angeschoben worden sei. Inmitten dieser Entwicklung sei dann im März 2011 das große Erdbeben passiert. In Antwort auf die eigentliche Interviewfrage, ob die Zunahme an Binnenmigration Richtung Westjapan nicht auch auf Menschen zurückzuführen sei, die vor Strahlungen der Atomkatastrophe geflohen seien, erklärt er:

> Es gibt wohl auch Leute, die umgezogen sind, um vor der Strahlung zu fliehen. Aber es sind vor allem Menschen, die sich angesichts des großen Erdbebens überlegt haben ‚Man lebt nur einmal und weiß nicht, wann es endet.' und daher [im Sinne von] ‚Was ist im Leben wirklich wichtig?' ihre Wertvorstellungen überdacht haben. (Kanda 20.08.2014: 15).

Der Vermutung, dass vor allem Leute, die vor der Strahlung flüchten wollten, aufs Land gezogen seien, widerspricht er direkt und sieht vielmehr einen allgemeinen Wertewandel als Auslöser, der als Reaktion auf das Erdbeben entstanden sei. Die Zunahme an Stadt-Land-Migration wird hier nicht als Reaktion auf durch den Atomunfall ausgelöste Ängste, sondern als ein generelles Umdenken im Angesicht der Naturkatastrophe interpretiert. Nicht die Sorge vor atomarer Verstrahlung, sondern die Erkenntnis der Endlichkeit des Lebens führt laut Odagiri zum wachsenden Interesse am Leben in den Regionen. Das Phänomen Stadt-Land-Migration wird so diskursiv als Teil eines Wertewandels eingeordnet, der aus Erkenntnis der Endlichkeit des eigenen Lebens resultiere.

Auch in anderen Artikeln wird „3/11", wie das Tōhoku-Erdbeben dort oft bezeichnet wird, als Katalysator für einen Wertewandel und das zunehmende Interesse an dem Umzug aus der Stadt aufs Land dargestellt. In der im April 2014 erschienen Ausgabe des Magazins *Sotokoto* „Regionen, in denen man leben wollen wird" (*kurashitakunaru chihō*) erklärt eine Mitarbeiterin von JOIN:

> Die Massenmedien greifen [das Thema] Landleben enthusiastisch auf. Nach dem Erdbeben haben sich die Lebensanschauungen und Wertvorstellungen gewandelt. Die jungen Leute, die ein Interesse am Landleben zeigen, das zwischenmenschlichen Beziehungen und friedliche Zeit umfasst, nehmen zu. Das ist auch durch die fortschreitende Versorgung mit Internet vorangetrieben worden. Außerdem hat in den letzten Jahren an den Universitäten auch die Beliebtheit von Seminaren zu ländlicher Revitalisierung zugenommen. (Hisashima 2014: 74)

Hier wird ebenfalls dieser Sinneswandel beschrieben, aufgrund dessen die jungen Menschen nun wieder „zwischenmenschliche Beziehungen" und „friedliche Zeit" wertschätzten, die vor allem, so wird deutlich, auf dem Land zu finden seien. Auch hier wird das Erdbeben als Auslöser dafür gesehen, dass nicht-materielle Werte in den Mittelpunkt des Interesses rücken. Diese nicht-materiellen Werte werden wiederum mit dem Landleben (*inaka kurashi*) assoziiert. Der Artikel macht also deutlich: wer angesichts der Katastrophe umdenkt und sich fragt, was im Leben wichtig sei, findet die Antwort im Leben auf dem Land, nicht in der Stadt.

Dieses Narrativ, nach der aus der Katastrophe schlussendlich etwas Positives entstanden sei, findet sich auch in einem am 3.10.2017 in der *Asahi Shinbun* erschienenen Artikel. Dort wird allerdings die Sorge vor atomarer Strahlung nicht ganz so knapp abgehandelt wie im Interview mit Odagiri, sondern ihr wird basierend auf einem Interview mit einem Mitarbeiter des Beratungszentrums Furusato Sentā mehr Raum gegeben. und weicht zum Teil von Odagiris Darstellung ab. Hier erzählt der Mitarbeiter folgende Anekdote, die er „nicht vergessen könne":

> 10 Monate nach dem Erdbeben wurde im Zentrum, das sich damals in Ostginza in Tōkyō befand, ein Seminar zum Umzug in die Präfektur Okayama angeboten. Im Jahr davor hatten 13

Menschen teilgenommen. Aber an diesem Tag war es mit über 90 Menschen so voll, dass sie nicht alle in den Raum passten und bis in die Aufzugshalle überquollen. (Kanda 03.10.2017: 2)

Die zum Seminar gekommenen Menschen, so erzählt der Mitarbeiter, suchten einen Ort, an dem sie sicher leben könnten (*anshin shite kuraseru basho*) (Kanda 03.10. 2017: 2). Wenige Zeilen später wird dies mit dem Fallbeispiel eines zum Interviewzeitpunktes 48jährigen genauer erläutert. Er erzählt, dass er 2011 mit seiner Familie in Tōkyō lebte, das zweite Kind war damals zwei Jahre alt. Ihn beschäftigte nicht nur die Angst vor Strahlung, sondern vor allem war für ihn die in Tōkyō bemerkbaren Auswirkungen des Erdbebens prägend. Dass dort Lebensmittel in Supermärkten und Convenience Stores ausverkauft waren, habe ihm, der in Tōkyō aufgewachsen sei und das Leben dort immer für praktisch und bequem gehalten habe, die Zerbrechlichkeit städtischen Lebens gezeigt.

Hier stellt sich also ein etwas anderes Bild als bei Odagiri dar. Durch das Erdbeben ausgelösten Ängste und Unsicherheiten werden als mögliche Auslöser der Binnenmigrationsbewegung anerkannt, es wird auf sie mehr eingegangen und sie dadurch ernster genommen. Am Ende kommt der Artikel jedoch wieder zur gleichen Interpretation wie die anderen Texte:

Das Erdbeben hat uns viele Dinge vorgehalten. Die Zerbrechlichkeit städtischen Lebens, die Realität, dass wir nicht wissen, wann wir sterben. Es gibt viele junge Leute, die inmitten dessen ihr Leben überdacht und sich für einen Umzug in die Regionen entschieden haben. Es war Professor Odagiri von der Meiji Universität (57), der das große Erdbeben als ,Sprung' verortet hat. Im Kopf hatte er dabei den Wertewandel, der dadurch ausgelöst worden war. ,Dieser Tag', der für viele Menschen zum entscheidenden Wendepunkt geworden ist, wird morgen sechs Jahre her sein (Kanda 10.03.2017: 2)

Auch wenn hier individuelle Sorgen nach der Naturkatastrophe anhand eines Einzelschicksals genauer betrachtet werden, geht es letzten Endes nicht um die verheerenden Auswirkungen in der Region Tōhoku. Stattdessen werden hier Tōkyōter und ihre Erfahrungen ins Zentrum gerückt. Auch hier wird von einem Wertewandel gesprochen und das Phänomen der Stadt-Land-Migration als generelles Umdenken in Reaktion auf die Naturkatastrophe eingeordnet.

Nicht alle Artikel thematisieren das Erdbeben 2011 als Katalysator, sondern nennen auch andere Gründe, die aber einen ähnlichen Tenor verfolgen. In der bereits betrachteten Artikelreihe „Das Einmaleins der Migration in die Regionen" etwa verortet Tokoku die Entstehung des „Booms" in die Zeit vor und nach der Weltfinanzkrise 2008 (in Japan meist als „Lehman Schock" bezeichnet) und nennt als weitere Ursachen die Globalisierung der Wirtschaft, den Zusammenbruch des japanischen Anstellungssystems, die Zunahme befristeter bzw. Teilzeitbeschäftigung unter jungen Menschen – also die bereits in Kapitel 2 diskutierten gesellschaftlichen Hintergründe. Das Phänomen sei damit zu erklären, dass unter diesen jungen Menschen nun viele „lieber in der reichen Natur ein menschliches Leben führen möchten, als in der Stadt mit wenig Gehalt in unsicheren Verhältnissen zu arbeiten." (*Asahi Shinbun* 09.04.2017: 9). Jedoch heißt dies im Umkehrschluss nicht – so macht der Artikel deutlich, wie im vorherigen Kapitel herausgearbeitet – dass Arbeit nun eine untergeordnete Rolle spielt. Denn im gleichen Artikel wird den jungen Menschen ja vor allem ein Interesse am Arbeiten in den Regionen zugeschrieben. Es wird stattdessen eine andere Wertschätzung betont, die aus den Erfahrungen der verschiedenen Krisen resultiere. Auffällig ist hier die Gegenüberstellung Regionen = reiche Natur/menschliches Leben und Stadt = geringes Gehalt/ unsichere Verhältnisse. Die Regionen werden hier mit nicht-materiellen, affektiven Werten aufgeladen und mit den nun scheinbar prekären Verhältnissen in der Stadt kontrastiert. Damit ist aber auch hier klar, dass der Schwerpunkt nicht auf der Diskussion der gesellschaftlichen Krisen an sich liegt, sondern auf dem positiven Zugewinn – wer wünscht sich nicht ein „menschliches Leben?".

Von einem Wertewandel junger Menschen nach dem „Lehman Schock" spricht auch ein im Oktober 2018 in der *Shūkan Tōyō Keizai* erschienener Artikel. Dort wird ebenfalls die Frage aufgeworfen „Warum streben die jungen Menschen in die Regionen?" und durch den Wissenschaftler Masuda Tomoo des Mitsubishi Research Institute beantwortet:

> Die Wertvorstellungen der jungen Menschen sind anders. Es gibt nicht wenige Menschen, die, selbst wenn sie in eine große Firma eintreten, in vollen Zügen fahren, Tag und Nacht im Konkurrenzkampf sind, dann am Ende entlassen werden. Diese Realität sehen sie mit ihren eigenen Augen und denken sich, dass sie so nicht werden wollen. (Tomita 2018: 57)

Hier wird explizit eine Desillusionierung mit dem Stadtleben und dem Standarderwerbslebenslauf angesprochen. Ebenso wie im *Asahi Shinbun* Artikel wird das Stadtleben mit unsicheren Verhältnissen assoziiert, während, so wird impliziert, auf dem Land dafür ein besseres Leben gesucht wird und gefunden werden kann. Doch der Artikel geht in seiner Kritik nicht über dieses Zitat hinaus, er adressiert nicht die dahinterliegenden Probleme wie Deregulierung oder Flexibilisierung des Arbeitsmarktes, sondern nimmt direkt danach eine positive Wendung, in dem auch hier die Vorteile des Lebens in den Regionen aufgezählt werden (dazu später noch mehr). Im gleichen Artikel wird auch ein Mitarbeiter des Furusato Sentā interviewt und zu den Motivationen der Interessierten gefragt. Auch hier lautet die Antwort: Arbeit.

Dass jedoch auch in den Regionen der Arbeitsmarkt nicht besser, sondern oft eher schlechter aussieht, wird in den Artikeln kaum thematisiert. Zu vermuten ist, dass damit auch nahegelegt werden soll, dass auch bei geringerem Gehalt das Leben in der „reichen Natur" dem in der Stadt vorzuziehen, bzw. ein niedrigeres Gehalt durch die bessere *Qualität* des Lebens auf dem Land ausgeglichen werde. Ähnliches wird auch angedeutet, wenn Odagiri einen Vergleich mit Bewegungen von der Stadt aufs Land zieht, die bereits seit den 1970ern in England, Deutschland und Frankreich zu beobachten seien und diese, ebenso wie die Entwicklungen in Japan auf Folgendes zurückführt:

> Man sagt, dass im Hintergrund [des Booms] ein Wertewandel von Wachstumsorientierung hin zu Postwachstum steht. Auch wenn man in Japan die jungen Menschen interviewt, die von der Stadt aufs Land gezogen sind, sagen sie ‚Die Dörfer sind freundlich', ‚Die Menschen vor Ort sind klasse'. Sicherlich hat sich das Bewusstsein bezüglich der Regionen verändert. (Asahi Shinbun 20.08.2014: 15)

Odagiri konstatiert also einen Wertewandel hin zu Postwachstum, der dazu geführt habe, dass jüngere Generationen sich zunehmend für das Leben auf dem Land interessieren. Gleichzeitig beschreibt er auch eine Änderung in der Wahrnehmung junger Menschen von den Regionen, denen nun von ihnen sehr positive Eigenschaften, "freundlich" (*atatakai*) und „klasse", bzw. cool (*kakkoii*) zugeschrieben werden, assoziiert die Regionen also ebenfalls mit affektiven Werten. Junge Leute, so verdeutlich der Artikel, legen nun weniger Wert auf Materielles wie Geld und Karriere, sondern schätzen andere, soziale, also immaterielle Dinge des Lebens. All dies, so wird deutlich, können sie in den Regionen finden.

Es fällt auf, dass, ob nun die Weltfinanzkrise 2008 oder das Erdbeben 2011 genannt werden, das Phänomen Stadt-Land-Migration durchaus als Reaktion auf diese gesellschaftlichen Krisen eingeordnet wird. Mögliche negative Auswirkungen dieser Probleme auf Individuen werden jedoch weitgehend ausgeklammert, die tatsächlichen Notlagen und Unsicherheiten sind kaum Thema. Wirtschaftskrisen, der Zusammenbruch des Mythos der lebenslangen Festanstellung erscheinen hier weniger als Probleme mit realen Folgen wie Prekarisierung, zunehmenden Unsicherheiten, sozialen Ungerechtigkeiten. Stattdessen werden sie zum „memento mori", dass die jungen Menschen erkennen lässt, was im Leben wirklich wichtig ist. Letzten Endes, so wird suggeriert, wird sogar alles besser. Denn die eigentliche Botschaft ist ja: auf dem Land wartet das richtige Leben auf dich. Es werden zwar Sorgen und Ängste, unsichere Arbeitsverhältnisse, überfüllte Städte usw. angesprochen, aber auch direkt die Lösung präsentiert: der Umzug aufs Land. Wie in der Vorstellung des ländlichen Raumes als *furusato*, wird hier der ländliche Raum zur Lösung städtischer Probleme. Alles, was die Stadt nun scheinbar nicht mehr zu bieten hat, wird auf die Regionen projiziert. Wer an Postwachstum, Sicherheit, guten zwischenmenschlichen Beziehungen interessiert ist, kann diese in den ländlichen Gegenden finden. So spricht der Diskurs direkt die Generationen an, denen, wie in Kapitel 2.3.1 diskutiert, bereits seit einer Weile ein Wertwandel diagnostiziert wird.

Wie genau wird diesen Generationen nun das ländliche Japan als neuer Lebensort attraktiv gemacht? Welche Aspekte soll besonders die identifizierte Zielgruppe, also Berufstätige in ihren 20ern bis 40ern in die Regionen locken? Mit diesem Aspekt der „Verheißungen" beschäftige ich mich zuerst, bevor ich im Unterkapitel 5.5. zu den dafür notwendigen „Vorbereitungen" übergehe. Abschließend thematisiere ich dann die „Verpflichtungen" zu denen die Adressierten angerufen werden. Ich behandele diese Aufteilung jedoch nicht ganz streng, um eine künstliche Trennung zu vermeiden. Daher finden sich Aspekte aller Kategorien in den Kapiteln wieder.

5.4 Verheißungen

Vor einigen Jahren wurden Besucher:innen auf der Homepage des Vermittlungsportals der Präfektur Shimane, *kurashimanet*, mit einem Banner begrüßt, das eine Landschaft mit grünen Reisfeldern, in der Ferne einige Hausdächer mit sanften Hügeln im Hintergrund zeigte. Darüber stand geschrieben: „Warum nicht in Shimane ein neues Leben anfangen?". Der Umzug in die Präfektur Shimane, visuell assoziiert mit einer typischen *furusato*-Landschaft (siehe Kapitel 3.3), versprach die Möglichkeit eines Neuanfangs in idyllischer, ländlicher Umgebung. Dieses Motiv des Neuanfangs oder des Wandels taucht immer wieder im Diskursmaterial auf. Verschiedene Ausgaben der Lifestyle-Zeitschrift *Turns* verweisen darauf sogar in ihren Titelüberschriften wie „Umzug der das Leben veränderte" (*jinsei wo kaeta ijū*) (Turns 16/2016), „Lokale Arbeit, die dich verändert" (*anata wo kaeru rōkaru wāku*) (Turns 08/2014) oder „Regionen, die dich verändern" (*anata wo kaeru chiiki*) (Turns 03/2013). Hier wird versprochen, dass der Umzug in die Regionen das ganze Leben, sogar das eigene Selbst verändern kann. Dieser Wunsch nach Wandel wird als wichtige Voraussetzung für den Umzug benannt: „Sobald man sich ein anderes Leben als jetzt vorstellt, beginnt der Umzug „ (Sotokoto 2016: 40). Prinzipiell kommt also für alle, die sich eine Veränderung im eigenen Leben wünschen, der Umzug in die Regionen in Frage. Umgekehrt verspricht der Umzug in die Regionen genau diese Veränderung. In einem weiteren Artikel aus der *Sotokoto* heißt es entsprechend, „Migration wird sicher zu einem großen Wendepunkt im Leben, so wie Arbeitsantritt oder Hochzeit." (Sotokoto 04/2014). Damit wird diese Entscheidung mit zentralen Lebensübergängen gleichgesetzt und ihre große Bedeutung betont.

Häufig fallende Wörter sind zudem „Träume" (*yume*), „Wünsche" (*kibō*) oder „ideales Leben" (*risō no seikatsu*), deren Erfüllung als in den Regionen möglich angedeutet wird. So titelt das Guidebook gleich auf der zweiten Seite über dem

Inhaltsverzeichnis „Wie wäre es, in die Regionen zu ziehen und dein ideales Leben zu realisieren? (CAS n.d.: 2). Das ländliche Japan wird als Ort porträtiert, an dem Wünsche und Träume in Erfüllung gehen, das ideale Leben umgesetzt werden kann. Die Entscheidung für einen Umzug wird geradezu überhöht, sie wird zum lebensverändernden Moment erklärt. Damit wird der Umzug in die Regionen hier auch für jede:n als möglichen Weg dargestellt. Denn wer wünscht sich nicht an bestimmten Punkten im Leben Veränderungen, wer ist nicht an der Erfüllung von Wünschen, an einem idealen Leben interessiert?

Die eigentlichen Motive können dabei sehr unterschiedlich sein, sei es eine Verbesserung der Arbeit, Freizeit, Gesundheit oder Familienlebens. Ich werde hier genauer auf den Aspekt der Arbeit eingehen, da dieser, wie bereits diskutiert, im Diskurs eine zentrale Rolle spielt.

5.4.1 Erfüllende Arbeit auf dem Land

Bereits in Unterkapitel 4.2 wurde herausgearbeitet, dass der Boom der Stadt-Land-Migration im Diskurs vor allem als Phänomen junger Generationen gerahmt wird, die in den Regionen arbeiten möchten. In öffentlichen Diskussionen um die Entvölkerung der ländlicheren Gebiete ist jedoch gerade der Mangel an Arbeitsplätzen außerhalb der Metropolen ein häufiges Thema. So lässt sich vermuten, dass eine Hauptsorge derjenigen, die sich für einen möglichen Umzug aufs Land interessieren, die Arbeitssuche darstellt. Diese Ängste werden auch im Diskurs thematisiert. So erklärt eine erfolgreich umgezogene Webdesignerin in einem Artikel aus der *Sotokoto* auf die Frage, ob es denn in den Regionen Arbeit gäbe:

> Ich glaube es gibt viele verschiedene. Eine Anstellung finden, Landwirtschaft betreiben, das Familiengeschäft fortführen...Es gibt Leute, die eine bestehende Arbeit antreten, Leute, die ganz verschiedenen Tätigkeiten gleichzeitig nachgehen, es gibt auch Leute, die Unternehmen gründen. (Takenaka 2017: 44)

Die Sorge um Arbeitsplätze erscheint hier also als eher unberechtigt, es wird betont, dass es sehr viele verschiedene Arbeitsmöglichkeiten gäbe. Zudem wird für die Regionen eine Vielfalt herausgestellt, die allen die Möglichkeit gibt, einen Job zu finden, der sie interessiert. Ein häufiger Schwerpunkt liegt dabei auf der Unternehmensgründung, wie auch hier schon angedeutet wird. So auch in einem Artikel aus der *Aera:*

> Wenn man über einen Umzug aufs Land nachdenkt, bereitet wohl allen das Thema Arbeit Sorgen. Land = keine Arbeit. Wenn man in einem Unternehmen eine Stelle finden möchte, dann gibt es tatsächlich wenige Stellen. [...] Aber unter den jungen Menschen, die aufs Land

streben, verstärkt sich die Tendenz, durch Unternehmensgründung ihre eigene Arbeit zu schaffen, selbst wenn sie vorher noch keinen Beruf erlernt haben. (Ishibushi 2015: 30)

Der Mangel an Arbeitsmöglichkeiten wird hier also ebenfalls aufgegriffen, aber gleich wieder entkräftet. Zwar wird man wohl nicht in einem Unternehmen arbeiten können, dafür, so wird nahegelegt, kann jede:r eine eigene Arbeit schaffen. Man benötigt nicht einmal eine spezielle Berufsausbildung. Der Artikel verspricht also, dass man sich um Arbeit keine Sorgen machen muss.

Neben der Unternehmensgründung wird auch die Möglichkeit thematisiert, selbstversorgt zu leben oder mehreren Tätigkeiten gleichzeitig nachzugehen. Dies wird als *nariwai* bezeichnet – ein eher altmodischer Begriff für „Lebensunterhalt oder „Broterwerb", der hier in Katakana geschrieben wird und so einen zeitgemäßen Klang bekommt. Genauer wird das Konzept *nariwai* am Fallbeispiel des 26jährigen Hiroyuki erläutert.

> Da seine Miete günstig ist, er sein eigenes Gemüse anbaut und auch oft von den Nachbarn etwas geschenkt bekommt, braucht er monatlich zum Leben nur etwa 100.000 Yen. Sein Geld verdient er mit einer Reihe kleiner Gelegenheitsjobs: Im Sommer gibt es Arbeit beim Mähen und gerade hat er von der Gemeinde den Auftrag erhalten, im Bambushain Holz zu fällen. Er sammelt die für buddhistische Riten verwendete, Shikimi genannte Pflanze, die es in den Bergen in Fülle gibt, Mitsumata als Rohstoff für japanisches Papier und arbeitet als Köhler. Wenn man sucht, dann findet man ein Einkommen. (Ishibushi 2015: 30)

Der Artikel erläutert also eine Reihe verschiedener Möglichkeiten, Geld zu verdienen und betont eine „can-do" Einstellung: wer suchet, der findet. Die für die Leserschaft vielleicht auch prekär anmutende, typischerweise mit *freetern* (s. Kapitel 2.2.2) assoziierte Arbeitsweise vielen verschiedenen, kleinen und saisonalen Tätigkeiten nachzugehen, wird hier als Freiheitsgewinn dargestellt. Zudem kann man sich auf die Hilfe der Nachbarschaft verlassen, die einem immer wieder „etwas schenkt". So bleiben auch die Lebenshaltungskosten gering. Hiroyuki spricht dagegen negativ vom Arbeiten in der Stadt:

> Wenn man in der Stadt arbeitet, dann kann man, wenn man kein Geld hat, nichts zu essen bekommen. Daher hatte ich das Gefühl, ich muss es aushalten, um Geld zu verdienen, selbst wenn ich bei der Arbeit keinen Sinn verspüre. Es war hart, so als würde ich vom Geld dominiert. (Ishibushi 2015: 30)

In diesem Zitat beschreibt Hiroyuki das Arbeit als entfremdend, rein auf das Materielle begrenzt, als sinnentleert und einengend. Arbeit wird zudem mit nacktem Überleben assoziiert, wenn er erklärt, dass man in der Stadt ohne Geld nichts zu essen bekommen kann. Daher muss man sie „aushalten". Man erfährt jedoch nicht genau, welcher Tätigkeit er in der Stadt nachgegangen war oder die Umstände seiner Anstellung. Nun dagegen, so erklärt der Artikel, kann er Wasser aus den Bergen holen und mit einem Ofen heizen, er hat sich „Lebenskunst" (*ikiru waza*) angeeignet, er hat das Selbstbewusstsein gewonnen, dass er „aus eigener Kraft leben kann" (Ishibushi 2015: 30). Aus dem „Überleben" in der Stadt, in dem er als von der Arbeit fast unterdrückt dargestellt wurde, wird nun ein richtiges Leben, das mit Kontrolle, Zuwachs an Selbstbewusstsein, mit Emanzipation assoziiert wird. Der Leserschaft wird vermittelt: auf dem Land gibt es zwar weniger Geld, dafür mehr persönliche Freiheit und Selbstentfaltung.

Hiroyuki erläutert dann noch seine weiteren Ziele:

> Auf dem Land liegen viele Rohstoffe brach, die man nutzen kann. Ich denke gerade darüber nach, ob man die Holzkohle nicht mit irgendeinem Geschäft verbinden könnte. Ich bin hierhergekommen und konnte mich vom Geld befreien und bin sehr glücklich geworden. (Ishibushi 2015: 30)

So wird abschließend nicht nur deutlich, dass er freier und glücklich geworden sei, sondern er demonstriert einen unternehmerischen Geist. Damit wird angedeutet, dass auch Hiroyuki anstrebt, die Gegend, in der er nun lebt, durch das Nutzen bzw. Vermarkten der Rohstoffe voranzubringen. Zudem wird hier nahegelegt, welches ungenutzte Potential sich in den ländlichen Regionen verbirgt. Hier gibt es noch die Möglichkeiten zur Unternehmensgründung, die Rohstoffe scheinen nur darauf zu warten, dass man sie verarbeitet. Ganz frei, so wird auch deutlich, soll man sich vom Geld dann wohl doch nicht machen.

Hiroyuki stellt ein etwas extremeres Beispiel dar, *nariwai* bzw. das Arbeiten in verschiedenen Tätigkeiten wird jedoch auch in Artikeln in der *Asahi* und in den Lifestyle-Zeitschriften vorgestellt. Auch hier lässt sich wieder vermuten, dass es einerseits junge Menschen gibt, die sich so saisonale und vielseitige Tätigkeiten vorstellen können. Andererseits gibt es in manchen, besonders sehr peripher gelegenen Regionen oft nur die Möglichkeit, sich durch mehrere Jobs zu finanzieren. Dies erinnert etwas an früher übliche Arbeitsweisen, bei denen etwa Bauern sich mit der Seidenraupenzucht zusätzliches Einkommen sicherten. Hier wird diese Art der Arbeit allerdings nicht als finanzielle Notwendigkeit, sondern als bewusste, erfüllende Wahl thematisiert. Der Job in der Stadt wird dagegen als einengend und rein aufs Materielle reduziert dargestellt, es ist die Abgrenzung davon und die Zuwendung zu den im ländlichen Japan vorhandene Aspekte von Natur und Sozialität, die Freiheit versprechen.

Viele der Fallbeispiele thematisieren Arbeit im verarbeitenden Gewerbe, so etwa Töpferei, Holzarbeit, Herstellung von Textilien, Bäckereien und Cafés. Generell wird so eine starke Assoziation der Regionen mit Produkten, die selbst und von

Hand verarbeitet und produziert werden, hergestellt. Das gute Handwerk, es gibt es noch.

> Überall in den Regionen entstehen durch junge Menschen funkelnde Körner. Inmitten dessen ist deutlich eine von Emotionen erfüllte ‚Arbeit' zu sehen. ‚Arbeit', die Menschen verbindet, köstliche ‚Arbeit', ‚Arbeit', die das Herz erfüllt. (Sotokoto 2015: 27)

Mit dieser sehr blumigen Sprache beginnt der Leitartikel der *Sotokoto* Ausgabe „Arbeit in den Bergen, dem Meer und auf dem Land" (*yama, umi, sato no shigoto*). In verschiedenen Artikeln werden junge Menschen vorgestellt, die in der Landwirtschaft, Fischerei oder der Forstwirtschaft tätig sind. Das dazu gehörende Titelbild zeigt idyllische Landschaftsbilder, Früchte der Arbeit (Jakobsmuscheln und Sojabohnen) und junge Menschen bei der Arbeit im Stall, in einer Brauerei, in der Schmiede und auf dem Reisfeld. Die Artikel stellen so Tätigkeiten vor, die den Vorstellungen der urbanen Leserschaft von Arbeit in den Regionen und insbesondere in ländlichen Gebieten entspricht. Das heißt vor allem Berufe im primären Sektor. Diese werden weitgehend idealisiert porträtiert, entsprechend dem Bild, das viele mit landwirtschaftlicher Arbeit wenig vertraute Großstädter:innen wohl besitzen: als eine Tätigkeit in und mit der Natur. Sie wird zudem angepriesen als eine Arbeit, die „Menschen verbindet", die „das Herz erfüllt". Fragen der Finanzierung, die Tatsache, dass die meisten Berufe mit einer großen körperlichen Anstrengung verbunden sind, werden weitgehend ausgeblendet.

Ein gutes Beispiel ist ein fünfseitiger Artikel über eine Gruppe junger Menschen, die gemeinsam Landwirtschaft und Viehzucht betreiben. Das Bild zeigt sie lachend vor einem Reisfeld stehen. Der Schwerpunkt des Artikels liegt weniger auf den eigentlichen Tätigkeiten, sondern auf dem besonderen Wert der Arbeit. Darauf, dass sie so viel mehr sei als Landwirtschaft. So wird ein Gründungsmitglied zitiert: „Landwirtschaft schafft Gemeinschaft, sie formt Menschen. Über das Produzieren von Lebensmitteln hinaus bietet sie so viel mehr tiefgreifende Dinge." (Isoki 2015: 39). Mit ihrer Tätigkeit, so lernen wir, machen sie dem Ort Mut und nehmen dabei als Neuzugezogene die Alteingesessenen mit. Sie sind diejenigen, die als Retter:innen der Regionen neue Geschäftsideen und -impulse einbringen. Die Mitglieder der Gruppe haben zudem ein eigenes kleines Buch herausgegeben, mit dem sie ihre Erfahrungen und Botschaft weiterverbreiten. Gleichzeitig wird Landwirtschaft, ein in Japan sehr überalterter Sektor, hier stark verjüngt präsentiert, die Mitglieder der Gruppe sind zwischen 20 und 40 Jahre alt und ihre Individualität und Kreativität wird betont.

Der Artikel legt den Schwerpunkt also weniger auf die alltäglichen Abläufe und finanziellen Aspekte der Landwirtschaft, sondern auf die immateriellen und affektiven. Arbeit ist hier nicht nur bezahlte Tätigkeit, sondern emotional erfüllend und verbindend. Sie soll nicht nur ein Auskommen generieren, sondern befriedigend sein. Auf diesem Aspekt liegt hier der Fokus, das Finanzielle erscheint als Nebensache. Zudem beinhaltet Arbeit hier deutlich auch Gemeinwohlorientierung, sie kann dabei helfen, dem Ort „Mut zu machen". Damit wird hier Arbeit also einerseits als Mittel zu Selbstverwirklichung dargestellt, aber auch als Aktivität, die dezidiert auch an eine Gemeinschaft gerichtet sein soll, die sie kreieren soll und der sie helfen kann. Diese Assoziierung zwischen landwirtschaftlicher Tätigkeit und sozialen Bindungen erinnert dabei an typische Aspekte des *furusato-* aber auch des *nihonjinron*-Diskurses, in denen die hohe Bedeutung des Reisanbaus für die harmonischen zwischenmenschlichen Beziehungen und Gemeinschaftsbildung bemüht wird (s. Kapitel 3.3). So werden zum einen vorhandene Bilder und Wünsche der urbanen Leserschaft aufgegriffen und bedient, andererseits aber auch eine bestimmte Erwartung vermittelt. Sie können auf dem Land nahe an der Natur, mit der Unterstützung einer Gemeinschaft Landwirtschaft betreiben, gleichzeitig soll ihre Tätigkeit aber auch dieser zugutekommen.

5.4.2 Die Regionen als ländliche Idylle

„Klare Luft. Berge in tiefem Grün. Auf dem Gras ein Kind, das auf einer Leinwand in aller Ruhe ein Bild malt" (Tomita 2018: 56). Mit diesem Bild ländlicher Idylle beginnt ein Artikel in der Wirtschaftszeitschrift *Shūkan Tōyō Keizai*. Während andere Artikel in der Ausgabe eher allgemeiner über die Probleme ländlicher Regionen und Abes damals neue Politik berichten, richtet sich dieser an Leser:innen, die am Landleben interessiert sein könnten, bzw. deren Interesse geweckt werden soll. Unter der Titelüberschrift „Der Umzug in die Regionen der kindererziehenden Generation. Es zeigt sich eine Ausbreitung, aber es gibt auch Punkte, auf die zu achten ist." werden junge Eltern vorgestellt, die mit bzw. für ihre Kinder auf das Land gezogen sind. Sie berichten über ihre Gründe für den Umzug und ihre bisherigen Erfahrungen. Besonderer Fokus liegt dabei auf der Nähe zu Natur. So erzählt die junge Mutter Miyuki:

> Als wir in Kanagawa gelebt haben, habe ich den Wechsel der Jahreszeiten nur an der Dekoration im Kaufhaus bemerkt. Seit wir hierhergekommen sind, fühle ich die vier Jahreszeiten mit dem ganzen Körper, da die Umgebung sich mit der Jahreszeit komplett verändert. (Tomita 2018: 56)

Stadt und Land werden hier wieder in direkten Kontrast gesetzt. Die Großstadt wird mit einer Entfremdung von der Natur assoziiert, die Jahreszeiten kann man nur in Konsumorten anhand artifizieller Dekoration erleben. Auf dem Land dagegen wird die Natur körperlich erfahrbar, man ist von ihr umgeben und kann sie spüren. Der als Experte interviewte Matsuda Tomoo führt so als Motivationen junger Menschen, die aufs Land ziehen, unter anderem folgende Punkte an: eine stressfreie Umgebung, da man nicht in vollen Zügen fahren muss; die Vorzüge der Umgebung mit klarer Luft und Wasser, die gut für die Gesundheit seien und günstige Lebenshaltungskosten (vgl. Tomita 2018: 57–58).

In vielen Artikeln wird diese Nähe zur Natur betont. In der 2016 erschienen *Turns* Ausgabe „Lasst uns das Satoyama Leben genießen" beginnt der Leitartikel mit folgender Beschreibung:

> Während man den Wandel der Jahreszeiten spürt, erfährt man jeden Tag den neuen Segen der Natur. Man lebt umgeben von warmen Menschen und mit der Weisheit der Vorfahren. Man verbringt mit der Familie einen stillen Abend. (Turns 2016: 16).

Auch in dieser szenischen Einleitung wird das regionale Japan inmitten einer Natur verortet, in der man den „Wandel der Jahreszeiten spüren kann", also scheinbar auch nahe an bzw. mit der Natur lebt. Die Betonung der vier Jahreszeiten und die Verbindung zu den Vorfahren lässt dabei die *storyline* des Ländlichen als (hier fast mystisch klingende) nationale Heimat, also *furusato* anklingen (s. Kapitel 3.3). Zudem wird nicht nur ein Bild ländlicher, sondern auch gemeinschaftlicher und familiärer Idylle evoziert. Auf dem Land findet sich eine Gemeinschaft „warmer Menschen", mit der Familie kann man „ruhige Abende verbringen". Auch wenn hier nicht explizit von der Stadt gesprochen wird, liegt es jedoch nahe, diese Idylle als Gegenentwurf zu verschiedenen Krisennarrativen wie etwa dem der *muen shakai* zu lesen, nach dem in der japanischen Gegenwartsgesellschaft soziale Bindungen zunehmend zusammenbrechen (vgl. Dahl 2016). Der Text fährt fort: „'Satoyama'. Dort gibt es Menschen, die in Verbindung mit der Natur ein zu ihnen passendes Leben [*jibunrashii kurashi*] mit ihren eigenen Händen schaffen." (Turns 2016: 16). *Satoyama* ist vor allem seit den 1990ern als Konzept populär geworden. Es überschneidet sich in seiner Bedeutung mit *furusato* und evoziert das Bild einer ‚archetypisch japanischen Landschaft' und friedlicher Koexistenz des Menschen mit der Natur (vgl. Knight 2010: 436)[7]. Es betont zudem eine Verbindung zu Traditionen und Vergangenheit. Außerdem wird das Leben in bzw. mit der Natur mit *jibunrashisa*, also „Selbst-Authentizität" bzw. „Selbstbestimmung" verknüpft. Im ländlichen Japan sei im Zusammenleben mit der Natur die Umsetzung eines selbstver-

---

7 *Satoyama* hat anders als *furusato* seit einigen Jahren als spezifisch japanisches Konzept für Umweltschutz und Nachhaltigkeit Eingang in die Wissenschaft und Politik gefunden. Siehe Thelen (2022) für eine ausführliche Diskussion der Gemeinsamkeiten und Unterschiede der beiden Konzepte.

wirklichten Lebens mit der Kraft der eigenen Hände möglich. Dies suggeriert die Möglichkeit von Selbstständigkeit und Freiheit, der Umsetzung eines Lebens, in dem das eigene Selbst zur vollen Entfaltung kommen kann.

Weiter erklärt der Artikel, dass in dieser Ausgabe Gegenden vorgestellt werden, in der man sowohl die Bequemlichkeit der Stadt als auch die Reize des Landlebens „nach Herzenslust" genießen könne (Turns 2016: 16). Was hier der Leserschaft nahegelegt wird, ist, dass ein Umzug in Japans Regionen durchaus keinen Verzicht auf aus der Großstadt gewohnte Vorteile bedeuten müsse, im Gegenteil. Bestimmte Gegenden bieten sogar das beste beider Welten und werden einem hier nun präsentiert, man muss sie nur basierend auf den eigenen Wünschen auswählen. Gerade visuell legen *Turns* und *Sotokoto* diese Deutung des regionalen Japans als Verbindung aus idyllischer Natur und ruhiger Ländlichkeit mit Möglichkeiten und Bequemlichkeiten städtischen Konsums nahe. So werden immer wieder „besondere" Restaurants, Cafés oder Gewerbe mit einem „eigenen Charakter" vorgestellt. Man muss also auf seinen Café Latte oder das geliebte Craft Beer nicht nur nicht verzichten, die Produkte erscheinen zudem authentischer, da nicht massenproduziert, sondern lokal. Auch visuell werden diese Läden als modern, nach angesagtem Design gestaltet präsentiert, so wie man sie auch in einer Großstadt finden könnte. Sie befinden sich dabei aber oft in traditionell gestalteten, älteren Häusern und erhalten dadurch eine authentische, rustikale Atmosphäre.

Ein ähnliches Bild, das noch weitere häufige Aspekte ergänzt, zeichnet die 2017 erschienene Ausgabe der Zeitschrift *Sotokoto* zu Essen in den Regionen, „Köstlichkeiten der Berge und des Meeres". Folgendermaßen wird das Thema vorgestellt: „In den hohen Bergen und der tiefen See. Japans Regionen fließen überall vor Vielfalt über. Das kann man besonders unmittelbar spüren, wenn man die Köstlichkeiten des Bodens isst." (Sotokoto 2017: 24). Hier wird zum einen die Vielfalt der Regionen betont, ein häufiges Thema, das meistens nahelegen soll, dass es erstens in den Regionen viel zu entdecken gibt und dass zweitens aufgrund dieser Pluralität daher auch prinzipiell jede und jeder aus der Stadt den richtigen Ort für sich finden kann. Zum anderen wird im Artikel die Besonderheit lokalen Essens herausgestellt, das durch die Nähe zur Natur, bzw. hier zum „Boden" – also zusätzlich ideologisch aufgeladen – als besonders lecker, aber auch besonders gesund dargestellt wird. Durch das körperliche Genießen des Essens soll man die Vielfalt der Regionen mit allen Sinnen spüren können. In Japan gibt es generell in der medialen Öffentlichkeit ein großes Interesse an „Spezialitäten" (*meibutsu*) aus den verschiedensten Gegenden und eine Reihe an Zeitschriften und Fernsehsendungen, die sich diesem Thema widmen. Der staatliche Fernsehsender NHK etwa zeigt verschiedene Programme, die lokale Gegenden und Produkte vorstellen (vgl. NHK 2019: 4). Die Natur, die Verbindung zu den Bergen und zum Meer, werden im Artikel zudem ergänzt durch die Menschen vor Ort, die *jimoto no hito*. Man könne also nicht nur leckere

Köstlichkeiten genießen, sondern auch eine Verbindung mit den dortigen Menschen spüren, Gespräche genießen, miteinander in Kontakt kommen.

Diesen Aspekt der offenen, warmherzigen ländlichen Gemeinschaft betonten auch viele Erfahrungsberichte. So berichtet im Guidebook Sahori, die aus Nagoya stammt und lange in Tōkyō gelebt hat, von der Unterstützung durch die lokale Bevölkerung ihrer neuen Heimat in einem Dorf in der Präfektur Nagano: „Das hier ist eine Gegend, mit der ich vorher gar nichts zu tun hatte, aber ich führe hier mein Leben mit der Hilfe der Menschen aus der Umgebung." (CAS n.d.: 4). Sahori berichtet nicht nur davon, dass sie viel Unterstützung erfahre, obwohl sie nicht einmal aus der Gegend stamme. Sie betont auch, wie offen man dafür gewesen sei, dass sie selbstbestimmt arbeiten wollte. So beschreibt sie, „Ich glaube, dass ich hier auf [...] ‚Begegnungen mit Menschen' treffen konnte, die ich in der Stadt so sicher nicht hätte erleben können" (Tomita 2018: 58). Damit wird betont, dass eine besondere Qualität ländlichen Lebens in der Gemeinschaft besteht, die sich nicht nur gegenseitig hilft, sondern auch offen für Neuankömmlinge und deren Wünsche sei. Die Regionen werden als Gegenden dargestellt, in denen die Selbstverwirklichung der individuellen Träume und Sehnsüchte nicht nur im Alleingang möglich ist, sondern wo man von wohlmeinenden Menschen dabei unterstützt wird. Auch in Artikeln der *Asahi* werden diese Qualitäten ländlicher Gemeinschaften betont und neu aufs Land Gezogene berichten von den „warmen Menschen" (Kanda 10.3.2017: 2) oder von älteren Menschen die cool sind, („So will ich auch mal werden!" (Kanda 16.3. 2017: 2)). So wird nicht nur den zwischenmenschlichen Beziehungen und der Gemeinschaft eine Besonderheit zugesprochen, sondern auch den Menschen.

Während in einigen Artikeln betont wird, dass man auch in den ländlichen Gebieten die aus der Stadt gewohnten Konsummöglichkeiten genießen kann, wird in anderen dagegen durchaus das Thema der „Unbequemlichkeit" direkt angesprochen. So etwa in einem 2015 in der *Asahi Shinbun* erschienen Interview mit einer Journalistin, die zum Leben auf abgelegenen Inseln schreibt. In der von ihr herausgegebenen Zeitschrift habe eine Umfrage zum Thema *chihō ijū* ergeben, dass 70 % das Leben dort als „unbequem" (*fuben*) empfinden würden. Dem stimmt sie zu, um dann weiter auszuführen: „Weil es nicht bequem ist, bewegt man die Hände und hilft einander gegenseitig, um das was nicht genügt zu ergänzen. In der Stadt kann man, wenn man Geld hat, auch ohne mit anderen Menschen zu reden, leben." (Moronaga 2015: 17). Hier wird also ein möglicher Mangel ins positive verkehrt, man begegnet dadurch anderen und unterstützt sich gegenseitig. Dem materiellen, menschlich distanzierten Stadtleben wird auch hier ein auf Gemeinschaft und soziale Verbindungen, auf nicht-materielle Aspekte fokussiertes Leben auf dem Land gegenüber bestellt.

Das ländliche Japan erscheint im Diskurs so als Idylle, in der alles möglich zu sein scheint, in der man auf fast nichts verzichten muss. Es bietet Natur, Geschichte

(Vorfahren), Großstadtbequemlichkeit und Selbstverwirklichung, Freiheit und Selbstständigkeit. Es erfährt ein Art Rebranding als Ort, an dem unerfüllte Wünsche und Bedürfnisse endlich ihre Erfüllung finden können. Probleme wie Arbeitsmangel werden durch Betonung der vielen, doch eigentlich vorhandenen Arbeitsmöglichkeiten relativiert oder als zu Chance zum Unternehmertum dargestellt. Neue Arbeitsformen bieten Raum zur Entfaltung und zudem Tätigkeiten, die über finanzielle Aspekte hinaus Erfüllung bringen können, wie etwa gemeinschaftliches Engagement. Mögliche Gehaltsverringerungen werden durch die positiven Aspekte wie geringere Lebenshaltungskosten oder die Nähe zur Natur ausgeglichen. Die Erfüllung aller Wünsche scheint also besonders im ländlichen Japan möglich zu sein. Einerseits finden sich also starke Bezüge auf die *furusato-storyline*, die das ländliche Japan als nostalgisch verklärte, emotional aufgeladene nationale Heimat darstellt. Andererseits wird es mit all dem assoziiert, was nun als Bedürfnis junger Menschen identifiziert wird – Selbstbestimmung, Selbstverwirklichung, Freiheit, Work-Life Balance usw. Hier verbindet sich also *furusato* mit *jibunrashisa*. Im ländlichen Japan kann man sich nun nicht mehr nur auf Reisen wiederfinden, sondern dort ein ideales Leben verwirklichen.

5.5 Vorbereitungen

Es deutet sich jedoch bereits an, dass es vor allem in der Verantwortung der Adressierten liegt, dies zu erreichen. Das gute Leben fällt einem nicht einfach in den Schoß, man muss etwas dafür tun. Dafür werden im Diskursmaterial verschiedene Dinge vorgegeben, die zu erfüllen sind, um den Traum vom Landleben zu verwirklichen.

5.5.1 Erkenne dich selbst

In den meisten Artikeln zu Stadt-Land-Migration wird die Individualität von Stadt-Land-Migration betont. So konstatiert etwa das Guidebook: „es ist wohl nicht übertrieben zu sagen, dass 100 Menschen 100 verschiedene Lebensstile anstreben" (CAS n.d.: 1). Ähnlich merkt ein Artikel aus der *Asahi Shinbun* an: „Man spricht zwar von Binnenmigration, aber sind nicht je nach Person die Bedingungen, die man sich wünscht und was einem wichtig ist, verschieden?" (Nakashima 01.04.2017: 9). Und auch in den Lifestyle Zeitschriften finden sich immer wieder Hinweise darauf, dass eine Ansiedelung in den Regionen je nach Person anders aussehe. Ein Artikel in der *Sotokoto* verweist so auch darauf, dass man daher nicht einfach eine „Anleitung" geben könne, wie man erfolgreich umzieht. Die Betonung dieser Individualität vermittelt den Adressierten die Möglichkeit pluralisierter Lebensformen in Japans Regionen und ländlichen Gebieten. Durch die häufige Erwähnung wird eine klare Verbindung zwischen Individualität, Lebensstil und regionalem Japan gezogen. Damit werden seit den 2000ern zugenommene Wünsche von individualisierten Lebensstilen jenseits der Standardlebenslaufs aufgegriffen (siehe Kapitel 2.2.3). Gleichzeitig wird den interessierten Leser:innen aber auch deutlich gemacht, dass es für erfolgreiche Stadt-Land-Migration keine Patentlösung gibt, sondern man den für einen selbst passenden Weg finden muss. Da die Wahlmöglichkeiten so breit sind, liegt die Verantwortung für die richtige Entscheidung bei den Individuen selbst. An seine Ausführungen über die vielen verschiedenen Lebensstile schließt daher das Guidebook an: „Was für ein Leben suchst du? In diesem Guidebook denken wir gemeinsam darüber nach, wie die Stadt-Land-Migration, die du dir wünschst, sein sollte." (CAS n.d.: 1). Die Lesenden werden zur Selbstreflexion angehalten und es werden ihnen dazu Anleitungen bereitgestellt. Dies umfasst etwa einen Fragebogen, auf dem man seine Wünsche und Motivationen aufschreiben soll oder die Erklärung verschiedenen „Umzugstypen". So zeigt auch ein in der *Aera* publizierter Artikel eine Art Roadmap, mit der man anhand bestimmter Fragen bei einem von sieben „Umzugstypen" endet. Dementsprechend kann man dann passende Tipps und Hinweise finden.

Diese sieben Typen werden Folgendermaßen eingeteilt: „early retire", „slow life", „Umzug für die Erziehung", „lokale Gemeinschaftsentwicklung", „Produktherstellung", „soziales Engagement für die Gegend" und „Start Up Gründer" (Watanabe 2018: 24). Hier werden im Material für die Adressierten explizit verschiedene Subjektpositionen samt Deutungs-, Handlungs- und Rollenvorgaben generiert. Dabei fällt auf, dass ein starker Fokus auf Gemeinwohlorientierung und unternehmerischem Handeln liegt. „Early retire" und „slow life" werden dagegen als Typen kategorisiert, die weniger an der Interaktion mit der lokalen Bevölkerung oder einem Arbeitsziel interessiert sind. Diese beiden Subjektpositionen werden im Artikel dann auch als sozial unerwünscht kommuniziert (siehe genauer 5.6.1). Es findet sich hier auch eine geschlechtergetrennte Rollenverteilung: bei der Erziehung ist eine Frau abgebildet, während erklärt wird, dass besonders unverheiratete Männer zwischen 20 und 40 sich für Unternehmensgründung interessieren (Watanabe 2018: 24)

Der abgebildete Leitfaden wird als *„jiko handan shīto"*, also als „Blatt zur Selbstbeurteilung" bezeichnet. Die Adressierten werden dazu angehalten, sich selbst zu einem der sieben Typen zuzuteilen. Das Ganze, so versichert der Artikel, basiere auf Expertenwissen, auf durch Umfragen zusammen getragenen Daten. Die Lesenden werden ermutigt, den Bogen selbst auszutesten und der Chef der mit der Erstellung betrauten Firma rät: „Achten sie genau auf die verschiedenen Punkte, die wir hier so einfach auszuwählen wie möglich gemacht haben. Nutzen Sie es als

Einstieg, um gründlich über ihr Interesse an einem Umzug nachzudenken."
(Watanabe 2018: 24). Solche und ähnliche Schrittanleitungen und Fragebögen sollen
dabei dazu dienen, aus der Fülle an Möglichkeiten eine Auswahl treffen zu können
und Interessierten erste Hinweise zu bieten, was für Wege sie wählen können. Sie
dienen damit für die Adressierten als Anleitung zur Selbstführung. In der Fülle der
Angebote, bieten die Artikel als Ratgeber, versehen mit autoritativem Expertenwissen, den Individuen Strukturen zur Entscheidungsfindung. Dabei wird auch
betont, was für unterschiedliche Möglichkeiten und Motivationen es geben kann,
um aufs Land zu ziehen. Interessant ist dabei, dass die immer wieder konstatierte
Vielfalt und Individualität dann wieder in festgelegte Kategorien überführt wird.

Da es die eigenen Interessen sind, die die Stadt-Land-Migration leiten sollen,
werden die Adressierten dazu angehalten, diese genau zu reflektieren. Besonders
explizit formuliert das ein 2014 in der Zeitschrift *Sotokoto* erschienener Artikel,
„Einführung in das Leben auf dem Land", für den verschiedene „Migrations-*senpai*"
befragt wurden. Unter dem ersten Punkt „Wissen über Migration" schreibt die JOIN-
Mitarbeiterin Hisashima Reiko Folgendes:

> Zuerst sollte man eine „Selbstinventur (*jishin no tana oroshi*) vornehmen. Was mag man selbst
> wirklich gerne, was macht einem Spaß? Wenn man sich noch einmal fragt, was die eigenen
> Werte sind, die Art und Weise der Selbstverwirklichung, wie man von jetzt an werden will,
> dann glaube ich, ist Stadt-Land-Migration eine der Wahlmöglichkeiten. (Hisashima 2014: 74).

Am Anfang steht also die „Selbstinventur", die Adressierten werden aufgefordert,
ganz ihr „Inneres" zu erforschen. Sowohl Vorlieben als auch die eigenen Wertvorstellungen, wie man sich genau selbst verwirklichen will, müssen genau durchdacht
sein. Diese Selbstinventur wird als Voraussetzung für den Erfolg der Stadt-Land-
Migration deutlich gemacht. Der Umzug aufs Land wird auch hier wieder eng mit
Identität und Selbstverwirklichung assoziiert. Es ist geht nicht nur darum, die Arbeitsstelle zu wechseln, sondern beinhaltet viel tiefergehende Implikationen, die
mit dem Kern des eigenen Selbst zusammenhängen.

Es wird auch immer wieder vor einem Mangel an Vorbereitung und unre-
flektierten Entscheidungen gewarnt:

> Man hört oft Aussagen wie „Ich bin das Stadtleben müde und möchte darum entspannt auf
> dem Land leben.", aber das reicht nicht. Es ist wichtig […] sich die Ziele klarzumachen. Wenn
> man das macht, kann man dem idealen Leben näherkommen. (CAS n.d.: 2)

So wird ein mögliches Scheitern des Umzugs dezidiert mit einem Mangel an
Selbstreflexion verbunden: „Wenn man nur umzieht, weil man das Landleben irgendwie gerne mag, kann es durchaus vorkommen, dass es schiefgeht." (Hisashima
2014: 74). Die eigenen Wünsche sind also genau zu konkretisieren. Damit wird

Scheitern hier — neben einem Mangel an Vorbereitung (s. o.) — auch an innere Faktoren geknüpft. Nur wer erfolgreich eine „Inventur" des eigenen Selbst vornimmt, sich nicht nur seine Wünsche, sondern auch seine Werte genau vor Augen führt, kann erfolgreich in das Projekt Stadt-Land-Migration starten. So konstatiert auch der erste Satz in einem Artikel aus der *Aera:* „Bevor man einen Umzug erwähnt, muss man zuerst ‚sich selbst kennen' (*onore wo shiru*)." (Watanabe 2018: 24). Damit wird das versprochene Traumleben an ein schwer erreichbares und zudem eher vages Ziel geknüpft. Was genau bedeutet „sich selbst kennen"? Da es keinerlei feste Parameter gibt, an die eine erfolgreiche Selbsterkenntnis geknüpft werden kann, diese aber gleichzeitig zur Voraussetzung für die Umsetzung der Wünsche und Träume wird, ist am Ende ein Scheitern des Projektes einfach dem Individuum zuzuschreiben. Sollte jemand vom Landleben enttäuscht sein, so deuten diese Artikel an, ist der Grund bei einem selbst zu suchen, da man die Verantwortung für die eigene Selbstverwirklichung und Stadt-Land-Migration trägt. Durch diese Verknüpfung von Erfolg und Scheitern an die erfolgreiche Selbsterforschung, lässt sich letztendlich die Verantwortung sehr einfach den Adressierten zuschreiben. Schließlich kann nur man selbst das eigene Innere erforschen und die Ratgeber daher selbstverständlich nur ungefähre Anleitungen geben. So entsteht ein paradoxer Zirkelschluss: da die Angebote so vielfältig sind, geben die Ratgeber bestimmte Muster zur Orientierung vor, aufgrund der Individualität der Adressierten — so die Erklärung im Diskurs — können jedoch keine konkreten Anleitungen gegeben werden.

Äußere Faktoren scheinen für Erfolg oder Scheitern hier keine Rolle zu spielen oder werden zumindest weitgehend relativiert oder ausgeblendet, da die höchste Verantwortung bei den Adressierten und ihrem Grad an Selbstreflexion liegt. Wenn man also etwa keinen Job findet, liegt dies nicht etwa am Mangel an Angeboten. Wenn man kein Haus findet, nicht am Immobilienmarkt, und wenn man nicht in der lokalen Gemeinschaft ankommt, nicht etwa an einem etwaigen Mangel an Offenheit gegenüber Neuen seitens der alteingesessenen Bewohner. Damit wird der Erfolg nur an die Individuen selbst geknüpft, wenn jemand scheitert, dann aufgrund einer mangelnden Umsetzung der diskursiv vorgegebenen Selbsttechnologien. Mit der richtigen Selbstführung dagegen scheint der Erfüllung aller Träume nichts mehr im Weg zu stehen.

Stadt-Land-Migration, so wird deutlich, ist ein Projekt des Selbst. Es geht nicht einfach nur um einen Wohnortwechsel, eine neue Arbeitsstelle, sondern es steht auch die erfolgreiche Verwirklichung des eigenen inneren Selbst auf dem Spiel. Da Stadt-Land-Migration und Selbstverwirklichung eng miteinander zusammenhängen, wird der Erfolg des einen an den Erfolg des anderen geknüpft. Damit das gelingen kann, damit das „ideale Leben" erreicht werden kann, müssen die eigenen Wünsche und Ziele anhand dieser Selbsttechnologien konkretisiert werden.

5.5.2 Informiere dich

Sobald man die ersten Schritte der „Selbstbeurteilung" gegangen ist, kann man die nächsten Schritte gehen. Typische Tipps sind Lifestyle-Magazine wie *Sotokoto* oder *Turns* zu lesen, das Portal JOIN zu nutzen, Seminare zu besuchen oder probeweise Orte zu besuchen. „Umzug bedeutet nicht einfach nur den Wohnort zu ändern. Da sich die Lebensweisen, die Eigenschaften der Orte unterscheiden, ist es wichtig, sich darauf einzustellen und vorzubereiten. (CAS n.d.: 17). Die Adressierten werden hier also zu einer allumfassenden, höchst zeitaufwendigen Vorbereitung aufgerufen. Diese kann man jedoch nicht alleine bestreiten. So wird immer wieder betont, wie wichtig es ist, sich an den richtigen Stellen um Informationen zu bemühen. Neben der Selbstreflexion gilt es also sich richtig vorzubereiten. Dies wird hier auch darauf zurückgeführt, dass jeder Ort besonders sei. Während es bisher so schien, als sei die individuelle Selbstverwirklichung im ländlichen Japan ohne Einschränkungen möglich, wird hier schon angedeutet, dass man sich doch auf bestimmte „Lebensweisen" vorbereiten und einstellen muss.

Aber mit den richtigen Informationen und Vorbereitungen ist das „ideale Leben" trotzdem weiter erreichbar: „'Informationsbeschaffung' ist äußerst wichtig. Wenn man Portalsites zum Umzug in die Regionen, Webseiten von lokalen Gemeinden oder Messen zum Umzug nutzt, dann kann man auch in der Stadt die notwendigen Informationen erhalten. Nutzen Sie diese und verwirklichen Sie Ihr ideales Leben auf dem Land." (Hisashima 2014: 74).

Auch hier wird einerseits Orientierung durch Expertenwissen gegeben, die letztendliche Verantwortung aber bei den Adressierten verortet: „Um beim Umzug nicht zu scheitern, ist es notwendig viele Informationen zu sammeln. Auch den Erzählungen bereits wirklich Umgezogener zuzuhören, ist äußerst hilfreich." (JOIN 2017: Internet). Es sind also prinzipiell alle Informationen und Angebote vorhanden, sie müssen nur genutzt werden. Allerdings werden auch die individuellen Besonderheiten der verschiedenen Orte betont, die keine pauschalen Beratungen zulassen. Im Dschungel der Informationsangebote sind die Adressierten also im Prinzip weiterhin sich selbst überlassen.

Nun ist es sicher generell als hilfreich zu betrachten und relativ normal, sich vor großen Entscheidungen zu informieren. Kritisch ist hier allerdings die hohe emotionale Aufladung des Themas Umzugs, das zum Projekt des ganzen Selbst gemacht wird. Durch Versprechungen wie das „ideale" und das „glückliche Leben" werden hohe Erwartungen aufgebaut, deren erfolgreiche Realisierungen dann jedoch ganz an die eigenen Aktivitäten geknüpft werden:

> Die vorherige Informationssammlung wird zum Schlüssel für ein glückliches Leben durch den Umzug. Daher denke ich, sollte man ohne überhastet zu entscheiden, sich ausführlich beraten lassen und ein Umzugsziel auswählen, das man nicht bereut. (JOIN 2017: Internet).

Hier wird dies noch einmal sehr deutlich, dass die richtige Vorbereitung ein glückliches Leben garantiert und Entscheidungen verhindert, die man bereut. Da diese richtige Vorbereitung jedoch auch an vage Kategorien der Selbstreflexion oder Selbstfindung geknüpft und die Vielfalt der Möglichkeiten und Orte betont ist, wird den Adressierten auch hier deutlich vermittelt, dass Erfolg und Scheitern nur bei ihnen selbst liegt. Dies wird auch durch verschiedene Fallbeispiele von erfolgreich Umgezogenen unterstrichen, die erzählen, wie ausführlich sie sich haben beraten lassen (vgl. CAS n.d.: 5).

5.5.3 Finde den richtigen Ort

Wenn man also erfolgreich das eigene Innere, das eigene Selbst erforscht, Werte und Wünsche konkretisiert und sich richtig informiert und vorbereitet, kann einem das „Matching", das Finden des richtigen, zu einem passenden Ort, gelingen. Denn, so wird deutlich, für die Umsetzung des Projektes Stadt-Land-Migration ist dieser richtige Ort von großer Bedeutung. Doch, so beschreiben die verschiedenen Artikel, Japans Regionen sind voll von Kleinstädten und Dörfern voller Anziehungskraft, die alle ihren besonderen Charakter haben und unterschiedliche Angebote bereithalten. Während manche Publikationen betonen, dass man zuerst auf die Arbeitssuche gehen sollte, setzen andere den Schwerpunkt auf die Wahl des richtigen Ortes. Daran, so scheint es, ist ebenfalls der Erfolg des Umzuges geknüpft. Um aus der Vielzahl der Angebote eine Auswahl zu treffen, werden verschiedene Tipps gegeben.

Dabei kann man zwei Herangehensweisen unterscheiden, eine rational-planerische und eine emotional-spirituelle. Die eher rational-planerische fordert die Leser:innen dazu auf, sich im Sinne der oben ausführlicher diskutierten Selbstinventur Bedingungen aufzustellen, die der Ort erfüllen soll. So ist auf Seite 9 des Guidebooks des Ratgebers eine Vorlage abgedruckt, die man als Unterstützung bei der Ortssuche nutzen soll. Unter Punkt eins soll man relativ frei schreiben, was für ein Leben man sich wünscht. Als Beispiele werden dort Gemüsebau (als Hobby), Forstarbeit oder Kindererziehung inmitten der Natur genannt. Unter dem zweiten Punkt werden die gewünschten Voraussetzungen dann kleinteiliger abgefragt. Neben der Anzahl der Personen, die umziehen werden oder dem geplanten Umzugszeitpunkt, soll man hier vor allem angeben, was für eine Umgebung (Berge, Meer, Bauerndorf, regionale Stadt oder Ferienhausgebiet) man sich wünscht und vorgegebene Bedingungen nach Priorität sortieren (CAS n.d.: 9). Es handelt sich hier also um eine weitere Hilfestellung zur Entscheidungsfindung. Da nicht alle Bedingungen erfüllbar sein werden, soll man sich über die Punkte klarwerden, die einem am wichtigsten sind, was dann wiederum bei der Auswahl des richtigen Orts hilfreich sein soll. Auch das JOIN Portal bietet ein ähnliches Auswahlverfahren an. Auf der Homepage kann man auf der Suche nach dem „Matching" mit dem für einen „perfekte Ort" aus acht Bedingungen auswählen. Diese acht Bedingungen ähneln in einigen Punkten denen des Ratgebers. Nach der Auswahl wird einem eine Liste von Städten und Dörfer angezeigt, die jeweils mit ein zwei Sätzen beschrieben werden (JOIN n.d.). Ein Link führt dann weiter auf die Internetpräsenz der jeweiligen Kommune. Damit wird auch eine gewisse Vorauswahl an Orten getroffen. Auch Ausgaben der Lifestyle Magazine oder Artikel auf den Seiten der Vermittlungsportale bewerben immer wieder gezielt bestimmte Gegenden (z. B. in *Turns* 2017, Vol. 21: „Empfohlene Umzugsorte für 2017"). Hier wird also ein relativ strukturierter, rationalisierter Vorgang empfohlen. Anhand einer Liste der Wünsche und Vorstellungen soll man diese mit Orten abgleichen, um so den richtigen zu finden.

Für die ganz Unentschlossenen empfiehlt das Vermittlungsportal JOIN, sogenannte Antenna Shops in den Großstädten zu besuchen, die Produkte aus bestimmten Regionen vorstellen und verkaufen. Dort könne man leckeres Essen genießen und im Gespräch mit den Ladenbetreibern und mit Gästen, die aus der jeweiligen Gegend stammen, locker ins Gespräch kommen. Über dieses niedrigschwellige Angebot, so verspricht der Artikel, wird einem der „verborgene Charme" (*kakureta miryoku*) der Gegend nähergebracht. Stellt sich dann ein aufgeregtes, nervöses Gefühl [*waku waku shita kibun*] ein, dann „passt du mit dieser Gegend [*tochi*] perfekt zusammen!" (JOIN 2018: Internet). Auch schon in der Passage vorher, war von Menschen die Rede, die man in den Antenna Shops treffen kann, denen ein „leidenschaftliches Gefühl für ihre Region" (JOIN 2018: Internet) zugesprochen wird. Hier wird eine hochemotionale, fast schicksalhafte Verbindung vom Menschen zum Land (*tochi*) hergestellt. Der richtige Ort muss also nichts weniger als eine tiefe affektive Reaktion hervorrufen, um als zu einem selbst passend erkannt zu werden. Damit wird an dieser Stelle der Wahl des Ortes eine ebenso tiefgreifende persönliche Bedeutung für den Erfolg des Migrationsprojektes zugeschrieben, wie schon der Selbstinventur und der Wahl der richtigen Arbeit. Im Artikel von JOIN sind die Angesprochenen an dieser Stelle aber noch nicht einmal selbst vor Ort gewesen. Das scheint jedoch kein Problem zu sein, wird doch im nächsten Satz versprochen: „Als nächstes solltest du wirklich diesen Ort einmal erleben. Bestimmt wartet noch mehr Aufregung auf dich♪" (JOIN 2018: Internet). Während an anderer Stelle – auch auf den Seiten von JOIN – eher betont wird, wie wichtig genaue Information und Vorbereitungen seien, dass man nicht unreflektiert entscheiden solle (s. o.), wird hier den Adressierten das Gegenteil kommuniziert. Die Beziehung zum Ort wird rein auf eine affektive, fast schon mystische Verbindung projiziert, die der Ausgangspunkt weiterer Aktivitäten werden soll. Dies dient nicht nur als Anleitung für die Adressierten, sondern dient auch als Werbung für die in den Städten zu findenden Antenna Shops als Möglichkeit, das ländliche Japan zu erleben.

Auch in einigen Fallbeispielen ist die Wahl des Orts affektiv konnotiert. Anders als vorher wird dort nun die rationale Entscheidung eher kritisiert und der Fokus auf ein Bauchgefühl gelegt. So stellt ein Artikel das Ehepaar Yumiko und Tōru vor, die in einen kleinen Ort in der Präfektur Hiroshima gezogen sind. Yumiko erzählt über die Wahl des Ortes:

> Als wir über unsere Voraussetzungen nachgedacht und nach einem Umzugsziel gesucht haben, sind wir auf keinen guten Ort getroffen. Aber als wir unsere Priorität auf das Gefühl gelegt haben, hat die Atmosphäre von N. genau gepasst. (Miura 2016: 43)

Auch hier wird also ein großer Fokus auf die Gefühlsebene gelegt, die für die Wahl des richtigen Orts zielführend war. Das scheint eigentlich den vorher zitierten Ratgebern zu widersprechen, die oft betonen, wie wichtig es sei, sich darüber klarzuwerden, welche Bedingungen man mitbringt. Yumiko und Tōru beschreiben jedoch, dass dies ihrer Entscheidung scheinbar im Weg stand. Erst die Aufgabe der rationalen und die Fokussierung auf die emotionale Ebene habe zum Erfolg geführt. Zudem betont der Artikel ebenfalls eine enge Verbindung zwischen Menschen und Landschaft: „Außerdem leben dort interessante Menschen, die die Gegend wertschätzen und in den Bergtälern breiten sich Reisfelder aus. All dies hat die Herzen der beiden gewonnen" (Miura 2016: 44).

Damit werden an die Adressierten im Diskurs verschiedene, sich durchaus widersprechende Anforderungen gestellt. Die Vermischung der rationalen und der affektiven Ebene findet jedoch auch in den Ratgebern statt, die zwar einerseits anmahnen, dass man genau wissen müsse, was man vom Leben in den Regionen erwartet (von „ich möchte surfen können" bis zu alltagspragmatischen Dingen wie „ich hätte gerne eine Klimaanlage"), gleichzeitig aber auch die Gefühlsebene ansprechen, wenn immer wieder das „ideale Leben" und das „Glück" versprochen wird, die Erfüllung des eigenen „Traumes". So werden die Regionen als Raum, in dem das Individuum seine Selbstverwicklung erreichen kann, fast zu einer Art Arkadien stilisiert. Versprach das *furusato* des Tourismusbooms zwar bereits die Selbstfindung, war diese noch von transitorischer Natur, da Touristen schließlich in die Großstädte zurückkehren. Wer aber nun ins ländliche Japan umzieht, kann scheinbar in einem andauernden Zustand der Erfüllung leben. So titelt der Artikel der Zeitschrift *Turns*, in dem unter anderem Yumiko und Tōru vorgestellt werden, etwa „Gefunden! Die ideale Lebensweise" und das Guidebook fragt: „Willst du nicht versuchen, dein ideales Landleben umzusetzen?". Der Traum muss also keiner bleiben, er kann realisiert werden. Wie dieser aussieht, das ist jedoch ganz unterschiedlich. Und um dieses ideale Leben zu finden, sind die bereits genannten Schritte notwendig. Also die Selbstinventur, die Suche nach dem richtigen Ort und die richtige Arbeit.

5.6 Verpflichtung und Verantwortung

Das Versprechen vom glücklichen, selbstverwirklichten Leben auf dem Land geht auch mit Einschränkungen der versprochenen Freiheit bzw. Verpflichtungen einher. Ging es vorher vor allem um die Verheißungen und die richtige Vorbereitung, zielen die hier thematisierten Anforderungen auf das tatsächliche Leben in den Regionen ab. Sie geben den Adressierten konkrete Handlungsanweisungen. Ich werde gehe hier dabei auf zwei, besonders dominante Aspekte ein: die Verpflichtung, sich vor Ort anzupassen und die Verantwortung, die Revitalisierung der Regionen voranzubringen.

5.6.1 Pass dich an

Jenseits der überwältigend positiven Beschreibungen thematisieren einige Artikel durchaus auch Probleme, die beim Umzug und die Regionen entstehen können. Das häufigste Thema ist hierbei die Frage, wie man sich als Großstadtmensch am besten in Kleinstädten und Dörfern eingewöhnen und die dortigen sozialen Beziehungen navigieren kann. Was einerseits als „warme", „unterstützende" Gemeinschaft dargestellt wird, hat also auch eine Kehrseite. Dies wird vor allem in Ratgebern und Q&As angesprochen, aber teilweise auch in Artikeln, die Erfahrungsberichte beinhalten. Sie nehmen dort jedoch meistens nur einen kleinen Teil ein. Im bereits zitierten Artikel aus der *Shūkan Tōyō Keizai* findet sich am Ende der zweiten und letzten Seite folgende Anmerkung:

> Auf dem Land sind Nachbarschaftsbeziehungen notwendig. Es kommt nicht selten vor, dass dies für Großstädter belastend wird. „Wenn das Auto einen Tag nicht auf dem Parkplatz steht, wird man gefragt, wo man war, das nervt.", „Wenn man in ein Restaurant geht, muss man aufpassen, was man sagt, weil da Bekannte von Bekannten sitzen.", „Wenn man den Müll rausbringt, schreibt man den Namen auf die Tüten und das empfinde ich vom Aspekt der Privatsphäre her als Problem.". Das Leben in den Regionen bietet viele Anreize, wie eine gute Umgebung zur Kindererziehung, aber wenn Großstädter auf das Land ziehen, ist es wichtig sich wie auf der linken Seite [vorgeschlagen] vorzubereiten und darauf gefasst zu machen. (Tōyō Keizai 27.10.2018: 58).

Hier werden also explizit typische Probleme thematisiert, die sich so auch in anderen Artikeln finden: Etwa eine eingeschränkte Privatsphäre, soziale Kontrolle und keinerlei Anonymität. Jedoch wird direkt vorangestellt, dass diese engen Beziehungen notwendig seien. Damit wird deutlich gemacht, dass solcherlei Beschwerden angesichts der wichtigen Funktion, die enge Nachbarschaftsbeziehungen haben, zurückstehen müssen. Zudem wird gleich auch die Lösung präsentiert: auch hier gilt wieder die richtige Vorbereitung. Auf der nächsten Seite findet sich dann ein von einer bereits länger auf dem Land lebenden ehemaligen Großstädterin geschriebener Artikel, der genaue Maßnahmen vorschlägt. Dazu gehört unter anderem in einem Radius von 150 km zum aktuellen Wohnort zu suchen, damit man immer noch relativ schnell in die Stadt zurückziehen kann. Sie schlägt zudem vor, das Haus in der Stadt nicht wegzugeben, da man sich im Klaren sein müsse, dass man immer Neuankömmling bleiben wird, egal wie lange man schon auf dem Land wohnt. Außerdem solle man vor Ort mit Menschen sprechen, die außerhalb der hierarchischen Ordnung stehen, um deren Eindruck von der Gegend zu erfahren, etwa den lokalen Priester oder Polizisten. Wichtig sei zudem, sich vor Ort bei allen persönlich vorzustellen. Keinesfalls sollte man dabei aber bei der Reihenfolge Fehler machen: „dann wird es ernste Sache" (Tōyō Keizai 27.10.2018: 59). Hier erscheinen die ländlichen Orte und ihre Bewohner auf einmal nicht mehr so wohlmeinend und unterstützend wie bisher. Stattdessen klingen stark hierarchische Strukturen durch, bei denen man sich durch einen Fauxpas gleich alles verscherzen kann.

Im Guidebook gibt es korrespondierend dazu einen Abschnitt mit „ehrlichen" Erfahrungsberichten. Dort beschreibt jemand, dass die Menschen vor Ort mit Irritation reagieren würden, wenn er mit der Sicht eines Städters davon erzähle, was er in seinem Leben in der Stadt praktisch und effizient fand. Folgender Ratschlag wird ihm (also der Leserschaft) dazu gegeben: „Es ist nicht notwendig, den bisherigen Lebensstil und Gedanken aufzugeben. Aber in jeder Gegend gibt es eine bestimmte Art, wie man die Dinge erledigt." (CAS n.d., S. 18). Bei aller beworbener Freiheit und Selbstverwirklichung, werden hier also wieder Grenzen gesetzt, die nahelegen, dass man sich doch vor Ort einbringen und anpassen muss. Erwünscht sind keine Leute, die die örtlichen Strukturen etwa kritisieren oder Veränderungen bewirken, sondern solche die sich dem Status quo anpassen. Darum mahnen auch andere Artikel an, dass man sich vor Ort richtig einzubringen solle, um anzukommen. Neben der Betonung, wie wichtig es sei, sich allen vorzustellen und immer zu grüßen, wird aber auch versichert: „Wenn man sich an den Aktivitäten und Veranstaltungen der Gegend aktiv beteiligt, dann kommt sich wohl mit den Menschen vor Ort schnell näher." (CAS n.d.: S. 8). Denjenigen, die eine ruhiges Leben suchen und sich eher wünschen, nach eigenen Vorstellungen zu leben, wird daher sogar geraten sich eher Feriendörfer zu suchen (vgl. CAS n.d.) oder eher generell davon

abgeraten. So rät die *Aera* den beiden Umzugstypen „slow life" und „early retire"
(s. o.):

> Da diese [Typen] oft die Beziehung zur Gegend und den Menschen geringschätzen, ist das
> Risiko groß, sich nicht an das Umzugsziel zu gewöhnen. Ich empfehle daher, einen Umzug erst
> in Erwähnung zu ziehen, wenn man sich genau über die Vor- und Nachteile bewusst geworden
> ist. (Watanabe 2018: 24).

Und auch im Artikel aus der *Sotokoto* rät die JOIN-Mitarbeiterin: „Menschen, die
enge zwischenmenschliche Kontakte schwierig finden, sind für ein Landleben wohl
nicht geeignet. Daher sollte man vor einem Umzug gut darüber nachdenken, was für
ein Typ man ist." (Hisashima 2014: 75). Diese Zitate legen aber auch nahe, dass
Probleme vor allem an den eigenen sozialen Kompetenzen liegen. Wer also an den
Hierarchien scheitert, muss den Grund bei sich selbst suchen. Hier wird zudem
wieder der Wunsch nach einem „ruhigen Landleben" als unerwünscht kommuniziert und deutlich gemacht, dass man eigentlich gar nicht umziehen solle, wenn
man nicht bereit sei, sich vor Ort einzubringen. Der Begriff „geringschätzen" (*keishi*)
hat zudem eine sehr wertende Konnotation und wird so als negative Eigenschaft
dargestellt. Das Deutungsmuster ist hier: zu viel Individualismus ist unsozial und
führt für einen selbst und andere zu Problemen. So können diskursiv generierte
Subjektpositionen wie „slow life" oder „early retire" aus der *Aera* fast als Anti-
Subjekte kategorisiert werden, die den Adressierten vermitteln, dass ihr Wünsche
noch ungestörtem Landleben und mangelnde Anpassung vor Ort sozial unerwünscht sind (vgl. Lewerich 2022: 254).

Auf der einen Seite werden hier also tatsächlich Herausforderungen angesprochen, wie die teilweise hierarchischen Strukturen, gerade in sehr dörflichen
geprägten Gegenden. Damit entsteht eigentlich ein Wiederspruch zu den gleichzeitig sehr idyllischen Bildern. Es wird aber auch nahegelegt, dass mögliche Probleme wieder vor allem an einem selbst liegen. Denn so lange man sich richtig
einbringt und auf die Menschen zugeht, so wird deutlich gemacht, dürfen solche
Problem eigentlich nicht entstehen. Zudem wird mögliche Kritik durch die Betonung geschwächt, wie wichtig solche engen nachbarschaftlichen Beziehungen auf
dem Land seien. Wenn man sich also nur richtig verhält, kann das glückliche Leben,
das man sich vorstellt, umgesetzt werden. Es liegt hier wieder vor allem in der
Verantwortung der umziehende Großstädter für ein gutes Verhältnis zu sorgen.
Während also einerseits im Diskurs ständig mit „Individualität" (*kosei*) oder Selbst-
Authentizität bzw. Selbstverwirklichung (*jibunrashisa*) geworben wird, wird sie
gleichzeitig aber auch verurteilt, wenn sie nicht die dörflichen Strukturen berücksichtigt. Ihr werden durch die vorhandenen Bräuche und Sitten Grenzen gesetzt, an

die sich die Großstädter letztendlich doch zu halten haben. Das eigene Verhalten, die angestrebte Selbstverwirklichung sind also gemeinwohlorientiert auszurichten.

5.6.2 Setz dich für die Regionen ein

Die Responsibilisierung junger Menschen für die wirtschaftliche und demographische (Wieder)belebung peripheralisierter Regionen wird besonders in den Ansprachen des Premierministers zur Regierungspolitik bzw. seinen programmatischen Reden deutlich, die auch in den großen Tageszeitungen abgedruckt wurden:

> Die strukturellen Probleme wie Bevölkerungsrückgang und Überalterung, mit denen die Regionen konfrontiert sind, sind tiefgreifend. Aber junge Menschen haben Träume und Wünsche für die Zukunft und wünschen sich dort die Herausforderungen anzugehen. Ich bin überzeugt, dass gerade diese ‚Jugend' der Schlüssel ist, um die Krise zu bremsen. (CAS 2014: Internet)

> Es ist eine große Chance, dass sich das Bewusstsein der jungen Menschen gerade jetzt geändert hat. Wir stärken den jungen Menschen, die die Besonderheit der Regionen spüren und dorthin aufbrechen, mit aller Kraft den Rücken. [...] Wir finanzieren sie, wenn sie von Tōkyō in die Regionen umziehen und dort Unternehmen gründen oder Arbeit suchen und beschleunigen so den Fluss von Menschen in die Regionen. Mit der Kraft der Jugend bahnen wir den Weg in eine Zukunft, in der die Regionen leuchten können. (CAS 2019: Internet)

Hier wird die Rollenverteilung sichtbar, die die Regierung im Rahmen der Revitalisierungspolitk anzustreben scheint. Der Probleme, die die Regionen betreffen, soll sich die „Jugend" annehmen, die Politik dagegen erscheint hier eher als eine Art Wohltäter, der ihnen ermöglicht, ihre Träume umzusetzen. Diese Träume der Jugend werden als intrinsisch auf die Regionen ausgerichtet dargestellt, sie hegen von sich aus den Wunsch, sich vor Ort der Herausforderungen anzunehmen (*charenji shitai to negau*). Die Lösung der Krisen wie Bevölkerungsrückgang und Überalterung wird so zur Aufgabe der Jugend gemacht, deren Zukunftswünsche diskursiv mit der Zukunft der Regionen verbunden werden. Rhetorisch wird hier der Jugend die Motivation a priori zugeschrieben. Die Verpflichtung der Jugend wird hier als ihr eigener Wunsch gerahmt, statt als Zuschreibung durch die Regierung. Gleichzeitig wird so eine politische und soziale Erwünschtheit dieses Engagements kommuniziert. Das Land *braucht* die Jugend, die zum (einzigen) Schlüssel zur Lösung tiefgreifender gesellschaftlicher Probleme wird. Bei dieser Responsibilisierung der jüngeren Generationen scheint der Staat nur noch als vermittelnde Instanz aufzutreten. Den Adressierten wird hier ein bereits vorhandenes Bedürfnis konstatiert, das, so Abe, durch die Regierung noch zusätzlich gefördert und unterstützt wird. So ist hier die Botschaft: „Wir ermöglichen der Jugend ihre Träume zu verwirklichen und ihr Traum ist es, die Regionen zu retten". Es handelt sich also um eine Form der

Regierung, die der Jugend vorgibt, wie sie sich zu denken hat, in dem sie sich auf das bezieht, was diese angeblich bereits selbst denkt.

Was genau soll diese Jugend allerdings in den Regionen machen? Dies wird genauer anhand einiger Fallbeispiele illustriert, die Abe in seinen Reden aufgreift:

> Es sind junge Menschen, die Amas Sazae [Kreiselschnecke, LL] Curry in ein Produkt verwandelt haben, dass im Jahr 20.000 Portionen verkauft. Die Ideen der jungen Menschen führen zu einem Erfolgsprodukt nach dem anderen. In den letzten zehn Jahren sind über 400 Menschen als *I-turner* auf die Insel mit einer Bevölkerung von etwa 2.400 gekommen. (CAS 2014: Internet)

Junge Menschen sollen in den Regionen also vor allem arbeiten und am besten unternehmerisch tätig sein. Ihre Kreativität und Innovation wird in den Dienst der Revitalisierung gestellt, und soll dort, wie im Beispiel Ama, etwa zur Vermarktung lokaler Produkte beitragen. Ihnen wird dabei großer Erfolg zugeschrieben, nach dem fast wie am Fließband, ein Produkt nach dem anderen ein Hit zu werden scheint. Damit ist wiederum der Aufruf verbunden, dass man in den Regionen eben solche erfolgreichen Produkte zu vermarkten hat. Die Lösung für alle Probleme scheint also bereits gefunden, die Politik muss die Jugend nur etwas unterstützen, um so die Regionen zu retten und die Träume der jungen Menschen zu erfüllen. Die Innovation ist dabei wiederum bereits der Traum der Jugend, der erst in den Regionen und durch die Unterstützung der Regierung ganz zur Entfaltung kommen kann. So ruft im weiteren Verlauf der Rede Abe die Angeordneten auf, dass man gemeinsame eine Atmosphäre schaffen müsse, in der die jungen Menschen ihre Wünsche umsetzen können, aber auch einmal scheitern dürfen.

Nun richten sich die Reden an die Abgeordneten und die Gesamtbevölkerung, die den Text in den großen Tageszeitungen abgedruckt nachlesen kann. Der gleiche Verpflichtungsdiskurs, der die jungen Menschen dazu aufruft, nicht nur an ihre Selbstverwirklichung, sondern auch an das Gemeinwohl zu denken, bzw. der die Selbstverwirklichung an das Gemeinwohl knüpft, lässt sich auch in den Artikel der *Asahi*, Lifestyle Magazine und Informationsseiten nachvollziehen. Hier tritt dieser Verpflichtungsdiskurs jedoch weniger explizit zu Tage, sondern wird vor allem über Fallbeispiele oder im Rahmen verschiedener Tipps zum erfolgreichen Umzug kommuniziert. Besonders häufig wird jedoch auch hier dazu aufgerufen, bei den eigenen Projekten nicht nur an sich selbst zu denken, sondern auch daran, was der lokalen Gemeinschaft nützen könnte. So wird aber weniger kommuniziert, dass allgemein „die Regionen" zu retten seien, sondern es wird auf konkrete Beispiele der Gemeinwohlorientierung gesetzt. Die Adressierten jungen Menschen werden ermahnt, sozial zu denken und zu handeln. Dadurch, wird gleichzeitig versprochen, gelingt auch das angestrebte Projekt. In einem Artikel in der *Sotokoto*, gibt ein Experte, der Umzuginteressierte berät, folgenden Tipp:

> Bei der Unternehmensgründung in den Regionen ist es über den Wunsch, den eigenen Traum erfüllen zu wollen hinaus auch wichtig, ob diese Arbeit die Probleme der lokalen Gemeinschaft adressiert. Nehmen wir als Beispiel eine Bäckerei. Wenn man nicht nur Brot verkauft, sondern einen unersetzlichen Ort kreiert, an dem die Menschen aus der Gegend zusammenkommen, dann wird die Arbeit selbst wenn der Profit gering ausfällt wohl die Menschen vor Ort erfreuen und somit wertvoll sein. (Kentato 2016: 64)

Der Artikel vermittelt dreierlei: 1) denk nicht nur an dich, sondern auch an die lokale Gemeinschaft 2) soziale Bindungen sind wichtiger als Profit 3) wenn die anderen von deinem Projekt profitieren, wirst du auch mehr Freude an der Arbeit haben. Die materiellen Aspekte sind hier Nebensache, was zählt, ist das Gemeinwohl und die Erfüllung in der eigenen Arbeit. Damit wird den Adressierten aber auch vermittelt, dass sie sich über einen möglichen Mangel an Profit keine Gedanken machen dürfen, solange es einen sozialen Nutzen aus ihrer Arbeit gibt. Dass Unternehmensgründung mit hohen finanziellen Risiken verbunden sein kann, die bei mangelnden Einnahmen auch rasch zur Aufgabe des neuen Geschäftes, Ladens oder Restaurants führen könnte, wird hier ausgeblendet. Auch die oft so beschworene, dem eigenen Selbst treue (*jibunrashisa*) oder entsprechende (*jibun ni au*) Arbeit wird nun doch an andere Faktoren als die Erfüllung der eigenen Wünsche geknüpft. So wird den Neuankömmlingen eine Aufgabe zugeschrieben, einen *Ort* zu schaffen, an dem alle zusammenkommen und sich wohlfühlen können. Sie erscheinen ganz im Sinne des Revitalisierungskonzeptes nicht nur verantwortlich für die wirtschaftliche, sondern auch die soziale Zukunft der Regionen. Dies spiegelt sich auch in einem Interview mit einer aus Tōkyō in die Berge der Präfektur Oita gezogenen Fotografin wider. Sie bringt regelmäßig ein kleines Heft heraus, in dem sie aus dem Leben der Gegend berichtet oder Menschen vorstellt. Dies wird im Artikel so zusammengefasst: „Seit sie aus Tōkyō umgezogen ist, hat sie ein Gefühl der Verehrung für die dort lebenden Menschen ergriffen. Während sie dies vorsichtig auseinandernimmt und aufschreibt, setzt sie ihre Aktivität zur Belebung der Regionen in Japan fort." (Miura 2016: 44). Emi beschreibt, aus einem Gefühl der Verehrung, des Respektes vor dem Wissen der Menschen wie etwa traditioneller Produktionsweisen von Lebensmitteln diese weitergeben und so auch zum Lokalstolz beitragen zu wollen (Miura 2016: 44). Sie sieht ihre Aufgabe darin, dafür zu sorgen, dass auch Andere außerhalb der Region davon erfahren, aber den dort lebenden Menschen selbst auch zu zeigen, was sie alles besitzen: „Sie sagen ‚Hier gibt es doch gar nichts', aber so sehe ich das nicht." (Miura 2016: 44). Emi erkennt also das Besondere, das die Einheimischen selbst schon gar nicht mehr wahrnehmen.

An verschiedenen Stellen finden sich diese Apelle, als Neuzuzügler:in das verborgene Potential der Gegenden zu entdecken, den Blick als „Außenseiter:in" (*yoso mono*) zu nutzen, um so den lokalen Gemeinschaften zu helfen. So schildert der 2015 in der *Asahi* erschienen Artikel die Wahl des 32jährige *I-turner* Itaru in den Stadtrat seiner neuen, regionalen Heimat:

> Er ist vor drei Jahren in den Stadtrat gewählt worden. Er hat appelliert, ‚Da ich ein Fremder [*yoso mono*] bin, kenne ich die Vorzüge der Gegend und möchte sie bewerben und die Stadt beleben.' und ist direkt bei der Erstkandidatur gewählt worden. In der Kommunalversammlung hat er seine Kraft in die Förderung von Neuzuzügen gesteckt und letztes Jahr im Mai wurde ein Vorschlag umgesetzt und eine Anlaufstelle für die Unterstützung von Unternehmensgründungen eingerichtet. Insgesamt haben bereits 900 Menschen die Stelle aufgesucht und etwa 20 Unternehmen wurden gegründet. (Yasushi 2015: 30)

An diesem Fallbeispiel werden noch einmal verschiedene Aspekte deutlich: als *yoso mono* sollen die Neuzugezogenen ihre Außenperspektive nutzen, die Vorteile ihrer neuen Heimat erkennen und die Städte wiederbeleben. Auch *yoso mono* lässt sich so als diskursiv konstruierte Subjektposition identifizieren, die mit bestimmten Handlung- und Deutungsvorgaben verbunden wird. Der Status als *yoso mono* steht in einem Spannungsverhältnis zu den Anforderungen an das Individuum, sich vor Ort einzufügen, das Großstadtdenken an die lokalen Bräuche anzupassen. Die Adressierten sollen aber gleichzeitig den Blick der „Außenseiter" beibehalten, um die verborgenen Potentiale des Ortes zu entdecken. Das heißt, sie dürfen also nicht so weit Teil der Gemeinschaft werden, dass sie diese Perspektive etwa verlieren, sondern scheinen in einer Art Stadium zwischen „Innen" und „Außen" zu existieren. Bei ihnen liegt die Verantwortung, unternehmerisch zu handeln und so neue Wirtschaftsmöglichkeiten in die Städte und Dörfer zu bringen.

Diese Städte und Dörfer sind vor allem aufgrund dessen zu retten, was sie im Diskurs repräsentieren. So beschwört Premierminister Abe in seinen Reden das Bild: „[...] eine reiche Natur, Kultur und Geschichte" (CAS 2019: Internet) bzw. „Eine wunderbare Landschaft, grüne Bergketten, ein [an Fischbeständen usw.] reiches Meer, das traditionelle *furusato*." (CAS 2019: Internet). Es stehen also nicht nur einfach die Regionen auf dem Spiel, sondern Kultur, Geschichte, Natur und Traditionen einer ganzen Nation. Sie bilden dieser Ideologie nach die Basis des japanischen Staates, seinen Volkscharakter, der von den Menschen in diesen Orten bewahrt wurde. Durch Überalterung und Abwanderung, so macht Abe klar, können diese ihre Aufgabe jedoch immer weniger erfüllen und bedürfen bei dieser wichtigen Funktion nun der Hilfe der jungen Generationen:

> Es sind die Menschen, die in den Regionen leben, angefangen in den Bergdörfern oder auf den abgelegenen Inseln, die das *furusato* mit seinen Traditionen bewahren und ein schönes Japan unterstützen. Dieses *furusato* dürfen wir nicht aussterben lassen. Es gibt keine Zeit mehr zu zögern. Was von diesem Parlament gefragt ist, ist mit voller Kraft die Revitalisierung der Regionen anzustreben, für die die Jugend in der Zukunft Träume und Wünsche hat. (CAS 2014: Internet)

Die jungen Menschen sind also nicht nur aufgerufen, die ländlichen Regionen zu retten, sondern die Heimat des japanischen Volkes – also ihre eigene.

5.7 Kein Platz für Kritik?

Nun stellt sich die Frage, ob nicht auch Stimmen zu Wort kommen, die diesen idealisierenden und gleichzeitig junge Generationen verpflichtenden Diskurs und zumindest Teilaspekte kritisieren. Diese sind nach meinen Recherchen jedoch weitgehend marginalisiert. Googlet man etwa „*chihō ijū shippai*" (also „Misserfolg beim Umzug in die Regionen" oder „*inaka kurashi shippai*" „"Misserfolg beim Landleben") stellt die Mehrheit der Einträge auch hier wieder Tipps dar, wie man beim eigenen Umzug Probleme verhindern kann. Es geht vor allem um die Herausforderungen des Lebens auf dem Land für Großstädter, die die sozialen Gepflogenheiten nicht gewohnt sind – wie dies ja auch im vorgestellten Material thematisiert wird. Kritisiert wird nicht der öffentlich-mediale Diskurs an sich, die idealisierten Bilder vom Leben auf dem Land oder die Verpflichtung junger Menschen für die Revitalisierung der Regionen. Während ich bei meiner Recherche in den großen Tageszeitungen auf keine explizit kritischen Artikel gestoßen bin, stellt die Online Ausgabe der *Shūkan Tōyō Keizai* eine gewisse Ausnahme dar. Hier erscheinen ab und zu Artikel, die mögliche Probleme ausführlich thematisieren und nicht nur in einigen wenigen Sätzen ansprechen und wieder relativieren. So erschien dort 2018 ein Gastbeitrag unter dem Titel „Eine wahre Geschichte des Grauen. Das traumhafte Landleben wurde zum Albtraum" (*Kyōfu no shitsuwa! Akumu to kashita yume no inaka kurashi*) (Seinen 7.7.2018). Er schildert die Erfahrungen der jungen Mutter Tomomi, die aus Tōkyō in ein Dorf in den japanischen Alpen zog. Dort erfuhr sie als „Ausstehende" (*yoso mono*) soziale Ausgrenzung und Mobbing. So wurde ihr etwa verboten die Müllsammelstelle zu nutzen, da sie nicht zur Nachbarschaftsverein gehöre. Als sie eintreten wollte, wurde ihr mitgeteilt, das könne sie nicht, da sie von „draußen" sei. Der Artikel beschreibt eine durch etablierte Hierarchien dominierte, Neuzuziehenden gegenüber verschlossene Dorfstruktur. Über die extreme soziale Kontrolle wird angemerkt:

> Über diesen tatsächlichen Stand der Dinge informieren die für Umzug den Verantwortlichen im Rathaus, geschweige denn die [der Zeitschrift] Inaka Kurashi no Hon, oder etwa Fernsehprogramme nicht". [...] Das Landleben ist so einem großen Business geworden [...]. (Seinen 7.7. 2018)

Tomomi zog schließlich aus dem Ort weg und in ein Ferienhausgebiet, wo bereits vielen andere aus Osaka und Tōkyō gekommene Familien wohnten. Hier, so erfahren wir zum Schluss, hat sie nun ihren Traum vom Landleben verwirklichen können.

Auch wenn im Artikel Tomomi am Ende doch das Landleben findet, das sie gesucht hat, findet sich hier die einzige wirklich explizit geäußerte Kritik, die ich bei meiner Recherche in einem größeren Medium finden konnte – das jedoch selbst auch am dominanten, positiven Diskurs beteiligt ist. Hier wird das Verschweigen von Problemen durch am Diskurs beteiligte Akteure kritisiert und die Tatsache angesprochen, dass es sich bei der „Stadt-Land-Migration" bzw. dem „Landleben" mittlerweile um ein lukratives Geschäft handelt. Der Beitrag legt also nahe, dass es gar nicht im Interesse dieser Akteure ist, Probleme wirklich in ihrem ganzen Umfang anzusprechen.

Auffällig ist hier, dass diese kritischeren Artikel nach dem Stand meiner Recherche nicht in der Printausgabe der *Shūkan Tōyō Keizai* erschienen sind. Dem stehen zudem Berichte gegenüber, die das idealisierende Bild unterstützen. Und generell sind es zahlenmäßig sehr wenige Titel, die der Masse an positiven Berichten gegenüberstehen. Damit wird meiner Absicht nach unterstrichen, wie marginalisiert eine explizite Kritik am Diskurs ist – selbst in diesem Artikel kommt sie nur im letzten Abschnitt vor und endet mit Tomomis Umzug auf einer positiven Note. Positionen, die auf Probleme hinwiesen oder möglicherweise die Kommerzialisierung thematisieren, sind nicht erwünscht und erhalten keine Sprecherinnenposition, die im Diskurs signifikanten Einfluss auf die dominante Narrative haben könnten.

5.8 Unternehmerische, gemeinwohlorientierte Selbsterfüllung in idyllischen Regionen

Frustriert von den Lebens- und Arbeitsbedingungen in der Stadt? In Japans Regionen kannst du dich inmitten schöner Natur und einer unterstützenden Gemeinschaft, bei ansprechenden Lebensbindungen entsprechend deiner individuellen Vorstellungen selbstverwirklichen. Dafür stehen dir verschiedenster Ratgeber und Expert:innen mit Rat und Tat zu Seite. Mit der richtigen Information und Vorbereitung kannst auch du deine Träume realisieren. Stell deine Aktivitäten in den Dienst des Gemeinwohles und du wirst erfüllt arbeiten und leben können.

So lässt sich die grundlegende *storyline* des Diskurses zusammenfassen. Es werden neue Bedürfnisse und Werte unter den jüngeren Generationen identifiziert bzw. diesen zugeschrieben und das ländliche Japan als der Ort dargestellt, an dem diese realisiert werden können: nachhaltiges Leben, eine gute Work-Life-Balance, eine erfüllende Arbeit, Landwirtschaft, Nähe zur Natur, die eigene Selbstverwirklichung, prinzipiell scheint jeder Wunsch erfüllbar. Diskursive Akteur:innen, seien es staatlich finanzierte Beratungsstellen oder etwa Lifestyle Zeitschriften treten als hilfreiche Vermittlungsinstanzen auf, die den Individuen dabei zur Seite stehen ihr ideales Leben zu realisieren. Gesellschaftliche Phänomene wie der Wandel der Arbeitswelt, Ereignisse wie die Weltwirtschaftskrise 2008 oder die Naturkatastrophe 2011 sind nicht mit gesellschaftliche Problemlagen verbunden, die gelöst werden müssen, sondern werden als Chancen gedeutet, ein neues Leben zu beginnen. Und die Regionen, die ländliche Bevölkerung bieten, was in den Städten scheinbar verloren gegangen ist: Natur, gesundes Essen, Gemeinschaftlichkeit, Sicherheit, Platz für Familien, Traditionen.

Damit einher gehen jedoch auch verschiedene Anforderungen, normative Vorgaben, die erfüllt werden müssen, um diesem Ziel nahezukommen. Diese werden diskursiv als hilfreiche Ratschläge von Expert:innen, als Erfahrungen von Menschen verpackt, die bereits ihr Leben im ländlichen Japan erfolgreich realisiert haben. Da ich mich in der Diskussion in Kapitel 7 noch genauer damit auseinandersetze, möchte ich es hier nur kurz zusammenfassen: das diskursiv generierte Modellsubjekt des *I-turner* ist ein junger Mensch zwischen 20 und 40, der aktiv und voller Tatendrang im ländlichen Japan etwas Neues aufbauen möchte. Dieses Subjekt hat konkrete Ziele und Motivationen, es handelt reflektiert und geplant. Das heißt es agiert unternehmerisch, es verwaltet sich selbst, es informiert sich und trifft alle notwendigen Vorkehrungen und Vorbereitungen. Angekommen in den Regionen stellt es seine Aktivitäten in den Dienst der Gemeinschaft, es bringt neue Ideen und Energien ein und nimmt dabei die lokale Bevölkerung mit. Die eigene Selbstverwirklichung, die eigenen Potentiale stellt es so aus intrinsischem Interesse in den Dienst des Gemeinwohls. Um in der lokalen Gemeinschaft anzukommen und die versprochene warmherzige Unterstützung zu erhalten, passt es sich an und legt, soweit notwendig, seine großstädtischen Gewohnheiten ab, geht aktiv auf die Alteingesessenen zu. Dabei sind jedoch auch widersprüchliche Adressierungen zu identifizieren: Handele geplant, höre auf dein Bauchgefühl. Sei individuell, frei, selbst-authentisch und passe dich an. Diese Widersprüchlichkeiten auszuhandeln, und das Projekt erfolgreich zu realisieren, ist Aufgabe der Adressierten.

6 Die tatsächlichen Subjektivierungsweisen: Von Selbstverwirklichung, Freiheit und Gemeinwohlorientierung

Eine zentrale Frage der empirischen Subjektivierungsforschung ist, ob sich die Interviewten tatsächlich auf die aus dem Diskurs um Stadt-Land-Migration rekonstruierten Subjektpositionen, die Deutungsmuster und *storylines* beziehen und was sie aus diesen Adressierungen machen. Im Rahmen meiner Interviewerhebung stellte sich schnell heraus, dass viele meiner Interviewpartner:innen zuvor für Zeitschriften, Zeitungen oder Internetseiten interviewt worden waren, auf Seminaren Vorträge über ihre Erfahrungen gehalten hatten oder in den sozialen Netzwerken über ihr Leben in den Regionen berichteten. Das traf besonders auf diejenigen zu, die über das CHOK-Programm nach Ama gekommen waren, aber auch auf einige der selbstorganisiert nach Itoshima sowie Yabakei Gezogenen. In einem gewissen Rahmen waren bzw. sind sie also selbst an der Re-Produktion des Diskurses um den Umzug aufs Land beteiligt. Sie befinden sich in Sprecher:innenpositionen und vertreten z.B. die Orte, in denen sie leben oder sollen das CHOK-Programm bewerben. Als *senpai*, als erfahrene Umgezogene, repräsentieren sie im Diskurs exemplarisch das Modellsubjekt und dienen als Vorbild. In den Interviews oder Vorträgen wird ihr Umzug, entsprechend dessen, was im Diskurs gesagt werden darf, als erfolgreich, als Erfüllung ihrer Ziele dargestellt. Die Plattformen, auf denen sie auftreten, haben schließlich nicht zum Ziel, ganz offen oder gar kritisch über Herausforderungen oder mögliche Probleme zu berichten. Einer meiner Interviewpartner z.B. äußerte in Gesprächen nach dem Interview Frustrationen über ein Projekt, an dem er beteiligt war. So hatten sie z.B. Schwierigkeiten, überhaupt Interessierte für dieses Projekt zu finden. In einem in der Zeitschrift *Turns* erschienenen Artikel dagegen wird das Projekt als Erfolg und Vorbild für andere Orte beschrieben. Die Artikel in den Lifestyle Zeitschriften wie *Turns* oder *Sotokoto* sind jedoch als Werbung für die dort vorgestellten Orte und Projekte zu betrachten, weswegen kritische Auseinandersetzungen nicht das Ziel dieser Texte sind.

Die Botschaft, die durch diese „realen und authentischen Modellsubjekte" an Interessierte vermittelt wird, lautet: wir haben es geschafft und du kannst es auch. Das heißt, viele meiner Interviewpartner:innen sind allein durch diese Aktivitäten nicht nur Adressierte, sondern auch Mitproduzierende des Diskurses um Stadt-Land-Migration und das Leben in Japans Regionen. Damit ist die Frage, ob meine Interviewpartner:innen überhaupt mit dem Diskurs in Berührung gekommen sind, bereits beantwortet.

Daraus lässt sich jedoch nicht rückschließen, inwieweit und vor allem wie sie sich in ihren Selbsterzählungen zum Diskurs positionieren. Nachdem im vorherigen Kapitel die *storyline* und Deutungsmuster der Stadt-Land-Migration sowie das Modellsubjekt mit seinen Handlungs- und Deutungsvorgaben untersucht wurden, stellt sich daher nun die Frage, *ob* und wenn ja, *wie* die Adressierten auf diese Anrufungen reagieren.

Bei der Analyse des Interviewmaterials ist es wichtig, nicht mit den aus der Diskursanalyse erarbeiteten Kategorien an die Interviews zu gehen. Zur zusätzlichen Rückversicherung, dass die eigene Auswertung nicht vom Blick auf den analysierten Diskurs beeinflusst waren, habe ich mit mehreren Interpretationsgruppen ausgewählte Interviewpassagen ausgewertet. Die Teilnehmenden hatten dabei keinen Einblick in die Ergebnisse der Diskursanalyse und konnten so unvoreingenommen in die Interpretation gehen. Dies geschah mit japanischen Muttersprachler:innen, Japanolog:innen und Subjektivierungsforscher:innen.

Das Kapitel beginnt mit einer Vorstellung meiner drei Feldforschungsorte und einer kurzen Zusammenfassung des Interviewprozesses, um so einen Überblick über den Ablauf und Kontext der Interviewsituationen zu geben. Der folgende, eigentliche Analyseteil ist eingeteilt in die Hauptabschnitte „Auslöser und Motivationen", „Entscheidung für den neuen Lebensort" und „Das Leben auf dem Land".

6.1 Das Feld

6.1.1 Vom Exilort zur Erfolgsgeschichte: die Stadt Ama

> „Wenn man nach Ama kommt, kann man Dinge machen, die woanders nicht möglich sind."
> Diejenigen, die neu hierhergezogen sind und auch junge Leute, die kurzfristige Jobs annehmen, sind sich einig: „Ich habe durch Mundpropaganda gehört, dass dies eine interessante Insel ist." Die „Bühne für Selbstverwirklichung", die vom Rathaus geschaffen wurde, zieht ganz verschiedene Menschen an. (Kitago 2017: 2)

Wer am 16. Juli 2017 die *Asahi Shinbun* las, den erwartete auf dem Cover die Titelstory „Die Schätze der Insel geschliffen und gesammelt. Die Stadt Ama in Shimane" (Kitago 2017: 1). Der Artikel begleitet die bekannte Journalistin Kuniya Hiroko auf ihrer Reise. Über zwei Seiten hinweg werden verschiedene Revitalisierungsprojekte der Stadt Ama (Abb. 4) und einige ihrer Bewohner:innen vorgestellt. Ama,

Abb. 4: Blick auf den Hafen von Saki, Ama. Aufnahme: © Ludgera Lewerich.

so wird im Artikel deutlich gemacht, ist ein attraktives Ziel für Neuzuzügler:innen. Die Stadt wird als Vorbild für Revitalisierung vorgestellt.

Ama umfasst die gesamte Insel Nakanoshima, die zu den Oki Inseln gehört. Nakanoshima liegt etwa 50 Kilometer von der Küste entfernt und ist nur per Fähre erreichbar. Die Oki Inseln sind als „abgelegene Inseln", „entvölkerte Gebiete" und „für die Landesgrenzen relevante Insel" eingestuft, ein Status, der mit verschiedenen Förderungsmaßnahmen und -mitteln verbunden ist (vgl. Lewerich 2020). Die Präfektur Shimane insgesamt gilt als stark von Abwanderung betroffene Präfektur, in der bereits in den 1970er Jahren die Effekte der Entvölkerung und Überalterung zu spüren waren. Rund 90,5 % aller Kommunen sind als *kaso chiiki,* also schwach besiedelte Gebiete klassifiziert (vgl. Yamashita 2012: 65). Zudem ist Shimane nicht an das Shinkansen-Netz angebunden und daher aus den Metropolregionen nicht schnell erreichbar. Nach Ama kommt man nur über den Schiffsweg, die Fähre braucht vom Festland zwischen 1,5 und 3 Stunden – je nachdem ob man sich für die schnellere und teurere entscheidet. Es gibt staatlich subventionierte Flüge auf die größere Insel Okinoshima, von dort aus muss man aber ebenfalls etwa eine Stunde mit der Fähre weiter nach Ama reisen. Gerade im Winter kommt es immer wieder vor, dass bei hohem Wellengang der Schiffsverkehr eingestellt wird.

Bevor die Stadt gewissen Ruhm als erfolgreiches Revitalisierungsbeispiel erlangte, war die Insel hauptsächlich als Exilort zweier japanischer Kaiser, Go-Toba

(1180–1239) und Go-Daigo (1288–1339), bekannt. Während Go-Daigo nur etwa zwei Jahre auf die Oki Insel verbannt war, verbrachte Go-Toba dort fast 20 Jahre und verstarb 1239 auf Nakanoshima. 1939 wurde dort zum 700. Jahrestag seines Todes ein ihm gewidmeter Schrein errichtet, der die lokale Haupttouristenattraktion darstellt. Ab den 1960er Jahren ging Amas Bevölkerungsentwicklung dramatisch zurück. Auch die wirtschaftliche Situation verschlechterte sich so stark, dass die Stadt in den frühen 2000ern fast bankrott war (s. Kapitel 3.1.2).

Doch seit einigen Jahren hat sich um Ama eine *storyline* entwickelt, die eine Erfolgsgeschichte vom Beinahe-Bankrott in den frühen 2000ern bis zum Vorbild für Revitalisierung zeichnet. Aufgrund verschiedenster Projekte, wie der Vermarktung lokaler Produkte, vor allem aber der Rettung der lokalen High-School durch die Implementierung neuer Kurse im Kurrikulum sowie eines „Inselinternats", ist Ama in den nationalen wie auch internationalen Medien bekannt geworden (vgl. Lewerich 2020). Die Stadt wird oft als Musterbeispiel gelobt, an dem sich auch andere Orte orientieren sollen. So auch in einer Rede des Premierministers Abe im Jahr 2014 (vgl. CAS 2014: Internet). Aufgrund dieser großen Relevanz, die Ama im Diskurs zugeschrieben wird und der damit einhergenden normativen Bedeutung, erschien mir ein Aufenthalt in Ama und Interviews mit dorthin Zugezogenen als sinnvoll. Als ich im Frühjahr 2016 nach Tōkyō kam, begann ich zunächst über den Besuch von Veranstaltungen, die an in Tōkyō lebende Interessenten gerichtet waren, Kontakte aufzubauen. Über die Teilnahme an einem Seminar für an einem Leben in den Regionen Interessierte im April lernte ich Frau M. kennen, die für die Präfektur Shimane in Tōkyō arbeitet und unter anderem für die Beratung potentieller *I-turner* zuständig ist. Durch diese Tätigkeit und die Organisation verschiedenster Veranstaltungen besitzt Frau M. ein breites Netzwerk und vermittelte mir über Facebook einen direkten Kontakt zum 29jährigen Takeshi, der damals seit etwa einem Jahr in Ama lebte und arbeitete. Relativ schnell ergab sich so die Möglichkeit eines zweiwöchigen Aufenthaltes in Ama. Ich wurde in einem ehemals leerstehenden Haus untergebracht, das nun an Neuzuzügler:innen vermietet wird, und konnte vor allem dank Takeshis Vermittlung 18 Interviews mit *I-turnern* führen.

In Ama ist die Anwerbung von neuen Einwohner:innen stark durch die Stadtverwaltung koordiniert. Viele meiner Interviewpartnerinnen waren über das CHOK-Programm angestellt oder früher angestellt gewesen. Die übrigen waren zum Großteil in und öffentlichen Bildungseinrichtungen, in der Stadtverwaltung und im Tourismusbüro tätig.

6.1.2 Das beliebte Surferparadies: Itoshima

> Die Stadt Itoshima, Präfektur Fukushima, ist
> reich an Natur. Sie ist bekannt als „Stadt, in der
> man leben möchte". Die Region ist die Heimat
> vieler faszinierender Neuzuzügler:innen. Wir
> reisen nach Itoshima, um herauszufinden, warum
> die Menschen von dieser Gegend angezogen
> werden, und treffen die einzigartigen Menschen,
> die hier ihren eigenen Lebensstil gefunden haben.
> (Mitomi 2016: 118)

Die Stadt Itoshima umfasst seit der Zusammenlegung verschiedener Gemeinden im
Jahr 2010 eine Bevölkerung von etwa 96.000 (vgl. Itoshima-shi 2018). Durch die Nähe
zur Großstadt Fukuoka, die innerhalb von etwa 30 Minuten erreichbar ist, kann
man, anders als im Fall von Ama, kaum von einer abgelegenen Gegend sprechen.
Die Wohngebiete abseits des Stadtzentrums bzw. der Bahnhöfe sind jedoch nicht
mit dem öffentlichen Nahverkehr zu erreichen, die Landschaft ist von Reisfeldern
und Hügeln geprägt und recht zersiedelt. Itoshima ist aufgrund seiner Lage am
Meer (Abb. 5), das unter anderem Surfen ermöglicht, besonders in den Sommer-
monaten ein beliebtes Ausflugsziel.

Abb. 5: Am Strand von Itoshima. Aufnahme: © Ludgera Lewerich.

Ebenso wie Ama hatte der Ort in der Nachkriegszeit zwischen 1955 und 1970 einen Bevölkerungsrückgang zu verzeichnen. Dieser ist mit einer Abnahme von 10 % jedoch nicht mit der Entwicklung in Ama zu vergleichen. Seit 1975 nahm die Bevölkerung zudem relativ kontinuierlich zu. Erst in den letzten Jahren, zwischen 2010 und 2015, gab es erneut einen leichten Rückgang (vgl. Itoshima-shi 2018). Mit 26,9 % liegt der Anteil der über 64-Jährigen etwas über dem Landesdurchschnitt (26,6 %) und die Geburtenrate mit 1,37 Geburten pro Frau etwas darunter (1,4)[1].

Im Diskurs um Stadt-Land-Migration ist Itoshima kein so prominentes Beispiel wie Ama. Es ist jedoch ebenfalls mehrmals in Lifestyle Magazinen als attraktives Ziel für einen Umzug vorgestellt worden. Einige, die ich dort kennen lernen konnte, waren bereits in Zeitschriftenartikeln, u. a. im Lifestyle und Design Magazin *Casa Brutus* und *Sotokoto* sowie in der *Asahi Shinbun* porträtiert worden. Besonders zwei meiner Interviewpartner:innen waren und sind zudem selbst in den sozialen Medien aktiv, haben bereits Bücher geschrieben und berichten immer wieder auf Veranstaltungen z. B. in Tōkyō über ihr Leben auf dem Land.

Der Kontakt zu meinen Interviewpartner:innen in Itoshima kam über eine Forscherin aus meinem Bekanntenkreis zustande, die selbst nach Yabakei in der Präfektur Oita gezogen war und einige Menschen in Itoshima kannte. Bei meinem einwöchigen Aufenthalt im Oktober 2016 rekrutierten sich alle Interviewpartner:innen über ihren erweiterten Bekanntenkreis. Meine Interviewpartner:innen in Itoshima kannten sich alle untereinander. Viele engagierten sich gemeinsam in verschiedenen Themenbereichen wie in der Friedensbewegung sowie in der Anti-Atomkraft-Bewegung. In Gesprächen während meines Aufenthaltes wurde betont, dass man sich als Gruppe verstehe, die eine alternative Gesellschaft anstrebe bzw. die aktuelle Gesellschaft verändern wolle. Daher nehmen auch Nachhaltigkeit, Selbstversorgung, alternative Energien und Sharing Economy für viele eine große Rolle ein. Es handelt sich um ein Netzwerk von Menschen, die zum Großteil seit 2011 neu nach Itoshima gezogen sind, sich regelmäßig treffen, Themen diskutieren, Veranstaltungen organisieren, sich aber auch gegenseitig etwa bei der Reisernte unterstützen. Anders als in Ama lief die Organisation meines Aufenthaltes nicht über die Stadt und auch meine Partner:innen waren nicht über eines der erwähnten Programme dorthin gekommen. Stattdessen lief die „Rekrutierung" hier vor allem über persönliche Netzwerke und Kontakte.

Der Geschichte Itoshimas wurde besonders bei gemeinsamen Unternehmungen und in informellen Gesprächen, aber auch in den Interviews eine wichtige Rolle zugeschrieben. In der Gegend sind viele Funde aus der Yayoi-Zeit (300 v.–250 n. Chr.)

---

1 Diese Angaben beziehen sich auf die Jahre 2008 – 2012.

gemacht worden und es gibt einige Kofun-Gräber[2] (vgl. Itoshima-shi a: Internet; Itoshima-kankō: Internet). Die Funde verweisen auf einen kulturellen Austausch mit Gegenden im heutigen China (vgl. Itoshima-shi b: Internet). Da der Handelsweg von China aus auch über das heutige Süd- (und Nord-) Korea nach Westjapan lief, kann für diese Zeit von einer engen Verbindung auch mit der koreanischen Halbinsel ausgegangen werden (vgl. Seycock 2004). Da südkoreanisch-japanischer Austausch und Verständigung ebenfalls für einige ein zentrales Anliegen für einige meiner Interviewten waren, wurde dieser geschichtlichen Verbindung eine wichtige Bedeutung beigemessen. Tatsächlich war dies – laut seiner Aussage – ein Grund dafür warum ein besonders in diesem Bereich engagierter Interviewpartner Itoshima als neuen Wohnort ausgewählt hatte. Insgesamt konnte ich Interviews mit insgesamt sechs Personen führen, die alle in den letzten Jahren neu nach Itoshima gezogen waren.

6.1.3 Pioniere der Bio-Landwirtschaft: Yabakei

> In Yabakei wird seit langem ausführlich durch die unabhängige landwirtschaftliche Genossenschaft Shimogō beraten. Dadurch werden in der gesamten Region sicherer Reis, Gemüse und Fleisch ohne Verwendung von Pestiziden produziert.
> (Miura 2016: 43–44)

Yabakei (Abb. 6) gehört zur Stadt Nakatsu in der Präfektur Oita. Der Ort ist vor allem für eine Schlucht bekannt, die insbesondere im Herbst, wenn das Laub sich verfärbt, viele Touristen anzieht. Yabakei wurde zusammen mit drei weiteren Bezirken 2005 im Rahmen einer Gebietsreform in die Stadt Nakatsu eingemeindet. Der Ortsteil Yabakei liegt dabei rund 30 Autominuten vom Stadtkern entfernt in den Bergen.

Die Bevölkerungszahlen sind auch in Nakatsu insgesamt rückläufig. Von 1955 bis 1975 fielen sie von etwa 103.000 auf 84.000. Nach einer Periode des Wachstums bis 1985 (87.000) liegt sie nun bei 85.000 (vgl. Nakatsu-shi 2016: 5). 70.000 der insgesamt 85.000 Einwohner und Einwohnerinnen leben im Bezirk Nakatsu. In den Bezirken Yabakei und Hon'yabakei, in denen ich meinen Aufenthalt verbrachte, wohnen hingegen nur 4.000 beziehungsweise 3.000 Menschen (vgl. Nakatsu-shi 2016: 4). Beide Ortsteile sind als *kaso chiiki* klassifiziert (vgl. MIC 2017b).

---

2 Hügelgräber aus der Kofun-Zeit (300–538 n.Chr.).

Abb. 6: Reisernte in Yabakei, Nakatsu. Aufnahme: © Ludgera Lewerich.

In Yabakei gibt es eine lange Tradition biologischer Landwirtschaft. Die Mitglieder der lokalen landwirtschaftlichen Genossenschaft Shimogō verwenden nach eigener Aussage weder Pestizide noch Kunstdünger (vgl. Shimogō nōkyō: Internet). Dafür ist die Genossenschaft – so berichteten zumindest einige Interviewpartner:innen – auch außerhalb der Gegend bekannt. In Yabakei rekrutierten sich die Interviewten hauptsächlich über meine Bekannte, die selbst vor einigen Jahren aus Kitakyushu dorthin gezogen war. So konnte ich insgesamt sechs Interviews führen. Es handelte sich um einen Freundeskreis von vor allem Paaren und jungen Familien zwischen 30 und Mitte 40, die in den letzten Jahren aus verschiedenen Großstädten dorthin gezogen sind. Anders als die Gruppe in Itoshima – mit der einige aus Yabakei bekannt waren – sind sie jedoch nicht in einer formellen Gruppe organisiert. Bestimmte Themen, wie Anti-Atomkraftbewegung, biologische Landwirtschaft und Erhalt lokaler Forste, spielten auch hier für viele eine wichtige Rolle. Wie bereits erwähnt, ist Yabakei im Rahmen des Diskurses um Revitalisierung zwar weniger prominent als Ama, wurde aber dennoch bereits in Publikationen und Zeitungsartikeln vorgestellt. So waren auch zwei meiner Interviewpartner:innen bereits für ein Magazin, in diesem Fall *Turns*, interviewt worden.

6.2 Der Interviewprozess

Bei der Auswahl der Interviewpartner:innen wurde ich, wie bereits erläutert, im Feld unterstützt. In Ama war das ein bei der Tourismusbehörde angestellter Neuzugezogener, der zu diesem Zeitpunkt 30jährige Takeshi. Takeshi wohnte im Frühsommer 2016 seit etwa einem Jahr in Ama und kannte die meisten *U-* und *I-turner* auf der Insel. Durch seine Vermittlung konnte ich viele Kontakte knüpfen. Zusätzlich war es mir ihm Rahmen der Feldforschung auch möglich, selbst bei Veranstaltungen Interviewpartner:innen zu rekrutieren.

Kontakt nach Itoshima und Yabakei bekam ich über eine mir aus einem gemeinsamen Forschungsprojekt bekannte japanische Wissenschaftlerin, die selbst nach Yabakei in ein altes vorher leerstehendes Haus gezogen war. Die meisten Interviewten in Itoshima und Yabakei rekrutierten sich daher aus ihrem Bekanntenkreis und per Schneeballprinzip.

Sowohl in Ama, als auch in Itoshima und Yabakei wurde ich dabei sehr herzlich und offen aufgenommen, durfte an verschiedensten Veranstaltungen teilnehmen und wurde in allen Orten lokal untergebracht. Im Sinne der Reziprozität versuchte ich mich dafür mit Mitbringseln, der Übernahme von Einkäufen oder dem Kochen von deutschem Essen zu revanchieren.

Vor dem eigentlichen Interview begann ich stets mit einer Selbstvorstellung, erläuterte kurz mein Forschungsvorhaben und das Vorgehen beim Interview. Sehr häufig wollten meine Interviewpartner:innen wissen, wie ich auf das Thema gekommen sei. Im Sinne der Offenheit versuchte ich dann in der Situation die Frage ausreichend zu beantworten, ohne dadurch möglicherweise das anschließende Interview zu stark zu beeinflussen. In der Regel verwies ich daher als Auslöser für meine Beschäftigung mit dem Thema auf die bereits erwähnte Bekannte, die aus einer Großstadt aufs Land gezogen war. Auch bei der Erklärung des Forschungsvorhabens blieb ich entsprechend vage, ohne dabei bewusst etwas zu verschweigen und sprach von einem allgemeinen Interesse an den Erfahrungen junger Großstädter:innen auf dem Land.

Die Interviews begannen alle mit der Eingangsfrage „Erzählen Sie mir doch bitte so ausführlich wie möglich, wie es dazu gekommen ist, dass Sie nun in Ort X leben." Auf diese erzählgenerierende Eingangsfrage folgte meist eine erste abgeschlossene Erzählpassage, in der die Interviewten unterschiedlich ausführlich erläuterten, wie es zum Umzug kam. Im Sinne des problemzentrierten Interviews (vgl. Witzel 2000) stellte ich dann Nachfragen, die eine weitere Erzählung anregen sollten oder bat um genauere Erläuterungen bereits angesprochener Erlebnisse oder Themen. Die Interviews variierten in der Länge von 20 Minuten bis etwa 90 Minuten. In manchen Fällen war die Länge den Umständen geschuldet, unter denen sie erhoben wurden. So hatten einige wenige Interviewten nur begrenzt Zeit zur Verfügung. Dies hatte jedoch in der Regel keinen Einfluss auf die Qualität der Erzählungen.

6.3 Drei Orte, drei Gruppen von Interviewten?

Wie bereits erwähnt, konnte ich in Ama aufgrund des längeren Aufenthaltes wesentlich mehr Interviews führen, als in Itoshima und Yabakei. Das lag auch an der großen Anzahl an *I-turnern* in Ama. Dadurch sind in der für die Analyse ausgewählten Interviews mehr Interviewte von dort vertreten. Die in Ama Interviewten waren im Durchschnitt jünger; einige – aber nicht alle – waren zudem direkt nach dem Universitätsabschluss nach Ama gekommen. Zudem waren fast alle zum Zeitpunkt des Interviews oder früher einmal über eines der vielen offiziellen Programme wie CHOK nach Ama gekommen und in der Regel dafür durch einen Auswahlprozess gegangen. Da die Programme zeitlich auf ein bis drei Jahre begrenzt sind, war für diese Interviewten zum Zeitpunkt der Gespräche nicht klar, ob sie nach Ende des Programmes langfristig in Ama bleiben würden. In den Interviews war ihre Arbeit in den verschiedenen Revitalisierungsprojekten meist ein zentrales Thema, da diese in der Regel auch der Grund waren, warum sie nach Ama gekommen waren. Gerade für die jüngeren Interviewten war es auch der Ruf Amas, das im Diskurs um Revitalisierung und Stadt-Land-Migration oft als Musterbeispiel für Revitalisierung durch Zuzug junger Menschen genannt wird, der die Stadt für sie interessant und attraktiv machte. Manche hatten etwa an ihren Universitäten in Seminaren von Ama gehört, die Insel bereits im Rahmen von Exkursionen besucht oder Vorträge von Alumni gehört, die auf der Insel lebten. Viele rekrutieren sich über die Netzwerke, die Ama zu Universitäten aufbauen konnte (vgl. Lewerich 2020).

Viele *I-turner* leben nahe beieinander, teilweise auch gemeinsam in Sharehäusern, also Wohngemeinschaften. Während meines Aufenthaltes gab es regelmäßig gemeinsame Abendessen oder Ausflüge. Es ließ sich dabei eine gewisse generationelle Trennung zwischen den älteren *I-turnern*, die meist Mitte bis Ende 30 waren und sich langfristig auf der Insel niedergelassen hatten und den jüngeren unter 30, die noch über die Programme und daher erst einmal für einen befristeten Zeitraum auf der Insel lebten, beobachten. Einige der Älteren hatten zudem Familien, während die Jüngeren noch unverheiratet und kinderlos waren. Diese zwei Generationen von *I-turnern* wurden in Interviews und vor allem informellen Gesprächen von mehreren Menschen identifiziert. Die Älteren galten dabei oft als die „Pioniere", die zu Beginn von Amas Revitalisierungsmaßnahmen als erste Neuzuzügler gekommen waren. Die jüngeren dagegen wurden von zwei Interviewpartnern als Gruppe identifiziert, die von der Vorarbeit der anderen habe profitieren können und auch weniger Pioniergeist besäße, da sie in bereits vorhandene Projekte einsteigen können. Für ein genaueres Urteil war mein Besuch mit zwei Wochen etwas kurz, aber allgemein entstand der Eindruck, dass der Zuzug junger Menschen im Ama sehr stark durch die Stadtverwaltung organisiert wird. Zumindest unter meinen Interviewpartner:innen gab es niemanden, der bzw. die erst einmal nach Ama gezogen waren und sich dann eine Arbeitsmöglichkeit gesucht hatte. Sondern es war in aller Regel die Arbeit, oder das Interesse an den Projekten, die Anlass zum Umzug gaben.

Etwas anders war dagegen mein Eindruck in Itoshima und Yabakei. Hier war der Altersdurchschnitt höher, die meisten waren Mitte bis Ende Dreißig und besaßen viel Arbeitserfahrung. Einige waren verheiratet, ein Paar hatte auch Kinder. Hier war niemand direkt nach dem Universitätsabschluss umgezogen und einige besaßen – im Gegensatz zu meinen Interviewpartner:innen in Ama – keinen universitären Abschluss. In beiden Städten gibt es zwar ebenfalls Stellen über das CHOK-Programm doch von meinen Interviewten war niemand darüber beschäftigt und daher auch nicht in Revitalisierungsprojekten der Gemeinden tätig. Stattdessen organisieren sie, wie bereits angedeutet, selbst Projekte, die auch dem Bereich der Revitalisierung zugerechnet werden können. So engagierten sich sowohl in Itoshima und Yabakei einige für die Forstpflege oder organisierten Events zum lokalen Austausch. Eine Interviewpartnerin gab mit Anderen zusammen regelmäßig ein kleines Magazin über die Gegend heraus. Von den Interviewten in Yabakei und Itoshima war niemand für eine vorher arrangierte Arbeitsstelle den Wohnsitz gewechselt. Hier waren es andere Aspekte der Orte, die von vielen Interviewten als ausschlaggebend für den Umzug genannt wurden – dazu später mehr.

Einige Interviewpartner:innen in Itoshima und Yabakei kannten sich auch untereinander und ein interviewtes Paar hatte anfangs in Erwägung gezogen, nach Itoshima zu ziehen, bevor sie sich für Yabakei entschieden. Zu Ama bestanden dagegen keine persönlichen Beziehungen, der Ort war jedoch allen bekannt.

Wie sich zeigen wird, ermöglichen diese etwas verschiedenen Ausgangssituationen der drei Orte bzw. der jeweiligen Interviewtengruppen einen Blick auf unterschiedliche Auseinandersetzungen mit diskursiv konstituierten Subjektpositionen und zeigen gleichzeitig orts- und generationenübergreifende Gemeinsamkeiten auf.

6.4 Auslöser, Ziele und Motivationen

In den Erzählungen spielen die Auslöser für den Umzug eine zentrale Rolle. In aller Regel wurde betont, wie lange und gut man sich diesen Schritt überlegt habe. Damit decken sich die Erzählungen mit den Anforderungen des Diskurses, selbst reflektiert und geplant vorzugehen. Dem Wechsel aus einem etablierten Job und gewohnten Lebensumständen geht in den Interviews eigentlich immer ein fundamentaler Wendepunkt voraus. So wird teilweise externe Ereignisse, wie die Dreifachkatastrophe von 2011, aber auch über persönliche Krisen, wie Depressionen oder Trennungen berichtet. Wie im Diskurs wird der Umzug in die Regionen als Möglichkeit geschildert, das Leben neu auszurichten, sich zu entfalten und als generelle Suche nach Zufriedenheit.

6.4.1 „Auf meine eigene Art durchs Leben gehen"

Die zum Interviewzeitpunkt 35jährige Naomi ist bereits 2005 nach Ama gezogen. Ursprünglich stammt sie aus Nagoya, wo sie nach dem High-School Abschluss im Büro einer kleinen Firma tätig war. Mit etwa 24 Jahren entschloss sie sich, diesen Job zu kündigen, um sich eine Auszeit zu nehmen. Während eines Urlaubs auf Shikoku entstand bei ihr der Wunsch, auf dem Land zu leben. Parallel zu einer Weiterbildung in einer Berufsakademie begann sie daher nach Stellenangeboten zu suchen und stieß auf einer Jobvermittlungsplattform auf den Ort Ama und dessen Praktikumsprogramm. Der ungewöhnliche Slogan des Programms, auf einer Insel „auf Schatzsuche" zu gehen, die Herausforderung allein an einen unbekannten Ort zu ziehen, reizte Naomi:

> Daher dachte ich, ich will in dem einen Jahr mein Leben verändern. Ich dachte es wäre gut, wenn ich in dem einen Jahr in Ruhe darüber nachdenken würde, wie ich dieses lange Leben leben möchte. (Naomi, 35)

Naomi wünschte sich nicht nur eine Veränderung, sie strebte für das Jahr in Ama eine Art Sinnsuche an. Durch den Umzug auf die kleine, ihr vorher völlig unbekannte Insel erhoffte sie sich eine Antwort für ihr ganzes Leben, eine Art Richtungsweisung. Als ich im späteren Verlauf des Interviews Naomi bat noch genauer zu erläutern, wie es denn dazu kam, dass sie ihre Arbeit in Osaka gekündigt hatte, erzählte sie: „Ich wollte eine andere Welt sehen, ja. Also, ich hab' mich gefragt, ‚was ist die Sache, die nur ich schaffen kann?'" (Naomi, 35). Für sie ging es also einerseits um eine Erweiterung ihres bisherigen Lebenshorizontes, aber auch um Selbstverwirklichung. Der Wunsch, etwas zu machen, was nur man selbst schaffen kann (*jibun ni shika dekinai koto*), drückt auch aus, dass sie sich als einzigartiges Individuum erfahren und aus eigener Kraft, also autonom handeln wollte. Sie führte weiter aus, dass sie bis dahin ihr Leben relativ ziellos gelebt habe, sie hätte keine konkreten Ziele gehabt, was etwa ein mögliches Studium oder die Arbeit angegangen sei, sie habe „gelebt ohne groß nachzudenken" (Naomi, 35). Nach der Schule blieb sie bei ihren Eltern wohnen und habe es eigentlich ziemlich bequem gehabt: „Ich bin in einer Umgebung aufgewachsen, in der es als Mädchen normal war, ein bisschen zu arbeiten, zu heiraten und dann den Haushalt zu führen." (Naomi, 35) Naomi beschreibt, dass sie dann eben doch begann, über ihr Leben nachzudenken und sich einen anderen als den für sie scheinbar vorbestimmten Standardlebenslauf zu wünschen:

> Ich glaube, ich habe gespürt, dass das nicht richtig war, ja. Und da wollte ich irgendetwas verändern, in mir selbst etwas verändern. Ich habe angefangen darüber nachzudenken, was es ist, das nur ich kann, weil man nur ein Leben hat. Darum [...] hab' ich überlegt, was möchte ich machen, wie möchte ich leben. Durch Handeln kann man selbst die Verantwortung übernehmen. (Naomi, 35)

In ihrer Erzählung beschreibt sie sich erst als relativ passiv an diese Normalitätsfiktion angepasst, um dann zu erkennen, dass dieses Lebensbild nicht das richtige für sie war. Sie beschließt, aktiv zu werden und, wie sie sagt, durch ihr Handeln Verantwortung für ihr eigenes Leben zu übernehmen. Die Entscheidung, ihre bisherige Arbeitsstelle zu kündigen und nach Ama zu gehen, kann so als Akt der Autonomie bzw. der Emanzipation von einer weiblichen Standardbiographie gelesen werden: „Darum bin ich nach Ama gegangen, hab' meinen Job gekündigt. Also ich habe das entschieden und habe gehandelt." (Naomi, 35) Aus der äußeren Veränderung des Wohnortes, der Arbeit, ihrer gesamten Umgebung erhoffte sich Naomi eine innere Transformation. Auch wenn sie zu Beginn ihrer Erzählung berichtete, durch ihren Besuch in Shikoku sei ihr Interesse am ländlichen Japan (*inaka*) entstanden (s. o.), erscheint sie in ihren nachfolgenden Erzählungen die Suche nach einem durch sie selbst gestalteten Lebensweg, der Wunsch nach Selbstbestimmung als die primäre Motivation.

Ähnlich positioniert sich die ebenfalls aus Nagoya stammende 32jährige Michiko, die zwar verschiedene Gründe nennt, warum sie nach Ama gekommen sei, darunter aber auch den Wunsch nach Befreiung von an sie gestellten Erwartungen:

> Ich hab' zuhause gewohnt, mit meinen Eltern zusammen. Und seit ich die 30 überschritten habe, haben sich meine Eltern viele Sorgen gemacht. Ich bin auch überfürsorglich erzogen worden. Und daher dachte ich schon lange, dass es besser wäre irgendwie von Zuhause wegzukommen. Aber vom Geld und von der Arbeit her, konnte ich nicht weg und es war auch nicht so, dass ich Pläne hatte bald zu heiraten. [...] Ich glaube, diese Erzählung von Ama als gute Sache war dann wirklich wie eine Rettung in der Not [*watarinifune*]. (Michiko, 32)

Für Michiko ist das Angebot, in Ama eine Stelle anzutreten, ähnlich wie für Naomi die Möglichkeit, sich aus Umständen zu befreien, mit denen sie nicht glücklich war. Hier ist es das Elternhaus, das sie als einengend beschreibt. Dass die Eltern sich vor allem seit sie 30 geworden war Sorgen machten, lässt sich vermutlich auf die gesellschaftlichen Erwartungen an Frauen zurückführen, spätestens ab 30 zu heiraten. Michiko beschreibt jedoch, dahingehend keine Pläne gehabt zu haben. Ihre finanziell wie vertraglich prekäre Situation – sie war als Lehrerin immer nur befristet angestellt – machte ihr einen Auszug nicht möglich. Das Jobangebot in Ama und das positive Bild der Insel – dazu später mehr – werden so zur Gelegenheit, sich von Zuhause aber auch von gesellschaftlichen Erwartungen an sie als Frau zu emanzipieren.

Der 29jährige Takeshi kommt ursprünglich aus Osaka und hatte nach seinem Abschluss an einer sehr prestigeträchtigen Universität in Tōkyō eine Anstellung bei einer großen Firma gefunden: scheinbar der klassische Weg eines Salaryman. Er erzählt jedoch, diese Stelle vor allem deswegen angetreten zu haben, weil er gerne ins Ausland gehen wollte. Ein Alumnus seiner Universität war in eine Dependance der Firma in Deutschland versetzt worden und das wurde auch Takeshis Ziel. Dann erfuhr er jedoch, dass der Kontakt von Entsandten zur lokalen Belegschaft eher oberflächlich sei. Er erzählt, dass dadurch seine Motivation deutlich gedämpft worden sei, da er sich einen Auslandseinsatz anders vorgestellt habe. Er beschloss, sich aber trotzdem, wenn auch etwas halbherzig, für die Versetzung in eine Zweigstelle in Deutschland zu bewerben. Doch noch während des Auswahlverfahrens kündigte er seine Stelle in der Firma. Als Auslöser für diese Entscheidung nennt Takeshi im Verlaufe des Interviews verschiedene Gründe. Klingt es zu Beginn so, als hätte er einfach beschlossen, eben auf andere Weise ins Ausland zu gehen, erzählt er später von seiner langgehegten Idee, als Milchbauer zu arbeiten, die seine Entscheidung beeinflusst habe. Und dann berichtet er von Umstrukturierungen in der Firma, aufgrund derer er kurz vor seiner Kündigung versetzt worden sei, was ihm sehr widerstrebt habe.

> Innerhalb einer Abteilung kann man ja sehr einfach Personal umstrukturieren. Und dann wurde sofort gesagt, ‚wir wollen den jungen Takeshi aus dem Nachbarteam haben'. Dass ich dahin versetzt wurde, hat mich sehr verärgert. Die Arbeit war auch viel weniger interessant. (Takeshi, 29)

Takeshi scheint hier besonders zu stören, dass er einfach versetzt *wurde*, er also kein Mitspracherecht hatte. In einem informellen Gespräch bezeichnete er sich rückblickend auch als „Rädchen im Getriebe", das für die eigenen Leistungen keinen persönlichen Erfolg verbuchen konnte. Im Interview erläutert er seine Entscheidung zu kündigen so:

> Also es hat auch Spaß gemacht, aber am Ende war es eben so, dass es eine große Firma war. Und darum wurde mir, selbst wenn ich die Projekte vorgeschlagen und eingeworben hatte, gesagt, ‚Das konnte verkauft werden, weil die Firma eine Marke ist und nicht wegen deiner Fähig-

keiten.' So was hat mich auch richtig wütend gemacht. ‚Jetzt reicht's.' so irgendwie war das, ‚Ich kündige.', so in der Art. (Takeshi, 32)

Generell wird, wenn er über seine alte Stelle erzählt, deutlich, dass es besonders der Mangel an eigenen, selbstständigen Entscheidungsmöglichkeiten, Verantwortung, aber auch Anerkennung war, die ihm fehlten. Ähnlich wie Naomi scheint es für Takeshi besonders der Wunsch nach Abgrenzung von einem Standardlebenslauf gewesen zu sein, der ihn zur Umorientierung motivierte. Während Naomi nicht mehr passiv den Weg der Hausfrau und Mutter gehen wollte, war Takeshi frustriert von seinem Dasein als abhängig Beschäftigter. Er wollte für die eigene Leistung Anerkennung bekommen und nicht fremdbestimmt werden, nicht in einer großen Firma als Individuum untergehen. So erzählte er auch, eine frühere Idee im Außenministerium zu arbeiten, verworfen zu haben, da man sich dort die Posten, zu denen man entsandt wird, nicht aussuchen könne. Außerdem berichtete er von einer möglichen Stelle in Hokkaido, die er ablehnte, da er dort nicht selbst den Ablauf hätte vorgeben können. Weitgehend selbstbestimmt arbeiten zu können, scheint also eine Priorität für Takeshi zu sein. Als er auf einer Veranstaltung in Tōkyō erstmals mit Menschen aus Ama in Kontakt kam und mit der Zeit mehr über die dortigen Projekte erfuhr, reizte ihn besonders die Möglichkeit, dort ein eigenes Projekt mitzuleiten: „Ama, ich dachte in Ama kann ich wachsen. [...] Ich habe mich glaube ich dafür entschieden, weil ich ein Ziel sehen konnte." (Takeshi, 32)

Auch in weiteren Interviewpassagen positioniert Takeshi sich kritisch zum Modellsubjekt des Salaryman. So suchte er nicht nach einer neuen Stelle in einem anderen Unternehmen. Stattdessen, so berichtet er, spielte er mit dem Gedanken ins Ausland zu gehen oder seinen Traum zu verwirklichen, in die Milchwirtschaft einzusteigen. Außerdem betont er, die Zeit als Arbeitssuchender sehr genossen zu haben und zeichnet folgendes Bild nach:

> Es hat mir wirklich Spaß gemacht, die Arbeitslosigkeit. Einschlafen und aufstehen wann ich will, am Abend im Park die Kirschblüte anschauen. So alleine da was trinken, rauchen, so ‚Aaaah, ich bin frei [aa, jiyū dana].' Das war echt schön, es war schön, oder eher unvergesslich, die Zeit als ich arbeitslos war. (Takeshi, 32)

Takeshi konterkariert hier das gesellschaftliche Stigma, das oft mit Arbeitslosigkeit verbunden ist. Das im gesellschaftlichen Diskurs eher problematisierte Bild arbeitsloser, rauchender und trinkender Männer in öffentlichen Parks zeichnet er als Bild der Freiheit. Die Zeit der Arbeitslosigkeit erlaubte ihm, tun und lassen zu können, was er wollte, also selbstbestimmt zu sein. Takeshi inszeniert sich so als jemand, der Freiheit und Selbstbestimmung schätzt und bestimmte gesellschaftliche Konventionen ablehnt.

Auch der 36jährige Kazu beschreibt seinen Weg nach Ama als Ergebnis seines Wunsches nach Selbstbestimmung. Nachdem er über 10 Jahre lang in der Verwaltung einer prestigeträchtigen Universität gearbeitet hatte, entschloss er sich, den gut bezahlten Job zu kündigen.

> Ich hab' schon immer so gedacht, dass ich auf meine eigene Art durchs Leben gehen will. Schon seit ich klein war. Mein Vater hat selbstständig eine Firma gegründet, eine kleine Firma allerdings. Und nach diesem Vorbild wollte ein Teil von mir schon immer irgendwann selbstständig sein. (Kazu, 36)

Die Arbeit an der Universität stellt er als Tätigkeit dar, die ihm ein gutes Gehalt, Stabilität und Sicherheit garantiert, aber eben nicht den Wunsch nach Selbstständigkeit ermöglicht habe. Er positioniert sich als jemand, der eigentlich schon immer nach den eigenen Vorstellungen leben wollte (*jibun nari no jinsei*). Das war jedoch in seiner alten Arbeit nicht möglich gewesen und die Vorstellung, das ganze Leben dort tätig zu bleiben, habe ihn mit Unbehagen (*fuan*) erfüllt. Den sicheren Beruf aufzugeben, habe ihm auch Sorgen bereitet, aber: „[...] ich dachte, dass ich selbstbestimmter leben kann, wenn ich den Sprung wage, als [da zu bleiben,] wo ich keine Zukunft sehen kann." (Kazu, 36). Die lebenslange Anstellung im gleichen Beruf beschreibt er hier als Vorstellung, die ihn nicht nur beunruhigt habe, sondern betont, dass er dort keine Zukunft für sich habe sehen können (*mirai wo mienai*). Seiner Darstellung nach wählte er daher die persönliche Entfaltung über die finanzielle Absicherung. Auch wenn er als Angestellter einer Universität nicht ganz dem typischen Salaryman entsprach, grenzt er sich jedoch ähnlich wie Takeshi von etwas ab, dass er als fremdbestimmtes Arbeitsverhältnis sieht.

Nachdem Kazu sich ausgerechnet hatte, dass er mit seinen Ersparnissen ungefähr ein Jahr in Tōkyō finanzieren könnte, entschloss er sich zu kündigen, ohne eine neue Stelle gefunden zu haben. Sein Ziel war eigentlich, ein eigenes Unternehmen zu gründen. Dann aber besuchte er einen Freund, der schon einige Jahre in Ama arbeitete. Dort wurde ihm schnell eine Stelle angeboten, was er aber mehrmals ablehnte. Laut seiner Aussage, habe er erst kein Interesse gehabt und zudem etwas Eigenes aufbauen wollen. Erst als ihm angeboten wurde, die Koordination und Leitung eines lokalen Projekts zu übernehmen, nahm er an und zog im Herbst 2014 nach Ama. Als letztendlichen Auslöser für diese Entscheidung nennt er: „Ich habe mir überlegt, dass es ja nicht so ist, dass ich eine gesicherte Existenz angestrebt habe und es daher besser ist, wenn die Arbeit Sinn hat. Das war der Auslöser, warum ich hergekommen bin." (Kazu, 36). Kazu stellt hier also noch einmal immaterielle Aspekte wie die Sinnhaftigkeit der eigenen Tätigkeit über materielle Aspekte wie Gehalt und damit verbundene Sicherheit. Arbeit, so macht auch er deutlich, muss mehr sein als nur ein Weg um Geld zu verdienen.

Die Suche nach einem selbstbestimmten Leben als Auslöser für die Abkehr vom Stadtleben oder die Kündigung alter Arbeitsstellen findet sich auch in vielen Interviews wieder. Häufig wird diese mit der Ablehnung von Standardlebensläufen oder der Infragestellung bestimmter gesellschaftlicher Konventionen verbunden. Die Entscheidung für den neuen Wohnort wird so mit der Hoffnung verbunden, selbstbestimmter leben zu können, einen eigenen Weg zu finden bzw. gehen zu können.

6.4.2 „Wenn ich in Tōkyō so weiterlebe, wird mich das erschöpfen"

Viele Interviewpartner:innen bewerten ihr vorheriges Leben in der Großstadt – in vielen Fällen Tōkyō – im Rückblick sehr kritisch. Das Spektrum reicht dabei von der Thematisierung langer Arbeitszeiten, überfüllter Städte und hoher Lebenshaltungskosten bis zur Infragestellung städtischer Konsumgesellschaft und Kapitalismus generell.

Nicht für alle ist dies die primäre Motivation für den Umzug in die Regionen. Takeshi erzählt, dass er eigentlich gerne in Tōkyō gelebt hätte und Kazu betont, nicht wegen der Umgebung, sondern für die Arbeit nach Ama gekommen zu sein. Aber über seinen Alltag in Tōkyō erzählt auch er: „Als ich noch in Tōkyō war, gab es auch einen Zeitraum in dem wir [Kazu und seine jetzige Ehefrau] zusammengewohnt haben. Aber in der Woche haben wir uns eigentlich nur zum Frühstück getroffen." (Kazu, 36). Dass sie in Ama nun mehr Zeit füreinander haben, ergänzt er, sei nicht das Ziel des Umzuges gewesen, aber ein schönes Ergebnis. Auf meine Nachfrage, wie sich denn das Leben in Tōkyō und Ama sonst noch unterscheide, fügt er hinzu: „Der viele Stress ist wohl weniger geworden. Zum Beispiel muss man nicht in vollen Zügen fahren. Und es ist nicht so überfüllt mit Menschen." (Kazu, 36). Zudem, erläutert er abschließend, müsse er in Ama nicht mehr auf so viele *nomikai*[3] gehen, auf die er eigentlich keine Lust habe. Diese Aspekte des Lebens in Tōkyō sieht er im Rückblick als etwas, das Stress verursacht habe, betont aber, nicht deshalb umgezogen zu sein.

Andere erzählen dagegen, der Stress der Großstadt sei eine zentrale Motivation zum Umzug bzw. zur Veränderung des eigenen Lebens gewesen. Die 29jährige Ami war als Architektin in Tōkyō tätig und erzählt: „Ich hab' sechs Jahre in Tōkyō gelebt. Und also als ich in Tōkyō gewohnt habe, da kam mir der Gedanke in den Kopf ‚Wenn ich in Tōkyō so weiterlebe, wird mich das erschöpfen'." (Ami, 29). Als ich sie im

---

3 Gemeinsames, oft verpflichtendes Trinken mit den Arbeitskollegen und -kolleginnen nach Ende der Arbeitszeit.

späteren Interviewverlauf bitte, ob sie noch etwas mehr über ihre Zeit in Tōkyō erzählen könnte, spricht sie kurz über ihren Eintritt in das Architekturbüro und ihren Wunsch ins Ausland zu gehen und dafür Geld zu sparen. Dann endet sie zögerlich: „Sechs Jahre, ja. Die sechs Jahre in Tōkyō waren nicht .... Also ich kann da nicht so schnell darüber reden, irgendwie (lacht)." (Ami, 29). Auf meine Frage, ob sie erläutern könne, warum sie das Leben in Tōkyō erschöpft habe, fuhr sie dann fort:

> Die Geschwindigkeit ist hoch und es gibt so viele Menschen und so viele Dinge. Und das Geld, wie soll ich sagen... Also es gibt viele Sachen, die man mit Geld kaufen kann, aber darüber hinaus, hmm. [...] Also es gibt nur diesen Kreislauf aus Geld verdienen und Geld ausgeben. Und es ist irgendwie hektisch. Alles das habe ich nicht als anziehend empfunden. [...] Also es gibt viele Menschen und auch interessante Aspekte, aber wenn ich über mein eigenes Leben nachdenke, also mein eigener Raum war eng. (Ami, 29)

Ami schildert das Leben in Tōkyō als von Beschleunigung, Überfüllung und Enge geprägt. Sowohl zuhause als auch am Arbeitsplatz habe es wenig Raum gegeben, immer habe man andere Menschen im Blickfeld, ergänzt sie. Dazu schildert sie, dass das Leben sich vor allem um das Verdienen und Ausgeben von Geld drehe. Hier klingt eine Kritik an einem von Geld und Konsum dominierten Tōkyō an, sie führt dies jedoch nicht weiter aus, sondern kehrt zu sich zurück: sie habe diese Art zu leben nicht angesprochen, sie habe da keinen Reiz (*miryoku*) empfinden können. Ami verweist hier auf die affektive Ebene, die ihr in Tōkyō gefehlt habe. Sie betont zwar, in Tōkyō durchaus auch Spaß gehabt zu haben, dass es aber für sie wohl nicht das richtige gewesen sei, sie ermüdet habe (*tsukareru*). Dies war bei ihr der Auslöser, die Arbeit zu kündigen und ein Jahr ins Ausland zu gehen. Als sie dann überlegte, ob sie noch bleiben oder nach Japan zurückkehre solle, entdeckte sie auf Facebook eine Stellenanzeige für einen Job in Ama. Da sie schon vorher überlegt hatte, aufs Land zu ziehen und die Stelle interessant schien, bewarb sie sich.

Ami erzählt, dass die Ermüdung vom Leben in Tōkyō und die Entscheidung nach Ama zu gehen eng zusammenhingen. Auf die Erkenntnis, dass sie so (s.o.) nicht weiterleben könne, kam ihr, wie sie sagt „plötzlich" die Idee, aufs Land zu ziehen. Das Leben in Ama schildert sie als komplettes Gegenteil zu Tōkyō: viel Platz, Natur und Erde, um Gemüse anzubauen: „Ich denke, für mich ist freies Leben auf dem Land einfach umsetzbar." (Ami, 29).

Auch andere schildern eine Desillusionierung und Ermüdung durch das Großstadtleben als wichtigen Auslöser dafür, die Arbeit zu kündigen und aufs Land zu ziehen. So beschreibt es auch Michiko, die in Nagoya aufgewachsen ist und dort gearbeitet hatte:

> Ich habe in Nagoya die ganze Zeit in befristeter Anstellung als Lehrerin gearbeitet. Aber langsam hatte ich das Gefühl da in einer Sackgasse zu landen. [...] irgendwie konnte ich da

nicht machen, was ich wollte. Zum Beispiel ist die Präfektur Aichi recht konservativ, auch in der Bildung. Ich wollte zwar selbst etwas ändern, ich hatte viele Ideale und so, aber ich fühlte mich eingesperrt, so dass mir das nicht gut gelungen ist. (Michiko, 32)

Michiko schildert eine Frustration mit ihrer befristeten Stelle, aus der sie kaum noch einen Ausweg sah. Sie beschreibt zudem die Metropole Nagoya als einen Ort, an dem sie ihre eigenen Wünsche und Ideen nicht umsetzen konnte, wo sie sich eingesperrt fühlte. Dies führt sie einerseits auf das konservative Milieu der Präfektur zurück. In ihrer Schilderung scheinen es aber fast auch die physischen Aspekte der Stadt an sich zu sein, die ihre Selbstentfaltung verhindert, sie geistig, emotional, ja sogar fast körperlich blockierten.

> Wenn ich in Aichi bzw. Nagoya war, dann waren da einfach zu viele Menschen. So viele Dinge, Bücher, alles floss von Informationen über und mein Kopf kreiste richtig. Ich fühlte mich wie vollgestopft und konnte gar nicht mehr nachdenken. Ich fühlte mich ganz zerstreut, so als könnte ich meinen eigenen Körper nicht mehr richtig bewegen. (Michiko, 32)

In dieser Schilderung drückt Michiko eine völlige Überforderung durch Reizüberflutung aus. Die Fülle an Menschen, Dingen und Informationen überwältigte sie demnach so, dass sie das Gefühl hatte, nicht mehr klar denken, sich fast nicht mehr richtig bewegen zu können. Die Stadt mit ihrer physischen Enge und den vielen Menschen schien sie mental und körperlich zu hemmen und ihr die Fähigkeit zum kontrollierten Nachdenken und Bewegen des Körpers zu nehmen. Sie beschreibt, die vielen auf sie eindringenden Informationen und Reize nicht richtig verarbeitet haben zu können. Das Jobangebot in Ama schildert sie als Möglichkeit, in einer komplett anderen Umgebung zur Ruhe kommen zu können.

6.4.3 „Immer ging es um kaufen, kaufen"

Während manche Interviewte wie Ami oder Michiko stärker eine persönliche Überforderung mit dem Stadtleben als einen Auslöser thematisieren, stellen andere explizit die Konsumgesellschaft in Frage oder kritisieren den Kapitalismus. Für sie erfolgte der Umzug aufs Land, um schon lang gehegte Wertvorstellungen im eigenen Leben konsequent umzusetzen. Dies ist besonders ausgeprägt bei den Interviewpartnerinnen aus Itoshima und Yabakei. Für einige war dabei das Erleben des Großen Ostjapanischen Erdbebens 2011 in Tōkyō ein wichtiger Auslöser. Daisuke (31), der nun mit seiner Frau in Itoshima lebt und damals als Koch in der Gastronomie arbeitete, erzählt über seine Erfahrungen:

> Auch in den Konbinis [Convenience Store, LL] gab es kein Essen mehr, das Wasser war zuerst
> ausverkauft. Ob an den Automaten oder in den Konbinis, zuerst war das Wasser weg. Darum
> konnten sie ihr Geld nicht nutzen, es hatte also keine Bedeutung. Darüber unterhält man sich
> ja oft „was wäre, wenn", aber man kann es sich nicht wirklich vorstellen, darum denken alle,
> wenn man Geld hat, ist alles möglich. (Daisuke, 31)

Obwohl er über seinen Freundeskreis und seine Arbeit in der Gastronomie weiterhin ohne Probleme an Wasser, Lebensmittel usw. kommen konnte, beschreibt Daisuke, wie durch diese Erfahrung bei ihm ein Umdenken, eine Infragestellung der Geldökonomie eingesetzt habe. Durch das Erdbeben wird die vorher theoretische Denkübung über mögliche Grenzen geldbasierten Lebens Realität. In seiner Erzählung nennt Daisuke diese Erfahrung als letztendlichen Auslöser für seine Entscheidung, aus Tōkyō wegzuziehen. Das Leben in Tōkyō stellt sich für ihn als nicht nachhaltig heraus, als begrenzt. Ohnehin sagt er, nur deshalb aus der Präfektur Yamanashi wieder nach Tōkyō gegangen zu sein, um in der Gastronomie Erfahrung zu sammeln. Sein Ziel sei aber im Prinzip immer schon gewesen, auf dem Land zu Leben. Der Umzug wird bei ihm also zusätzlich als Konsequenz aus schon langgehegten Wünschen erklärt.

Ähnlich wie Daisuke erlebte auch das Ehepaar Toshi (39) und Emi (37), die nun in Yabakei wohnen, das Erdbeben. Auch sie beschreiben, wie ihnen die Begrenztheit des Lebens in Tōkyō deutlich wurde. Besonders Emi betont mehrmals, dass diese Erfahrung für sie ein großer Schock gewesen sei, der sie wachgerüttelt habe:

> Also irgendwie war es so, dass mein Leben mit dem was ich dachte nicht übereinstimmte. Da ist
> alles gleichzeitig gekommen, wie ein Schock. Und da habe ich beschlossen, so zu leben, wie ich
> möchte, damit ich mich wohlfühlen kann. Und dann haben wir beschlossen, umzuziehen. (Emi,
> 37)

Emi erzählt ihr Leben in Tōkyō im Nachhinein als eines, das mit ihren Werten nicht zusammengepasst habe. Eigentlich habe sie sich auch vorher immer vorgestellt, mal auf dem Land zu leben und habe aber nie den richtigen Anlass gefunden, aus Tōkyō wegzugehen. Zudem sei diese Idee vage gewesen, sie habe keine Vision gehabt. Das Erdbeben wird bei ihr zu dem Erlebnis, das den letzten Ausschlag gab, es ist Auslöser dafür, den Umzug endlich zu konkretisieren und nicht mehr aufzuschieben. Damit verbunden ist auch der Wunsch nach einem anderen Lebensgefühl, und nach Freiheit. Sie möchte so leben, wie sie es wirklich will (*hontō ni shitai kurashi*). Aus einem selbstbestimmten Leben erhoffte sie sich auch einen emotional positiven Zuwachs. Das Leben in Tōkyō und ihre Arbeit als Kamerafrau erscheint als eines, das sie selbst eigentlich gar nicht so leben wollte:

Also auch ich in meiner Arbeit mit der Kamera, ich hab' in der Zeit für meine Arbeit viel Material gesammelt, das Konsum gefördert hat. Es war eine Arbeit, in der neue Läden, neue Kleidung, neue Sachen vorgestellt wurden und immer ging es um kaufen, kaufen. Ich hab' eine Arbeit gemacht, die dem was ich eigentlich für erfüllend hielt, gänzlich widersprochen hat. (Emi, 37)

In Abgrenzung vom Konsum des Großstadtlebens wünschte sie sich dagegen von einem Umzug aufs Land, selbst etwas zu produzieren, die eigenen Nahrungsmittel anzubauen. Das Leben in einer Konsumgesellschaft ist dagegen für sie sowohl materiell als auch emotional nicht nachhaltig. Auch ihr Ehemann Toshi beschreibt dies sehr ähnlich. Emi kritisiert hier ihre frühere Arbeit als eine, die im Dienst der Konsumgesellschaft gestanden habe. Statt ihren eigenen Werten zu folgen, habe sie den Kreislauf aus immer neuen Produkten, die vermarktet werden müssen, befördert. Sie beschreibt, dass die äußeren Umstände, also ihr Lebensstil und ihre Arbeit, den inneren, also ihren eigenen Wünschen und Wertvorstellung nicht entsprachen. Der Wunsch nach dem Leben auf dem Land und der letztendliche Umzug stellen damit eine Abgrenzung vom Konsum des Großstadtlebens dar. Ihre Erzählung bekommt dadurch auch einen gewissen emanzipatorischen Aspekt, da sie durch den Umzug nun ihren Wertvorstellungen entsprechend lebt und die Ziele umsetzten kann, die sie schon lange gehegt hat.

So wie Emi und Daisuke beschrieben mehrere die Erfahrung des Erdbebens und seiner Folgen als Anlass, die eigenen Wünsche wirklich umzusetzen und das Leben zu leben, das sie sich vorgestellt haben. Gleichzeitig scheinen sich beide durch das Erdbeben und seine Auswirkungen, wie etwa Lebensmittelknappheit in ihren Ansichten und Wertvorstellungen endgültig gestärkt zu sehen. Für beide wird das Erdbeben so zum zentralen Auslöser, der in ihrem Leben letzten Endes positive Auswirkungen herbeigeführt habe. So resümiert Daisuke: „Das Erdbeben war eine schlimme Sache, aber ich glaube, dadurch hat sich wohl ein bisschen etwas verändert." So verbindet er damit auch die Hoffnung, dass nicht nur bei ihm, sondern auch bei anderen dadurch eine Art Erwachen ausgelöst worden sei, dass auch andere Menschen nun umdenken könnten und die Grenzen städtischer Konsumgesellschaft erkennen würden. Daisuke und Emi zogen aufs Land, um dort ein Leben umzusetzen, das zu ihren Vorstellungen und Werten passt, das nicht vom Konsum dominiert ist und ihnen erlaubt, selbst Nahrungsmittel anzubauen, oder zumindest direkt aus der Nachbarschaft zu beziehen. Diese Deutung deckt sich damit mit denen aus dem Diskurs. Diese wiederum geht u. a. auf Experten wie Odagiri Tokumi zurück, der, wie in Kapitel 5.3.2 geschildert, basierend auf seiner Forschung der Dreifachkatastrophe als wichtigen Katalysator für den „Boom" der Stadt-land-Migration sieht.

6.4.4 „Der Kapitalismus macht die Menschen nicht glücklich"

Besonders die Interviewpartner:innen aus Itoshima kritisieren nicht nur Konsum, sondern nennen ganz explizit den Kapitalismus als einen Grund, warum sie sich auf dem Land ein anderes Leben suchen bzw. aufbauen wollten. Yuko wohnt seit 2011 in Itoshima. Sie berichtet, neben der Erfüllung ihres Wunsches nach einem auf Selbstversorgung fokussierten Leben habe sie vor allem aus „dem System" aus-brechen wollen (*shikumi kara nukeru*). Zum einen führt sie an, der Atomkraft und den Auswirkungen von Wissenschaft und Technologie auf die Menschen kritisch gegenüber zu stehen. Zum anderen nennt sie ihre Haltung gegenüber dem Kapi-talismus als wichtigen Grund:

> Kapitalismus macht die Menschen oft nicht glücklich. Und um aus dem Kapitalismus zu ent-kommen wollte ich so off-the-grid wie möglich, also off-the-grid, autark leben. Ich wollte landwirtschaftlich leben, da es wichtig ist mit der Natur zusammen zu leben. (Yuko)

Yuko spricht ganz explizit vom ‚System‘, aus dem sie ausbrechen wollte und kriti-siert Kapitalismus als etwas, das dem Glück der Menschen im Weg stehe. Sie po-sitioniert ihre Entscheidung für ein Leben auf dem Land als Weg, aus diesem Sys-tem zu entkommen. In maximaler Abgrenzung zu Konsum und Kapitalismus will sie selbstversorgt leben. Während in der Stadt eine Befreiung vom Geld viel schwieriger sei, könne dies auf dem Land etwa durch möglichst viel Selbstversor-gung viel eher gelingen. Statt in großen Supermärkten versucht sie so viele Produkte wie möglich unmittelbar bei den lokalen Produzenten zu kaufen, um so das kapi-talistische System zu umgehen. Auch als Geschenk oder Dankeschön verwendet sie lieber Dinge, die sie selbst gemacht hat, wie etwa Marmeladen.

> Als ich in Tōkyō gearbeitet hab, da habe ich bis zu 300 Stunden im Monat gearbeitet. [...] Meine Arbeit wurde in Geld umgewandelt und mit diesem Geld habe ich dann die Sachen gekauft, die ich zum Leben brauchte. Essen, Kleidung, Energie und so. Darum wollte ich, dass meine Arbeit, ohne dass ich mich um Geld sorgen muss, so gut wie möglich zu meinem Lebensunterhalt wird. [...] Leben ohne sich um Geld zu kümmern. Das eigene Leben leben *[jibun no kurashi wo ikiru]*. (Yuko)

In Yukos Erzählung wird das Leben auf dem Land, der Fokus auf Selbstversorgung zur Möglichkeit, sich vom Geld bzw. der Sorge um Geld befreien zu können. Gleichzeitig beschreibt sie den Wunsch, die eigene Arbeitskraft selbst nutzen zu können, ohne den Umweg über die Übersetzung von Arbeit in Lohn zu nehmen, der dann die Basis für Konsum liefert. Die Möglichkeit der Selbstversorgung oder des direkten Warenaustausches mit den Menschen vor Ort stellt für sie eine Emanzi-pation und Befreiung vom entfremdenden System des Kapitalismus dar.

6.5 Die Entscheidung für den Ort

Neben den tatsächlichen Auslösern, Motivationen und Zielen, spielte auch die Orts-wahl eine häufige Rolle in den Erzählungen. Interessant sind dabei zwei Aspekte: erstens, der tatsächliche Entscheidungsprozess, also wie die Interviewten erstmals vom Ort erfuhren, warum und wie sie sich gerade für diesen Ort entschieden. Und zweitens, wie die Orte dabei beschrieben werden. Die Motive für die Wahl des Ortes kann man dabei grob in zwei Gruppen unterteilen. Die eine Gruppe, ausschließlich aus Ama, führte vor allem den Ruf des Ortes als innovativ und die interessanten Projekte als ausschlaggebend an. Die andere Gruppe, bestehend vor allem, aber nicht nur, aus den Interviewten in Itoshima und Yabakei nannten dagegen eher eine Art spirituelle Verbindung, eine affektive Reaktion als wichtigen Faktor.

6.5.1 „Eine großartige Stadt"

Im Hinblick auf die Frage nach dem Einfluss des Diskurses auf die Selbst-Positio-nierungen sind insbesondere die Erzählungen interessant, die tatsächlich berich-ten, über im Diskurs aktive Akteure erstmals in Kontakt mit dem Umzugsort ge-kommen zu sein. Dazu gehören vor allem die Interviewten aus Ama. So erzählt Michiko wie sie zum ersten Mal von der Insel erfuhr:

> Damals bin ich zum ersten Mal über eine online Lerngruppe mit einer Biologielehrerin hier von der Dōzen High-School in Kontakt gekommen. Zuerst auf Facebook. Sie betreibt eine Homepage und einen Blog und das hab' ich mir angeschaut. Und da stand, was sie so auf dieser Insel als Lehrerein macht. Als wir ein bisschen Nachrichten ausgetauscht haben, meinte sie ‚Als Lehrerin auf der Insel ist es wirklich super'. Ich war ganz aufgeregt und dachte, das klingt nach Spaß. (Michiko, 32)

Diese Lehrerin, die über Facebook, Homepages und Blogs über ihr Leben in Ama schreibt, kann als Person betrachtet werden, die im Diskurs in eine Sprecherinnen-position gekommen ist. Mit ihrer Plattform trägt sie als erfahrene *I-turnerin* in ge-wissem Maße zur Verbreitung einer bestimmten *storyline* bei. Hier handelt es sich um die Narrative, dass auch auf dem Land – bzw. in diesem Fall auf einer Insel – inno-vative, spannende und besonders für junge Menschen ansprechende Projekte be-trieben werden. In den sozialen Medien sind nicht nur Zeitschriften wie *Sotokoto* und *Turns* aktiv, sondern auch aktive *I-turner* oder Mitarbeiter:innen von Vermittlungs-portalen wie die bereits erwähnte Frau M., die für die Präfektur Shimane arbeitet. Michiko beschreibt, dass das von der Lehrerin gezeichnete Bild sie sofort emotional bewegt habe. Sie fühlte sich in ihren Interessen direkt angesprochen, wurde sozusagen erfolgreich adressiert. In diesem Fall lässt sich klar feststellen, dass Michikos Unzufriedenheit mit ihrer aktuellen Arbeit und der Wunsch in einem innovativen Bildungsprojekt zu arbeiten zum richtigen Zeitpunkt zusammenfanden.

Als sie das Angebot bekam, selbst in Ama als Lehrerin anzufangen, beginnt sie genauer zu recherchieren:

> Als ich ein bisschen zu der Dōzen High-School recherchiert habe, von der das Jobangebot kam, hab' ich erfahren, dass die ein wirklich interessantes Unterfangen betreiben und ganz energisch aktives Lernen, das von jetzt an Japans Bildungssystem werden wird, übernehmen. Und, dass die Insel an sich viel Energie in Stadtentwicklung steckt. (Michiko, 32).

Michiko gibt hier direkt das Bild wieder, das im Diskurs generell von Ama gezeichnet wird: eine innovative Stadt, die in interessante Revitalisierung und neue Bildungskonzepte investiert. Es ist dieses Bild, das sie letztendlich überzeugt, das Stellenangebot anzunehmen und umzuziehen.

Ähnlich wie Michiko schildert es auch Hana, die ebenfalls in einem der High-School-Projekte in Ama tätig ist. Sie arbeitete in Osaka bereits im universitären Bildungsbereich. In einem monatlich von der Stellenvermittlungsbörse Recruit herausgegebenen E-Mail Newsletter, den sie für die Arbeit bezog, las sie eines Tages von einer bald stattfindenden „Shima no kyōiku kaigi" („Erziehungskonferenz auf der Insel"):

> „Erziehungskonferenz auf der Insel", was ist das wohl, hab' ich mich gefragt. Und dann war das in Ama und ich hatte schon lange vorher davon gehört. Also, dass Ama eine großartige Stadt ist, hatte ich gehört. So hab' ich erfahren, dass es in Ama etwas mit Bildung gibt, mit der ich mich selbst ja befasse. Ich hatte gar nicht gewusst, wie klasse Amas Bildung ist. Da dachte ich, dass das interessant klingt und ich da mal hingehen könnte und habe mich angemeldet. (Hana, 27).

Ebenso wie Michiko war Hana bereits im Bildungsbereich tätig und hegte schon länger den Wunsch, dort etwas zu bewegen bzw. zu verändern. Sie erzählt, dass sie in ihrer Arbeit oft gehört habe, dass viele Studierende an den Universitäten sehr passiv seien und kein Selbstbewusstsein besäßen. Schon länger habe sie daher gedacht, dass im Bildungssystem etwas verändert werden müsse, um diese Studierenden schon in der Schulzeit zu unterstützen, ihnen erwachsene Vorbilder zu geben, von denen sie etwas lernen könnten. So erklärt sie:

> Man sollte die Menschen nicht einfach so erziehen, dass sie nur als Zahnrad, als ein Zahnrad der Gesellschaft in eine große Firma gesteckt werden. [...] Ich hab mich schon immer, schon seit der Uni gefragt, was wohl eine Lebensweise ist, die gut zur Erde, gut zur Umwelt und auch für die Menschen gut zu leben ist. (Hana, 27)

Hana beschreibt hier mit dem drastischen Bild des Zahnrads [*haguruma*] das japanische Bildungssystem, große Firmen, die ganze Gesellschaft als eine ineinandergreifende Maschinerie. Sie beschreibt es als ein entfremdendes, die Menschen jeder Individualität und Eigenständigkeit beraubendes System. Dagegen positioniert sie sich als jemand, der schon früh über Fragen einer anderen Lebensweise, über Nachhaltigkeit nachgedacht habe. Hana positioniert sich so eindeutig als aus dem Bildungssystem als reflektierte, individuelle Person mit eigenen Ansichten hervorgegangen. Zur Entwicklung einer nachhaltigen Gesellschaft müsse man die Menschen früh dazu erziehen, gut mit der Umwelt umzugehen. In Ama sah sie Tendenzen zur Reform des Bildungssystems gegeben, da dort an innovativen Erziehungskonzepten gearbeitet werde. So entschied sie sich, dort eine Stelle im Bildungsbereich anzunehmen.

So ähnlich wie Michiko und Hana, ging es auch den anderen aus Ama. Über Facebook (Ami), Jobmessen (Takeshi), Freunde (Kazu) oder universitäre Netzwerke erfuhren sie erstmals vom Ort. Beeindruckt von dem positiven Bild Amas als innovativer Ort, der mit seinen Projekten viel erreichen will und zudem junge Menschen anzieht, recherchierten sie weiter, besuchten die Insel und bewarben sich auf dortige Stellen. Es ist das Versprechen, in innovativen Projekten in einem Ort mit vielen jungen Menschen und relativ selbstbestimmt etwas bewegen zu können, das sie anspricht. Ein primäres Interesse ist dabei das mit dem Bild von Ama verbundene Versprechen, einer sinnvollen Arbeit mit relativ viel Entscheidungsfreiheit nachgehen und eigene Ideen verwirklichen zu können.

6.5.2 „Ich habe mich gleich im Herzen verbunden gefühlt"

Daisuke führt für seine Entscheidung, gerade nach Itoshima zu ziehen, zwei verschiedene Gesichtspunkte an. Einmal sei die Lage praktisch, man erreiche schnell den Flughafen Fukuoka, sei also gut angebunden. Zudem sei die Umgebung schön, es gebe Berge und Meer und man könne Landwirtschaft betreiben. Das sei für ihn und für das Leben, das er und seine Frau Chiaki umsetzen wollten, wichtig gewesen. Bei einem ersten Besuch der Stadt – zu dem Zeitpunkt lebten beide bereits in Fukuoka – habe er dann einige Personen kennen gelernt, die schon in Itoshima lebten. Mit ihnen habe er sich sofort gut verstanden und festgestellt, dass sie seine Ansichten und seinen Lebensstil teilten. Abgesehen von der Umgebung, so betont er, seien es also die Menschen gewesen, die zu seiner Entscheidung für Itoshima geführt hätten. So erzählt er:

> Von Itoshima braucht man bis zum Flughafen in Fukuoka eine Stunde. Der Anschluss nach Tōkyō ist also wirklich gut. Und darum kann man hier arbeiten, die Umwelt ist schön, es gibt Meer und Berge, das Essen ist lecker in Kyushu. Weil es so ein Ort ist, kommen hier viele Menschen zusammen. Die Mitglieder von [der NPO] haben sich wie ein Magnet versammelt. Wie eine Familie. Seit ich [in die NPO] eingetreten bin fühle ich, dass das meine ideale Familie ist. (Daisuke, 31)

Er spricht also einerseits recht pragmatische Gesichtspunkte an, die Itoshima attraktiv für einen Zuzug machen. Er betont aber andererseits, wie wichtig vor allem die sozialen Aspekte, die Verbindung zu Gleichdenkenden für seine Entscheidung gewesen seien. In Itoshima habe er seine ideale Familie gefunden. Dieses Zusammentreffen ordnet er zudem als Ergebnis spiritueller Verbindungen ein. Das Bild des Magneten evoziert, dass man von etwas nicht aus eigenem Willen, sondern aufgrund äußerer Kräfte angezogen wird. Daisuke führt aus: „Es ist so als würde man wie zu einem Magnet kommen, das passt. Aber ein Magnet stößt andererseits auch ab und daher kommen nur Menschen, die passen. So ein Ort ist das." (Daisuke, 31) Für Daisuke scheint somit der Ort selbst die ‚Richtigen' auszuwählen und die, die nicht passen, ‚abzustoßen'. Dies bringt er mit der Yayoi-zeitlichen Geschichte der Gegend in Verbindung: „Es ist ein Ort, an dem früher Menschen aus Korea, China und Japan zusammengekommen sind und darum ist das hier wie ein Tor. [...] Es ist ein heiliger Ort der Yayoi Zeit." (Daisuke, 31). Die weit in die Vergangenheit zurückreichende Heiligkeit des Ortes sei es, die die Menschen zusammenführe. Seine pragmatischen Überlegungen stellt er somit eine spirituell-mystische Begründung zur Seite, mit Hilfe derer er illustriert, dass es sich nicht um zufällige, sondern schicksalhafte, fast determinierte Zusammenkünfte handele, dass eine dem Ort eigene Kraft in Itoshima die richtigen Menschen zusammenbringe.

Aus einem Gespräch wusste Daisuke, dass ich vorher in Ama gewesen war, weshalb er die Stadtverwaltung Itoshima im späteren Interviewverlauf von der Stadtverwaltung von Ama abgrenzt:

> Anders als in Ama gibt es in Itoshima so gut wie keine Unterstützung durch die Stadtverwaltung. In Ama schafft die Stadt viele Arbeitsplätze und weil man dort arbeiten kann, können alle dort leben. In Itoshima gibt es keine Hilfe von der Verwaltung, die Steuern sind hoch und man bekommt auch keine leerstehenden Häuser vermittelt. (Daisuke, 31)

Damit verdeutlicht er, dass die Gemeinschaft in Itoshima sich nicht durch die Stadtverwaltung geleitet zusammengefunden habe, sondern aus eigener Kraft. Er betont, dass von der Stadtverwaltung Itoshima keine Hilfe geleistet werde, während in Ama eigentlich alles davon abhängig sei. Nur weil die Stadt dort Arbeitsplätze schaffe, könnten die Menschen dort leben. Er deutet also an, dass die Arbeit der primäre Faktor sei, der dazu führe, dass Menschen nach Ama ziehen. Damit einhergehend grenzt er deutlich die Stadt Itoshima als moderne Verwaltungseinheit, von der keine Unterstützung zu erwarten sei, von Itoshima, dem heiligen Ort aus der Yayoi-Zeit, der die Neuzugezogenen zusammengebracht habe, ab.

Emi und ihr Mann Toshi dagegen explizieren in ihren Interviews, sich gegen einen Umzug nach Itoshima und für Yabakei entschieden zu haben. Emi erklärt, dass sie nach einem Ort gesucht hatten, wo man biologische Landwirtschaft betreiben könnte. Dafür sei Itoshima berühmt gewesen, weshalb sie die Gegend und auch Daisukes besucht hätten. Auch sie erwähnt die gleichen praktischen Aspekte wie Daisuke, die gute Anbindung, die Nähe zu Fukuoka. Sie und Toshi hätten auch einige gute Angebote, Häuser und Felder zu mieten, gefunden, aber irgendwie habe es nicht gepasst. Entschieden habe sie dann aber auf Basis ihrer Intuition, die ihr gesagt habe, dass Itoshima wohl nicht der richtige Ort für sie sei. Schließlich seien sie nach ihrer Tour durch Itoshima dann ermüdet in einem Café gelandet und mit dem Besitzer ins Gespräch gekommen. Der empfahl ihnen wiederum ein Café in Kitakyūshū – Toshis Heimatort –, wo ihnen wiederum ein Café in Ōita empfohlen worden sei. Eigentlich hatten Emi und ihr Mann nicht vorgehabt in diese Gegend zu ziehen, aber sie entschlossen sich trotzdem, das Café zu besuchen. Bei ihrer Ankunft war es allerdings 17 Uhr und das Café schon geschlossen. Daraufhin riefen sie den Betreiber an. Nachdem sie ihm erzählt hatten, dass sie extra aus Tōkyō gekommen seien, öffnete der Besitzer noch einmal den Laden. Emi beschreibt, was in der Zusammenfassung als etwas merkwürdige Wanderung von Café zu Café klingen mag, als glückliche Fügung, die sie zum richtigen Ort geführt habe. Als sie dem Cafébesitzer nämlich berichteten, dass sie nach einem Haus suchten und gerne biologische Landwirtschaft beginnen wollten, erzählte er ihnen von der lokalen landwirtschaftlichen Kooperative Shimogō, die schon lange Biolandwirtschaft betreibe. Dann stellte er ihnen jemand vor, der die leerstehenden Häuser in der Gegend verwaltete und so kamen sie schnell mit vielen weiteren „Schlüsselpersonen" in Kontakt, von denen einige der Kooperative angehörten.

> Mit dem Ort und den Menschen, also mit denen habe ich mich irgendwie gleich im Herzen verbunden gefühlt [*kokoro ga tsunagatta*], hier ist es schön, dachte ich. Da hatten wir noch kein Haus, aber ich fühlte ‚hier will ich leben'. (Emi, 37)

Emi beschreibt, dass sie erst an all die Dinge gedacht habe, die sie sich ursprünglich vorgestellt hatte. Yabakei war ihr eigentlich zu weit in den Bergen und damit für ihre Arbeit als Fotografin zu schlecht angebunden. Schließlich aber habe sie sich in ihrer Entscheidung von einem Gefühl der Verbindung zum Ort und zu den Menschen leiten lassen. Statt einer rationalen beschreibt sie somit eine affektiv geleitete Entscheidung. Dabei stellt sie soziale Aspekte und eine besondere Verbindung zum Ort über Aspekte wie etwa ihre Arbeit als Fotografin, für die eine näher an einer Großstadt wie Fukuoka gelegene Gegend eigentlich praktischer gewesen sei. Erst mit der Loslösung von solchen pragmatischen Vorüberlegungen, so erklärt sie, habe sie den richtigen Ort finden können. Emi priorisiert hier also affektive und soziale Aspekte über materielle wie die Arbeit.

6.6 Das Leben auf dem Land

Nachdem ich die Motivationen für den Umzug sowie die Entscheidungen für den neuen Ort thematisiert habe, geht es nun abschließend darum, wie die Interviewten über ihr das Leben auf dem Land und die Interkationen mit Alteingesessenen reden. Dabei lässt sich festhalten, dass die Erzählungen meist sehr positiv ausfallen. Einige thematisieren zwar anfängliche Probleme etwa in der Dorfgemeinschaft anzukommen, aber auch das löst sich in der Erzählung jeweils auf.

6.6.1 „Inmitten einer großen Familie"

„Also ich finde, es fühlt sich wie eine Gemeinschaft aus dem guten alten Japan an [*furukiyoki nihon*]" (Michiko, 32). So beschreibt Michiko im Verlauf des Interviews die Stadt Ama und evoziert das Bild einer Gemeinschaft, in der eine Essenz eines alten Japans erhalten geblieben sei. Was sie genau damit meint, erklärt sie auf eine Nachfrage:

> Also, es ist irgendwie so, als sei ich inmitten einer großen Familie. So ein Gefühl der Sicherheit habe ich. Ich glaube, wenn ich sagen würde „Lass mich in Ruhe", dann würde man mich auch in Ruhe lassen. [...] Also in der Stadt nimmt man Rücksicht, aber dort fühlt es sich irgendwie einengend an. Dank der Natur auf der Insel, dank der Ruhe sind hier alle irgendwie gutmütig. [...] Es fühlt sich hier wie in der Showa-Zeit an: Auf der Straße spielen viele Kindern, auch die Erwachsenen gesellen sich dazu, die älteren Frauen aus der Nachbarschaft schauen zu und passen auf. In Ama ist so eine Atmosphäre noch erhalten. (Michiko, 32)

Michiko entwirft hier ein nostalgisch gefärbtes Bild, welches das Japan der Showa-Zeit als eine glückliche Vergangenheit evoziert: Damals gab es noch Gemeinschaft, die Menschen verbrachten zusammen Zeit und Kinder konnten ungehemmt und sicher auf der Straße spielen. Während dieses Leben in den Großstädten weitgehend zerstört sei, sei es in Ama noch erhalten geblieben, hier lebe man gemeinschaftlich wie inmitten einer Großfamilie. Michikos Darstellung entspricht dem Deutungsmuster des ländlichen Japans als *furusato*, das als letztes ‚Bollwerk' gegen die Kräfte der Modernisierung und Verwestlichung noch alte Werte bewahrt. Im Gegensatz dazu hat sich das durch Großstädte repräsentierte moderne Japan in ihrer Interpretation von der Natur entfernt. Und auch das rücksichtsvolle Miteinander in den Ballungszentren erscheint ihr künstlich und mit negativen Gefühlen verbunden („irgendwie einengend"). Im Gegensatz dazu beschreibt sich Michiko in Ama nicht nur als geborgen, sondern auch als frei. Dass hier Bedürfnisse nach Ruhe respektiert werden, assoziiert sie mit ‚Sicherheit' – das heißt, der eigene Wunsch nach Ruhe kann, so fühlt es sich für sie an, geäußert werden, ohne dass, so dürfte

dem implizit zugrunde liegen, damit Sorgen verbunden seien, unangenehm auf-
zufallen. Auch ‚Gutmütigkeit' scheint sie mit den Reaktionen auf individuelle
Wünsche in Zusammenhang zu bringen. In jedem Fall erachtet sie Gutmütigkeit als
Effekt der Nähe zur Natur und der Ruhe in Ama.

Toshi beschreibt Yabakei ebenfalls als einen die Vergangenheit bewahrenden
Ort. Dort könne man noch ein wirklich ursprüngliches japanisches Leben tief in den
Bergen leben. Als ich ihn bat zu erläutern, was er mit einem ursprünglichen ja-
panischen Leben meine, erklärte er:

> Also die Menschen, die das wirklich gelebt haben, die sind jetzt so um die 80. Die danach sind
> auf die Universität gegangen und danach wurden auch schon Traktoren eingeführt. Es gibt jetzt
> viele Maschinen. [...] Aber bis dahin hat man es mit der Hand gemacht. Man hat auch den Reis
> mit der Hand geerntet. Alles mit der Hand. Und es gab auch kein Plastik. Das waren die
> Menschen, die ursprünglich gelebt haben, glaube ich. [...] Reis anbauen, Bäume fällen, Holz-
> kohle herstellen, das ist das ursprüngliche Leben, das Bergleben. (Toshi, 39)

Auch Toshi stellt das ländliche Japan, hier Yabakei, als Ort dar, an dem noch Traditionen und eine ursprüngliche japanische Lebensweise bewahrt werden. Er verortet
dies zeitlich aber früher als Michiko, also eigentlich in die frühe Nachkriegs- oder
sogar Vorkriegszeit, vor der Einführung von landwirtschaftlichen Maschinen. Zerstört
wurde diese Lebensweise seiner Ansicht nach durch die Prozesse der Modernisierung
und Industrialisierung. Wer zur Universität gegangen sei oder Maschinen verwendete,
der führte dieses Leben schon nicht mehr weiter. Damit verdeutlicht er, dass seiner
Ansicht nach nur noch die alten Menschen in Yabakei dieses ursprüngliche Bergleben
– davon unterscheidet er noch das traditionelle Leben eines Fischerdorfes – tatsächlich gelebt hätten. Sein Ziel ist, diesem wieder näher zu kommen.

Wie bereits thematisiert, beschreibt Daisuke Itoshima als heiligen Ort der Yayoi-
Zeit, der wie ein Magnet die richtigen Menschen zusammenbringt. Er geht also in der
Vergangenheit sogar noch weiter zurück als Michiko oder Toshi. Aber auch Toshi
beschreibt spirituell-mystische Aspekte in Yabakei. So erhofft er sich von einem ur-
sprünglicheren Lebensstil, mehr *kami*[4] sehen bzw. wahrnehmen zu können

> Hier gibt es viele Naturgeister. In der Bergen, auf dem Reisfeld, am Fluss und so. In Tōkyō kann
> man sie nicht spüren. [...] Wenn man ein Leben nach alter Art und Weise führen will, wenn
> man in einem alten Haus, also wenn man solche Sachen macht, dann [kann man spüren] „Ah,
> da gibt es Naturgeister, dort gibt es auch Naturgeister". Das macht mich glücklich. (Toshi, 39)

---

4 Im Shintō sind *kami* Wesen, Gottheiten oder Geister, die sich in der Natur, aber auch in Menschen
manifestieren können. Ich halte im Kontext des Interviews die Übersetzung „Naturgeister" für am
passendsten.

Das Leben in der Großstadt hat für ihn die Menschen als nicht nur von einem ursprünglichen Leben, sondern auch von den indigenen japanischen Gottheiten und Geistern entfremdet. Auf dem Land dagegen könne man sie, wenn man einem ursprünglich japanischen Leben näherkomme, wiedersehen bzw. spüren. Diese Gegenüberstellung erinnert an Yanagita Kunis einflussreiche Ansichten zu Shintō als besonders in alten ländlichen Praktiken verortet (vgl. Rots 2017: 37–39). Damit grenzte Yanagita sich vom Staats-Shinto bzw. Schrein-Shintō ab. Diese Ansicht scheint Toshi ebenfalls zu vertreten, wenn er betont, dass in der Stadt keine *kami* zu spüren seien und sie sich erst manifestieren, wenn man eine traditionelle Lebensweise führe. Damit positioniert er das ‚traditionelle‘ ländliche Leben auch aus spiritueller Sicht als das richtige und ‚authentisch japanische‘.

6.6.2 „Ama ist zu berühmt geworden"

Die meisten Interviewten sprechen positiv über eine warme Gemeinschaft, gegenseitige Unterstützung und die Nähe zur Natur. Dabei klingt jedoch bei einigen auch an, dass es anfänglich Schwierigkeiten bei der Eingewöhnung gab oder geben könne. So erzählt Naomi zuerst, dass sie sehr herzlich aufgenommen worden sei:

> Also es gab wenig junge Frauen, damals. Und darum wurde ich von der Lokalbevölkerung sehr verhätschelt. Ich denke, ich hatte Glück, da es noch wenige *I-turner* gab. Jetzt gibt es so viele, dass sie nicht alle im Gedächtnis behalten können. Das Verhältnis zwischen den Menschen aus dem Ort und den I-turnern hat sich verändert. Vor 10 Jahren da haben sich alle an mein Gesicht erinnert, woher ich kam, dass ich auf Nagoya kam. Alle haben mich Na-chan [Kosename] gerufen, da ich Naomi heiße. Na-chan aus Nagoya wurde ich gerufen egal wo ich hinging. Alle waren gut zu mir, ich habe Gemüse bekommen, Fische, ich wurde zum Essen eingeladen und so. (Naomi, 35)

Naomi denkt hier nostalgisch an die Zeit zurück, als sie ganz neu in Ama war. Sie scheint ihren Sonderstatus als Neuzugezogene und eine der weniger jungen Frauen sehr genossen zu haben. Sie sei besonders liebevoll umsorgt und versorgt worden. Die Veränderung, die sie beklagt, ist hier paradoxerweise durch junge Menschen wie sie herbeigeführt worden, eine ihrer Ansicht nach zu große Zahl an Neuankömmlingen habe das alte, so liebevolle Verhältnis der lokalen Bevölkerung zu den jungen *i-tunern* verändert.

Nach diesem sehr idyllischen Rückblick räumt sie dann ein, dass es auch für sie anfangs nicht immer leicht gewesen sei. Als Naomi 2005 auf die Insel kam, waren sie und die anderen, die über das Praktikumsprogramm angestellt wurden, die ersten Neuankömmlinge. Darum, so erklärt sie nun, sei es doch auch manchmal schwierig gewesen, anzukommen und sich mit den Menschen vor Ort anzufreunden. Sobald man sich nähergekommen war, sei es aber sehr schön gewesen, betont sie. Nach einem Jahr in Ama kehrte sie nach Osaka zurück und bekam mit ihrem Ehemann, den sie in Ama über das Praktikumsprogramm kennengelernt hatte, zwei Kinder. 2013 entschlossen sich die beiden, nach Ama zurückzugehen und leben seither dort mit ihrer Familie.

Als ich kurz anmerkte, dass ich die neue Stadtbibliothek besucht und die Atmosphäre sehr genossen hatte – man blickt auf ein Reisfeld und den dahinterliegenden Wald und kann dort auch Kaffee trinken – erzählte sie, dass sie sehr dankbar sei, dass es diesen Ort gäbe.

> Für Mütter, die Kinder großziehen ist es wirklich schwierig, wenn es für sie nur Zuhause Platz gibt. Woanders würde man einkaufen oder shoppen gehen oder zu Aeon [eine Kette großer Einkaufszentren]. Aber hier gibt es keinen Ort um mal einen Kaffee zu trinken. Selbst wenn es sowas gibt, dann kennt einen jeder und es wird sofort zu einem Gerücht. Also ein Gerücht oder, also wie sag ich das. Wenn man auf einer kleinen Insel lebt, dann ist ein Problem, dass jeder jeden kennt und dadurch fühlt man sich manchmal eingeschränkt. Manchmal würde ich gerne irgendwo hingehen wo mich niemand kennt. Dadurch, dass es die Bücherei gibt, gibt es einen freien Raum, also das ist wirklich gut. [...] Vor zehn Jahren gab es keinen Ort, an dem man das Gefühl hatte, dass es okay ist, da alleine hinzugehen. Vor zehn Jahren gab es zwar ein Restaurant, aber erst dadurch, dass die *I-turner* dort hingehen, dadurch dass sie in die Bücherei gehen und ins Restaurant, ist eine Atmosphäre entstanden, dass man auch alleine hingehen kann. Solch ein freies Gefühl gab es vor zehn Jahren kaum. (Naomi, 35)

Naomi erläutert hier, dass es gerade als junge Mutter nicht immer einfach sei, einen Ort außerhalb des eigenen Zuhauses zu finden, an dem man etwas entspannen könne. Gesellschaftlich akzeptierte Aktivitäten für Mütter wie das Entspannen beim Shoppen in der Aeon Mall oder beim Kaffeetrinken waren in Ama in Abwesenheit einer solchen Infrastruktur nicht möglich. Besonders das Bedürfnis, auch mal alleine Zeit zu verbringen, sei früher sozial eher nicht erwünscht gewesen bzw. es sei ihm mit Skepsis begegnet worden. Hier sieht sie also positive Veränderung durch die Zunahme an *I-turnern*, die solche Wünsche nun zunehmend normalisieren. Naomi thematisiert aber andererseits auch, dass das Verhältnis zwischen Alteingesessenen und Neuen nicht mehr so warmherzig sei, wie zu Beginn ihres Aufenthaltes vor zehn Jahren. Wie bereits erwähnt, wurden in einigen Gesprächen Naomi und die anderen der „ersten Generation", also diejenigen, die in den frühen 2000ern erstmals nach Ama kamen, als „Pioniere" bezeichnet, die den Späteren den Weg geebnet hätten. Naomi grenzt sich auch von den Jüngeren ab bzw. reflektiert noch einmal kritisch die Veränderungen, die sie in Ama beobachtet:

> Also es kommen Leute, die wirklich viele Fähigkeiten besitzen. Die können natürlich auch arbeiten, aber ich habe etwas den Eindruck, dass die Menschen, die von einer berühmten Universität kommen und in einem führenden Unternehmen gearbeitet haben, in Ama ihre

> Karriere weiterbringen wollen. Also nicht bei allen ist das so, aber es ist anders als vor zehn Jahren. Da waren es eher [Leute], die interessiert und neugierig waren statt besonders fähig. Ama ist zu berühmt geworden, darum. (Naomi, 35)

Sie positioniert sich direkt zum medialen Diskurs, in dem Ama als Modellort für Revitalisierung durch Neuzuzug landesweit bekannt gemacht wurde. Naomi empfindet eine Distanz, wie sie sagt, zu den dadurch auf Ama aufmerksam gewordenen jungen *I-turner* von Elite-Universitäten und großen Firmen. Sie schreibt vielen von ihnen als Motivation vor allem die eigene Karriereentwicklung zu. Diese Motivation wertet sie allerdings eindeutig ab und grenzt diese von einem genuinen Interesse an Ama ab, wie es bei ihr und der ersten Generation gewesen sei. Zudem glaubt sie, dass auch eine Kluft zwischen *I-turnern* und *U-turnern* — also Rückkehrern, die von der Insel stammen, irgendwann wegzogen und später zurückgekehrt sind — entstehe. Naomi schreibt hier vor allem dem hohen Bildungsgrad dieser *I-turner* eine trennende Wirkung zu und gibt dem medialen Diskurs („Ama ist zu berühmt geworden") die Schuld an dieser Entwicklung. Aber auch hier wird wieder deutlich, dass sie einerseits dem „alten" Ama nachtrauert, gleichzeitig aber für gewisse Veränderungen, die durch die wachsende Zahl an *I-turnern* bewirkt wurden, dankbar ist. So meint sie, dass die Stadtentwicklung durchaus von den neuen *I-turnern* und ihren Fähigkeiten profitiere. Die mediale Berichterstattung zementiere aber ein Bild Amas als Stadt, in die besonders talentierte Menschen mit hohen Bildungsabschlüssen kämen. Das steht Naomis Ansicht nach jedoch der Vielfalt entgegen, die jede Stadt brauche. Sie sieht zudem ein weiteres Problem:

> Die durchschnittlichen *I-turner* wollen nach Ama kommen, weil sie die guten Seiten kennen, weil sie viel von den guten Seiten gehört haben. Wenn man die ganzen Informationen von den Internetseite im Kopf hat, die sagen, was es alles für tolle Sachen gibt, dann ist der Schaden groß, wenn es Nachteile gibt. (Naomi, 35)

Naomi nimmt also noch einmal ganz explizit Bezug auf den medialen Diskurs und positioniert sich kritisch zum Deutungsmuster, das nur die Vorteile ländlichen Leben anpreise. Ihrer Ansicht nach sorgt dies nur für massive Enttäuschung, sobald die durch dieses Bild angezogenen jungen Menschen dann mit der Realität des Lebens in vielen ländlichen Regionen konfrontiert seien. Sie dagegen habe dank ihres einjährigen Aufenthaltes die Vor- und Nachteile genau gekannt und daher bei der Rückkehr gewusst, worauf sie sich einlasse. Somit habe sie sich bewusst(er) für ein Leben in Ama entscheiden können. Naomi präsentiert sich generell als jemand, der die vielen Vorteile der Insel schätze, spricht aber auch offen über die Probleme, die sie sieht und übt Kritik am medialen Bild Amas, mit dem sie wenig Vorteile verbindet. Vor allem grenzt sie sich von der Subjektposition des „Elite *I-turners*" ab, die sie im medialen Diskurs identifiziert. Naomi übernimmt aber durchaus andere typische Deutungsmuster, wie etwa, dass das Leben auf dem Land besonders gesund und sicher für Kinder sei.

6.6.3 Einander näherkommen: *I-turner* und *jimoto no hito*

Neben Naomi thematisiert auch die 36jährige Rina durchaus Schwierigkeiten. Sie wollte nach einem Jahr in Frankreich, wo sie auf Höfen gearbeitet hatte, aus Tōkyō aufs Land ziehen. Als alleinstehende Frau sei das jedoch nicht so einfach:

> Es ist sehr schwer alleine auf dem Land. Weil die Menschen auf dem Land ganz anders denken als die Menschen in Tōkyō. Und ich bin jetzt 36, 36 und alleinstehend. Und vielleicht, also da ich nicht verheiratet bin, ist es schwierig glaube ich, aufs Land zu kommen. (Rina, 36)

Die sozialen Erwartungen, dass man heiraten und Kinder bekommen solle, sind laut Rina auf dem Land höher als in Tōkyō. Dass dies durchaus ein Hindernis für einen Umzug aufs Land sein kann, wird sonst in den Interviews nicht angesprochen. Sie thematisiert das jedoch relativ ausführlich und betont, wie schwierig es sei alleine ein Haus zu bekommen, da vor allem der Zuzug von jungen Paaren und Familien erwünscht sei. Außerdem sei für die Menschen auf dem Land die Motivation von Familien, ihre Kinder in ländlichen Gebieten aufwachsen zu lassen, durchaus nachvollziehbar. Rina deutet somit indirekt an, dass ihre eigene Motivation dagegen schwieriger verständlich sei. Deshalb gelangte sie, so stellt sie es dar, zur Entscheidung, in eine Wohngemeinschaft zu ziehen. Bei einem Aufenthalt auf einem Bauernhof in der Präfektur Yamazaki hatte sie Daisuke kennen gelernt, der nun mit seiner Frau in Itoshima wohnt. Da die beiden schon mit der lokalen Bevölkerung Beziehungen aufgebaut hatten, dachte sich Rina, dass dies eine gute Option für sie sei. Mit der Renovierung des alten Bauernhauses und einer richtigen persönlichen Vorstellung bei allen in der Gegend, hätten Daisuke und seine Frau Chiaki bereits unter Beweis gestellt, dass es ihnen ernst sei mit dem Umzug:

> Sie haben am Anfang das Haus komplett renoviert und sich bei den Menschen aus der Umgebung vorgestellt. Sie haben aufgeräumt und dann richtig angefangen hier zu leben. Also sie haben richtig, sie haben gezeigt, dass sie nicht nur interessiert, dass sich nicht nur mit einem halbherzigen Gefühl, nur interessiert sind, sondern sie haben ihnen [der Nachbarschaft] mit dem ganzen Körper ganz ernsthaft gezeigt „wir wollen in diesem Viertel wohnen". Ich habe das Gefühl, dass ich aufgenommen wurde, weil es schon Vertrauen gab, hier in der Siedlung. Ich denke, wenn ich das von Grund auf..., also als Frau alleine wäre das sehr schwierig gewesen das zu machen. (Rina, 36)

Rina betont, wie wichtig nachbarschaftliche Beziehungen seien und dass sie daher große Dankbarkeit dafür empfände, dass Daisuke und Chiaki bereits Vertrauen zu den Nachbarn aufgebaut hätten. Einen Umzug aufs Land, so klingt hier raus, muss man ernst meinen und diese Ernsthaftigkeit auch unter Beweis stellen. Vor allem dadurch, so klingt hier durch, kann man vor Ort in der Gemeinde ankommen und integriert werden.

Ähnlich erzählt es auch Daisuke und betont, wie wichtig eine gute nachbarschaftliche Beziehung sei. Da die lokale Bevölkerung (*jimoto no hito*) Menschen von woanders nicht gewöhnt sei, müsse man zum Beispiel von sich aus grüßen. Außerdem kritisiert er, dass viele Städter:innen an bestimmten Aktivitäten, wie etwa die gemeinsame Pflege von Straßen[5] nicht teilnehmen wollen:

> Viele Menschen sind auch egoistisch. Es gibt gelegentlich auch Personen, die obwohl sie dort leben, weil alle es schön sauber halten, selber nicht mitmachen wollen. Das ist eine städtische Denkweise. Da Menschen in der Stadt jemanden haben, der für sie putzt. Sie lösen es mit Geld. Was Menschen in der Stadt mit Geld lösen, halten wir hier selbst instand. Wenn man das, was die lokale Bevölkerung, was die Leute, die hier leben wertschätzen selbst ernst nimmt, dann freundet man sich an. [...] Die Menschen hier in der Gegend, die älteren Männer und Frauen leben hier seit Generationen ein gutes Leben. Wir sind erst später gekommen. Und nicht nur die, die jetzt hier in der Gegend leben, es gibt auch die, die viel früher hier gelebt haben. Es gibt die Menschen, die dieses Haus gebaut haben und wenn sie das nicht getan hätten, könnte ich nicht hier wohnen. Das muss man begreifen. (Daisuke, 31)

Daisuke macht hier deutlich, dass er Städter:innen in der Verantwortung sieht, sich vor Ort anzupassen und auf die lokale Bevölkerung zuzugehen. Für ihn ist es eine Frage des Respekts gegenüber den Alteingesessen und deren Vorfahren, den bereits verstorbenen Generationen. Indirekt deutet er an, dass, dass man auch gegenüber den Verstorbenen, etwa denjenigen, die einst das Haus erbauten, in dem er nun lebt, gegenüber dazu verpflichtet ist, die Bräuche weiterzuführen. Daisuke setzt hier wieder Großstadt und Großstädter:innen als tendenziell egoistisch und materialistisch den stärker gemeinschaftlich orientierten Menschen auf dem Land gegenüber, die statt bezahlte Arbeitskräfte zu nutzen gemeinsam ihre Nachbarschaft pflegen und instand halten. Durch ihre Wurzeln, dadurch, dass sie schon seit Generationen in den Orten leben, hat die Lokalbevölkerung sozusagen den Vortritt. Es sind dagegen die Nachgezogenen, die ihre Verhaltensweisen ändern müssen. Hier vertritt Daisuke sehr ähnliche Ansichten, wie sie auch im Diskurs zu finden waren. Bestimmte dort an die Adressierten herangetragene Deutungs- und Handlungsmuster finden sich auch in seiner Selbst-Erzählung wieder. So positioniert er sich als jemand, der weiß, wie man sich zu verhalten und mit der Lokalbevölkerung zu

---

5 In den meisten ländlichen Gegenden säubert die Nachbarschaft mehrmals im Jahr zu festen Terminen gemeinsam die Straßen und Wege, schneidet Gestrüpp zurück und reinigt die Straßengräben (vgl. Hendry 2017: 328).

interagieren hat. Anderes Verhalten, also die Weigerung bei bestimmten kommunalen Aktivitäten mitzumachen, kritisiert er dagegen eindeutig als falsch. Stattdessen sollte man sich Daisukes Ansicht nach in dieser Hinsicht dem Gemeinwohl unterordnen.

Ami äußert etwas mehr Verständnis für die *I-turner.* Sie arbeitet in Ama als „multi-worker", d.h. sie geht verschiedenen, oft saisonal begrenzten Tätigkeiten nach, die von der Stadt koordiniert werden. So arbeitet sie unter anderem in einer Fabrik, die Seegurken verarbeitet. Dort habe sie viel mit der lokalen Bevölkerung zu tun und sich so rasch anfreunden können. Andere *I-turner* dagegen würden mehr unter sich bleiben. Ihrer Ansicht nach sei das aber verständlich, da sie einfach mehr Gemeinsamkeiten hätten als mit den gleichaltrigen Inselbewohnern. Zudem verweist sie darauf, dass viele Einwohner den *I-turnern* skeptisch gegenüberstünden. Ihrer Meinung nach müssten beide Seiten aufeinander zugehen und Gemeinsamkeiten finden.

6.6.4 Etwas für den Ort und die Menschen tun

Über die Aspekte des guten Zusammenlebens hinaus, berichten viele meiner Interviewpartner:innen davon, ihrem neuen Wohnort und den Menschen etwas zurückgeben, sie unterstützen zu wollen. Hana erzählt, dass ihr Interesse an ländlicher Revitalisierung geweckt worden sei, als sie eine Freundin in Kamikatsu in der Präfektur Tokushima besucht habe. Der Ort ist besonders für sein Ziel bekannt, zu einer zero-waste, also einer müllfreien Stadt zu werden. Die älteren Frauen haben jedoch auch ein Unternehmen gegründet, über das sie von ihnen angebaute, essbare Blätter verkaufen. Über ihre vielen Besuchen erzählt Hana:

> Also ich war oft in Kamikatsu während ich gearbeitet habe. Und also, während ich mir so ihre Aktivitäten angeschaut und damit in Berührung gekommen bin, da wollte ich irgendetwas für die Gegend tun, einen Beitrag leisten. Ich habe ganz viel Sympathie empfunden dafür, dass sie eine nachhaltige Gesellschaft anstreben und wollte das unterstützen. (Hana, 27)

Es ist vor allem die Begegnung mit den älteren Frauen aus Kamikatsu, die Hana als wichtigen Ausgangspunkt für ihren Wunsch erklärt, etwas für solche Gegenden beitragen zu wollen. Ihr eigenes Interesse an einer nachhaltigen Gesellschaft sieht sie in Ama in verschiedenen Projekten realisiert. Sie möchte aber nicht nur solche Projekte unterstützen, sondern äußert ein Interesse an einem generellen gesellschaftlichen Wandel. Ihr Einsatz für das Gemeinwohl ist mit ihrer starken Überzeugung verbunden, dass für eine bessere Gesellschaft ein Umdenken erforderlich sei, für das sie sich einsetzen möchte. Ideen von Nachhaltigkeit, Umweltschutz und

Bildungsreform werden ihrer Ansicht nach vor allem in Orten wie Kamikatsu und Ama angestrebt. Ihr Wunsch, ein Beitrag zu leisten, zielt also auch auf die Verwirklichung ihrer eigenen Überzeugungen ab.

Bei Naomi dagegen sieht es etwas anders aus. Wie bereits erwähnt, war sie im Rahmen des von Ama organisierten Praktikumsprogramm auf die Insel gekommen. Ein Ziel dieses Programmes war es, neue Produkte zu ‚entdecken‘ und zu vermarkten. Sie erklärt jedoch, dass sie im Gegensatz zu den anderen im Programm nicht so sehr an *machi zukuri*, also der Stadtentwicklung interessiert gewesen sei, sondern das Jahr mehr als Auszeit gesehen habe. Sie wollte das Jahr vor allem für sich nutzen, um sich über ihren weiteren Lebensweg klar zu werden (s. o.). Nach einem Jahr entschied sie sich, das Programm nicht zu verlängern, sondern zurück nach Nagoya zu gehen.

> Ich habe mich gefragt, ob es gut war, dass ich zurückgegangen bin. Ich hatte wirklich das Gefühl, dass ich den Menschen in Ama, die sich um mich gekümmert hatten meine Dankbarkeit nicht erweisen konnte. Als so viele gekommen sind, um mich an der Fähre zu verabschieden, da konnte ich nicht weinen. Ich war nicht traurig oder einsam, sondern ich hatte ein Gefühl von Beschämung, so wie ‚es tut mir leid‘. [...] Alle waren so gut zu mir gewesen. Meine Vorgesetzen, meine Freunde aus den Reihenhäusern[6] und die Menschen aus dem Ort waren so gut zu mir gewesen und ich konnte es ihnen irgendwie nicht vergelten. (Naomi, 35)

Naomi beschreibt hier, dass ihr schon bei und auch nach der Rückkehr starke Zweifel kamen. Diese Zweifel scheinen vor allem auf ein Gefühl der Verpflichtung zurückzugehen, die dazu führten, dass sie ihre eigene Entscheidung in Frage stellte. Sie wurde unterstützt und umsorgt und hatte das Gefühl, dass sie dies nicht richtig vergelten, also nicht angemessen ihre Dankbarkeit zeigen konnte. Ihre Aufgabe über das Programm ein Produkt zu entwickeln und somit etwas zurückzugeben, habe sie nicht erfüllt. Sie spricht mehrmals von Gefühlen wie Schuldbewusstsein (*ushirometai*), Scham (*hazukashii*) und dem Empfinden, sich entschuldigen zu müssen (*mōshiwake nai*). Zurück in Nagoya blieb sie mit ihrem jetzigen Mann in Kontakt, der noch in Ama lebte. Als sie schwanger wurde, heirateten sie und lebten erst in Nagoya und dann in der Heimatstadt ihres Mannes, Osaka. Nach einem Besuch seines früheren Chefs äußerte ihr Mann den Wunsch, nach Ama zurückzugehen. Sie hatten damals bereits zwei kleine Kinder und Naomi war zögerlich. Doch neben verschiedenen anderen Gründen sei für sie vor allem der Wunsch ausschlaggebend gewesen, nun doch noch ihre Dankbarkeit zeigen zu können. Der Wunsch, etwas an die Menschen vor Ort zurückzugeben, also gemeinwohlorientiert

---

6 Naomi und die anderen Praktikant:innen waren alle in relativ neu gebauten, neben einander stehenden Mietsreihenhäusern untergebracht.

zu handeln, rührt bei Naomi aus den sozialen Beziehungen und einem damit verbundenen Gefühl der Verpflichtung einher.

Emi erzählt, Yabakei unterstützen zu wollen. Auch bei ihr scheint dies aus Gefühlen der Dankbarkeit herzurühren. Also ich sie fragte, ob sie bestimmte Wünsche für die Zukunft habe, antwortete sie:

> Ich möchte weitermachen, bis ich diese Landschaft an die nächsten Menschen weitergebe. Ich möchte gerne wirklich zu einer Stütze in der Siedlung werden. Man sollte sich nicht nur fragen, wie es einem selbst geht, sondern ich denke es ist am besten, wenn es allen gut geht. Das ist mein Ziel. [...] Dass wir [Emi und ihr Mann] hier wohnen ist für uns gut, aber auch für die Gegend, so in der Art. (Emi, 37)

Ganz deutlich formuliert Emi hier eine auf gegenseitigen Respekt und Unterstützung basierende Vision von Gemeinschaft. Nicht nur das eigene Wohlergehen, sondern auch das anderer Menschen, der ganzen Gegend solle in den Blick genommen werden. Da sie vor dieser Passage viel über ihre Kritik am Konsum der Großstadt gesprochen hatte (s. o.) liegt nahe, auf was sich ‚ausbeuten und ausgebeutet werden' hier bezieht: auf die auf Geld und Konsum fixierte urbane Gesellschaft. Der lokalen Gemeinschaft dagegen möchte sie zur Stütze werden. Davon, dass sie und Toshi zugezogen sind, sollen auch andere profitieren. Sie positioniert sich und ihren Umzug ganz eindeutig als gemeinwohlorientiert. Ihren Wunsch, dass es allen gut gehen solle, unterstreicht sie als genuin, als authentisch, da er nicht mit besonderen Zielen und Ambitionen verbunden sei. Emi beschreibt ihr Leben auf dem Land zwischen Reisfeld und Acker als eines, dass sie auch an die nächsten Menschen, also die nächste Generation weitergeben möchte. Dieses *furusato* will sie bewahren.

7 Diskussion: Vom Glück auf dem Land

> Governmental practices rarely operate by
> direct command and control. Both the principle
> of obedience and – even more so – the exercise
> of constraint are very costly and tied to great
> risk. It seems more effective to guide individuals
> and collectives "through their freedom", in other
> words to prompt them to govern themselves, to
> give them positive incentives to act in a certain
> way and understand themselves as free subjects.
> (Bröckling, Krasmann und Lemke 2010: 13)

Die individuelle Selbstverwirklichung, die Realisierung eines zu einem passenden Lebensstil, ist das zentrale Versprechen des Diskurses um Stadt-Land-Migration in Japan. Unter dieser Prämisse, dass auch im ländlichen Japan eine Vielfalt an Lebensentwürfen umsetzbar sei und neue Werte gelebt werden könnten, wird die Migration aus den Großstädten in „die Regionen" als attraktive Option für junge Menschen beworben. In den Regionen scheint prinzipiell jeder Wunsch erfüllbar, die Adressierten können ihr authentisches Selbst frei ausleben und ihr ideales Leben verwirklichen. Anhand verschiedenster Beispiele von erfolgreichen *I-turnern* wird deutlich gemacht, dass ein Gelingen dieses Projekts möglich sei.

Die Auswertung der Interviews hat gezeigt, dass Selbstverwirklichung, aber auch Freiheit, Selbstbestimmung oder Sinnsuche in den Selbst-Erzählungen als zentrale Anliegen thematisiert wurden. Sie sprechen von *yaritai koto*, von *shitai koto*, also „Dingen, die ich machen wollte", die sie in der Stadt nicht umsetzen konnten. Sie beschreiben, dass der Lebensstil, den sie sich wünschten, in Tōkyō nicht zu verwirklichen war. Sie positionieren sich als Individuen, die ihren eigenen Weg gehen oder finden wollen, die konkreten Ziele und Wünsche haben, deren Realisierung sie aktiv anstreben. Der Umzug aufs Land wird dabei als Möglichkeit gesehen, diese endlich anzugehen. Was die explizierten Absichten und Ziele angeht, finden sich unter den Interviewten durchaus Unterschiede. Die Aussagen reichen von Naomis Wunsch, den eigenen Lebensweg zu finden, über Takeshis Suche nach einer ihn erfüllenden Arbeit bis zu Toshis Vision, traditionelle Lebenswege zu leben und zu bewahren oder Daisuke und Yukos Bestrebungen, sich Lebensentwürfe jenseits des kapitalistischen Systems zu verändern. Gemeinsam ist den Erzählungen jedoch, dass die Interviewten sich von ihrem Umzug ein erfülltes, selbstverwirklichtes Leben erhoffen, eine Befreiung von einengenden Lebensverhältnissen – manchmal räumlich, manchmal mental gemeint. Vor allem die Großstadt und die urbane Gesellschaft erscheinen in den Erzählungen fast wie ein Käfig, der die Potentiale der Interviewten hemmte und keine Vielfalt erlaubte, ein Ort, an dem man als Zahnrad im Getriebe hängen bleibt. Die Regionen dagegen werden als Orte beschrieben, welche Selbstentfaltung und eine aktive Gestaltung des eigenen Lebens ermöglichen. Damit einhergehend charakterisieren sie die Großstadt als statisches, unflexibles Gefüge, das keine Innovationen oder neue Ideen ermögliche, wohingegen dies an ihren jeweiligen neuen Wohnorten in verschiedenen Formen als möglich beschrieben wird: Sei es die Mitarbeit in Revitalisierungs- oder Bildungsprojekten, die sie als innovativ einschätzen, sei es die Idee, aus den ländlichen Regionen heraus Japan zu verändern.

Dabei distanzieren sich viele von den in Kapitel 2 diskutierten Standardlebensläufen, betrachten diese kritisch oder lehnen sie ganz ab. Sie positionieren sich als autonome, reflektierte Individuen, die nicht einfach einen vorgeschriebenen Weg beschreiten, sondern irgendwann erkannt haben, dass sie für die Verwirklichung ihres Selbst aus vorgegebenen Norm(alitäts)vorstellungen ausbrechen müssen. Als Gegensatz zu dieser positiv bewerteten Autonomie benennen sie vor allem die Arbeits- und Lebensbedingungen in der Stadt. Neben langen Arbeitszeiten sind es Gefühle der Fremdbestimmung durch festgelegte Abläufe, Arbeitskulturen oder Hierarchien, die thematisiert werden. Takeshi oder Kazu etwa argumentieren, dass persönliche Freiheit und Verwirklichung ihnen wichtiger gewesen seien als die Sicherheit des Angestelltenverhältnisses. Dass sie für ihre neuen Arbeitsstellen geringer bezahlt werden, wird für sie durch Möglichkeiten für mehr Eigeninitiative und Verantwortung aufgewertet. Da Arbeit für sie nicht ein reines Mittel zum Zweck, sondern vor allem Ausdruck ihrer intrinsischen Interessen ist, suchten sie nach Arbeitsstellen, die sie als erfüllend empfanden und in deren Rahmen sie ihr Potential weiterentwickeln konnten. Der Diskurs scheint also die Bedürfnisse der Adressierten erfolgreich zu greifen, wenn Werte wie Freiheit, Selbstbestimmung und Selbstverwirklichung versprochen werden. Da die Individuen selbst materielle Sicherheit hinter individueller Entfaltung zurückstellen, können die unsicheren Arbeitsverhältnisse in vielen Gegenden auch im Diskurs positiv ausgedeutet werden, ohne dabei auf Ablehnung durch die Adressierten zu stoßen. Aus möglicher Prekarität wird so im Diskurs, und auch in den Selbsterzählungen, eine Chance. Sowohl die diskursiven als auch die individuellen Deutungen speisen sich vermutlich aus den in Kapitel zwei diskutierten Veränderungen.

Insbesondere meine Interviewpartner:innen aus Itoshima und Yabakei kritisierten das ganze ‚System‘ der Stadt als auf Konsum ausgerichtet, als Hamsterrad aus Geld verdienen und Geld ausgeben, das die Menschen nicht glücklich mache. In den Interviews wird eine Entfremdung des Menschen von sich und der Arbeit beschrieben, der Umzug wird zum Versuch, wieder Kontrolle über das eigene Wohlergehen und die eigene Arbeitskraft zu erlangen. Dabei erzählten sie, dass der Umzug ihnen ermöglicht habe, ihre schon lange gehegten Ansichten und Werte in ihrem Leben auf dem Land umzusetzen, also zu verwirklichen. Als zentralen

Auslöser thematisierten sie dabei häufig das Tōhoku-Erdbeben 2011, das ihnen die mangelnde Nachhaltigkeit des Großstadtlebens und den mangelnden Nutzen von materiellen Aspekten in existentiellen Notsituationen vor Augen geführt habe. Das als traumatisch empfundene Erdbeben wird zur Chance umgedeutet, endlich die schon lange ersehnten Änderungen im eigenen Leben umzusetzen, sich eine Existenz im ländlichen Japan aufzubauen, die auf immaterielle Werte setzt, auf eine Rückkehr zur Natur, Nachhaltigkeit, Gemeinschaftlichkeit

In diesem Kontext zeigt sich eine deutliche Überschneidung mit der diskursiven *storyline*, die das Erdbeben 2011 ebenfalls als Ereignis deutet, das zu einem Paradigmenwechsel in den jüngeren Generationen geführt habe. Der im Diskurs diagnostizierte Wertewandel hin zu Post-Materialismus und Post-Growth findet sich insofern in allen Interviews wieder, als dass sie sich – mal mehr mal weniger – von Karriere, finanziellem Gewinn, Konsum oder sozialem Status abgrenzen. Dies reicht von Kazu und Takeshi, die erzählen, die Sicherheit fester Anstellungen für selbstbestimmte Arbeit aufgegeben zu haben, über Michiko und Ami, die von Entfremdung und Übermüdung durch die Großstadt reden, zu Hanas Wunsch nach mehr Nachhaltigkeit und Emi, Yuko, Rina, Daisuke und Toshi, die Konsum und Kapitalismus kritisieren. Besonders ausgeprägt ist dieses Deutungsmuster jedoch in den in Itoshima und Yabakei geführten Interviews. Ganz explizit spricht dabei Daisuke die These aus, dass das Erdbeben für die ganze Gesellschaft zu einem Moment der Veränderung werden könne, also eine These, die auch im Diskurs mehrfach aufgegriffen wurde. Dabei ist im Diskurs jedoch keine explizite Kritik am „System" angelegt, wie sie vor allem die Interviewten aus Itoshima üben, die sich kritisch zur von wirtschaftlicher Produktion und Konsum bestimmten Logik einer kapitalistischen Gesellschaft positionieren. Im Diskurs wird Stadt-Land-Migration ganz klar – neben der Möglichkeit zur Selbstverwirklichung – als Dienst an der Gesellschaft eingeordnet, nicht etwa als Gegenposition zu etablierten Deutungsmustern.

Die umrissenen Selbst-Erzählungen verweisen davon abgesehen auf eine Verschränkung und Wechselwirkung zwischen Diskurs und Selbst-Erzählungen. Die den jungen Menschen diskursiv zugeschriebenen Interessen und Motivationen finden sich in den Interviews eindeutig wieder. Das heißt, es werden im Diskurs Bedürfnisse aufgegriffen und adressiert, die auch bei der intendierten Zielgruppe, also jungen Menschen zwischen 20 und 40, vorhanden zu sein scheinen. Das bedeutet nicht, dass diese Bedürfnisse meiner Interviewten erst durch den Diskurs geweckt wurden. Wie in Kapitel 2 diskutiert wurde, haben Diskussionen um Selbstverwirklichung, Sinnsuche und Glück schon seit den 1990er Jahren Konjunktur und tauchen in verschiedenen Diskursen auf. Hier steht der Stadt-Land-Diskurs zweifellos in wechselseitiger Beziehung mit anderen Diskursen. Aber es zeigt, dass die in der Diskurs-*storyline* erfolgte Verknüpfung von Selbstverwirklichung und ländlichem Japan insofern durchaus wirkmächtig zu sein scheint, als sie unmittelbare Bedürfnisse der Adressierten angesprochen hat.

7.1 Das ländliche Japan als *furusato 2.0*

Im Diskurs werden die ländlichen Regionen weitgehend als Orte inmitten idyllischer Natur dargestellt, in denen traditionelle Lebens- und Arbeitsweisen erhalten geblieben sind. Wohlmeinende Dorfgemeinschaften, in denen man sich noch gegenseitig unterstützt, scheinen mit offenen Armen auf die Neuankömmlinge zu warten. Gesundes Essen, Freizeit in der Natur, günstige Lebenshaltungskosten, Ruhe von Lärm und Hektik der Großstadt. Diese Darstellung übernimmt viele Elemente aus dem vor allem in Kapitel 3.3 diskutierten Deutungsmusters des ländlichen Japans als *furusato*, als typisch japanische Landschaft, als idyllische nationale Heimatsphäre, die Traditionen, eine bestimmte japanische Lebensweise, einen Nationalcharakter bewahre. Besonders in der einflussreichen Discover Japan Kampagne sind bestimmte Aspekte wie die Entdeckung des eigenen Selbst durch die Entdeckung eines ländlichen, ursprünglichen Japans bereits angelegt. Während es noch in den 1970–1990er Jahren jedoch vor allem um den Konsum ländlicher Produkte und Tourismus, also Selbstentdeckung durch Reisen, ging, liegt der Fokus nun darauf, tatsächlich umzuziehen.

Auch in den Selbst-Erzählungen sind sehr ähnliche Deutungsmuster zu finden, wie sie für den Diskurs um die Stadt-Land-Migration typisch sind. Es wird von einer „Gemeinschaft wie eine Familie" gesprochen, von der lokalen Bevölkerung, die einen liebevoll umsorgt. Auch wenn Naomi und Rina durchaus Probleme und Nachteile aus der Sicht weiblicher *I-turner* thematisieren, überwiegen in den Selbst-Erzählungen die Vorteile. Ama, Itoshima und Yabakei werden als Orte dargestellt, in denen noch Gemeinschaftlichkeit herrscht, in denen Kinder auf der Straße spielen und man einander grüßt. Des Weiteren werden sie mit traditioneller Werten und einer reichen Geschichte assoziiert. Dabei werden durchaus unterschiedliche Bezüge zur Vergangenheit hergestellt. Michiko spricht vom „guten alten Japan" (*furukiyoki nihon*) und verknüpft dies mit der Shōwa-Zeit. Toshi dagegen geht noch weiter zurück, wenn er eine ursprüngliche japanische Lebensweise in der Zeit vor der Mechanisierung, Industrialisierung und Urbanisierung ländlicher Räume verortet. Und Daisuke wiederum beschreibt Itoshima als heilige Stätte der Yayoi-Zeit, in der ein enger kultureller Austausch mit Gegenden der koreanischen Halbinsel und im heutigen China bestanden haben. Durch diese Verbindung mit der Vergangenheit wird den Orten in den Interviews ein besonderer Status zugeschrieben. Sie bewahren jeweils eine Essenz bestimmter japanischer Geschichte und Traditionen.

Sowohl in den Interviews als auch im Diskurs wird das Deutungsmuster einer idealisierten Vergangenheit evoziert, die bedroht sei und in den Städten bereits verloren. Die ländlichen Regionen dagegen böten noch Natur, Sicherheit, Gemeinschaftlichkeit usw. Der Diskurs um Stadt-Land-Migration nutzt somit auch hier ein Deutungsmuster, das eindeutig wirkmächtig ist und in den Selbst-Erzählungen genutzt wird. Da es sich jedoch um ein seit den 1970er Jahren besonders im allgemeinen medialen Diskurs verbreitetes Deutungsmuster handelt, kann nicht darauf rückgeschlossen werden, dass meine Interviewpartner:innen es genau aus dem Diskurs um Stadt-Land-Migration rezipiert haben. Dieser dürfte aber mindestens eine verstärkende Wirkung gehabt haben.

Der zweite Aspekt des *furusato 2.0* ist, dass das ländliche Japan nicht mehr nur als nostalgisch der Vergangenheit verhaftet dargestellt wird, sondern als Ort von Kreativität, Ideen und Innovationen. Das kann die Eröffnung einer eigenen Craft Beer Bar, eines Ladens oder einer Töpferei sein, reicht aber bis hin zu Orten wie Ama, die als „Pioniere in der Revitalisierung" oder „Vorreiter in der Bildung" bezeichnet werden. Hier zeigten sich eindeutige Positionierungen meiner nach Ama gezogenen Interviewpartner:innen, die dieses Bild Amas als einen zentralen Auslöser für ihr Interesse und ihren schlussendlichen Umzug angaben. Über diskursive Akteure wie Universitäten, Zeitschriften oder soziale Medien kamen sie erstmals mit dieser Narrative in Kontakt und wurden effektiv und erfolgreich adressiert. Hana, Michiko, Takeshi und Kazu betonten ausdrücklich, wie sehr sie dieses Bild Amas als Ort mit vielen jungen, kreativen und engagierte Menschen beeindruckt habe. Aufgrund dieses Deutungsangebots können sie sich auch selbst als Individuen positionieren, die etwas zu diesen Projekten beitragen und somit Teil von Amas innovativen Bestrebungen werden.

Naomi dagegen übt explizit Kritik an der medialen Narrative. Sie stellt sich dazu kritisch in Bezug und verweist auf die Nachteile einer allzu positiven Darstellung. Zudem ist sie skeptisch gegenüber dem diskursiv erzeugten Bild einer universitären Elite, die nun in die Regionen komme, um diese zu bereichern. Da sie selbst keinen universitären Abschluss besitzt, kann sie sich dieser diskursiv generierten Gruppe natürlich auch gar nicht zuschreiben. Stattdessen sieht sie Ama fast durch seine Berühmtheit bedroht. Naomi erläutert, dass jede Stadt Vielfalt brauche, dass es langweilig werde, wenn nur die gleichen Menschen kommen. Somit grenzt sie sich dezidiert von dieser Subjektposition ab und betont, dass sie und die anderen der „ersten Generation" aus genuiner Neugier und Interesse nach Ama gekommen seien, nicht um die eigene Karriere voranzubringen. In eine ähnliche Richtung weist auch, wenn sich Daisuke in seiner Erzählung von Ama distanziert. Er erklärt, dass dort ein Zuzug nur möglich sei, da die Stadtverwaltung Arbeitsplätze schaffe. Dagegen, so macht Daisuke deutlich, haben er und die anderen *I-turner* in seinem Freundes- und Bekanntenkreis sich ohne Unterstützung der Lokalverwaltung ein eigenes Netzwerk aufgebaut. Dieser Darstellung dürfte eine Dichotomie zugrunde liegen: diejenigen, die aus eigener Motivation heraus handeln, werden denjenigen gegenübergestellt, die lediglich auf staatliche Anreize reagieren. Damit nutzen aber sowohl Daisuke als auch Naomi durch die Abgrenzung die diskursiven Deutungen für ihre Selbstpositionierungen.

7.2 Gemeinwohlorientierung

Die Realisierung der eigenen Wünsche und Träume soll aber nicht nur der eigenen Selbstverwirklichung dienen, sondern auch in den Dienst des Gemeinwohls gestellt werden. Dafür, so wird im Diskurs versprochen, erhält man Dankbarkeit, die wertvoller sei als finanzieller Profit. Zudem soll man die eigenen Ansichten und Erwartungen, wo notwendig, anpassen, um gute Beziehungen zur lokalen Bevölkerung aufzubauen.

Diese diskursiven Vorgaben, also die Notwendigkeit der Eingliederung in die lokale Gemeinschaft einerseits und die Nutzung der eigenen Potentiale für die Gemeinschaft andererseits, finden sich auch in den Selbst-Erzählungen wieder. Besonders exemplarisch ist der Aspekt der Integration und die ländliche Gemeinschaft in der Erzählung von Daisuke. Dabei ordnete er eine Weigerung an typischen nachbarschaftlichen Aktivitäten wie der Pflege der Straßen teilzunehmen, als egoistisch und respektlos gegenüber den Alteingesessenen ein. Er spricht dieses Verhalten vor allen der großstädtischen Bevölkerung zu, die gewohnt seien, viele Dinge als Dienstleistungen an andere auszulagern. Er positioniert sich demgegenüber als jemand, der selbstverständlich daran teilnimmt, da er die alteingesessenen Menschen vor Ort respektiere. Auch er sieht, wie dies diskursiv vorgegeben wird, die Notwendigkeit zur Kontaktaufnahme vor allem auf Seiten der Neuzuzügler:innen, die die Verantwortung für eine gelungene Integration tragen.

Der zweite Aspekt, die eigene Potentiale in den Dienst des Gemeinwohles zu stellen, habe ich am Beispiel der Selbst-Erzählungen von Naomi, Hana und Emi illustriert. Alle drei drücken aus, etwas für die Gemeinschaft tun, einen Beitrag leisten zu wollen. Dabei sind die Motivationen jedoch unterschiedlich gelagert. Naomi argumentiert aus einem Verpflichtungsgefühl heraus, das aus persönlichen Beziehungen herrührt, aus dem Wunsch etwas an die Menschen zurückzugeben, die sie unterstützt haben. Hana dagegen interessiert sich für eine nachhaltige Gesellschaft und eine Reform des japanischen Bildungssystems. Ihr Wunsch, die Aktivitäten der Städte Kamikatsu und Ama zu unterstützen, kommt also vor allem daher, dass sie die Themen, die ihr am Herzen liegen, dort umgesetzt sieht. Durch ihr Handeln trägt sie dazu bei, ihre eigenen Werte zu verwirklichen. Emi schließlich wünscht sich eine Gemeinschaftlichkeit, in der aufeinander geachtet wird, in der man sich nicht gegenseitig ausnutzt oder ausbeutet. Dementsprechend will sie sich für die Gemeinde einsetzen und so dafür sorgen, dass ihr Umzug nicht nur für sie und ihren Mann Toshi, sondern auch für die Menschen in der Umgebung positive Effekte zeitigt. Damit zeigt sich, dass Gemeinwohlorientierung – in unterschiedlichem Ausmaß – für viele der Individuen eine zentrale Rolle spielt.

7.3 Selbst-Erzählungen zwischen Selbstverwirklichung und Responsibilisierung

Anhand der Auswertung der Interviews wird ersichtlich, dass die Interviewten ihren Umzug als Projekte der Selbstverwirklichung begreifen. Sie stellen die Entscheidung und ihr Leben auf dem Land generell als Erfolgsgeschichten dar, die ihnen die Umsetzung ihrer Interessen und Ziele ermöglicht. Prinzipiell zeichnet sich damit eine sehr ähnliche *storyline* wie im Diskurs ab: „Der Umzug an meinen neuen Lebensort hat mir erlaubt, meine individuellen Vorstellungen zur verwirklichen." Die Überschneidung mit im Diskurs identifizierten Deutungsmustern zum ländlichen Japan, oder normativen Vorgaben wie Gemeinwohlorientierung spricht für eine Wirkmächtigkeit dieser diskursiven Adressierungen. Da eben diese Deutungsmuster jedoch auch in anderen Diskursen aufzufinden sind (s. Kapitel 2.3 bzw. 3.3), kann nicht mit absoluter Sicherheit ermittelt werden, dass hier genau oder vielmehr: allein der Diskurs um Stadt-Land-Migration effektiv adressiert hat. Es hat sich jedoch gezeigt, dass besonders im Fall von Ama die Interviewten über soziale Medien, Zeitschriften oder den Besuch von Messen den Diskurs rezipiert und durch das positive Bild der Stadt in ihren Entscheidungen beeinflusst wurden. Gerade die kritische Distanzierung Naomis zur Subjektposition der „Elite *I-turner*" oder Daisukes Kontrastierung zwischen der Stadt Ama und Itoshima verweist auf Effekte des Diskurses in ihren Selbst-Erzählungen und den darin vorgenommenen Positionierungen. Zudem kann auch für die anderen Interviewten davon ausgegangen werden, dass sie im Rahmen ihrer Entscheidungsfindung und spätestens bei der Vorbereitung des Umzugs Teile des Diskurses um Stadt-Land-Migration rezipierten, weshalb dieser mindestens eine verstärkende Wirkung gehabt haben dürfte, selbst wenn die dort etablierten Deutungsmuster den Interviewten bereits aus anderen Diskursen vertraut waren.

Im Interviewmaterial waren aber auch eindeutige Bezüge zu anderen Diskursen und Modellsubjekten identifizierbar, vor allem den Standarderwerbslebensläufen. Hier überwog eine klare Abgrenzung, da diese Modellsubjekte als restriktiv und einschränkend kritisiert und abgelehnt wurden. Anders als die Interviewpartner:innen in Itoshima und Yabakei ging es den Interviewten in Ama jedoch nicht um einen vollständigen Ausstieg aus dem System, sie inszenierten sich nicht als eindeutig gesellschafts- oder regierungskritisch.

Demgegenüber positionierten sich die Interviewpartner:innen in Yabakei und besonders Itoshima als widerständig, als gesellschafts- und regierungskritische Individuen, die sich aktiv gegen Atomkraft und für Frieden einsetzen. Interessant ist hier jedoch, dass gerade in Abgrenzung von einer als konsumfixierten und zwischenmenschlich distanzierten Gesellschaft der Großstadt auf einige der gleichen Deutungsmuster und normativen Vorgaben zurückgegriffen wird, wie sie im Diskurs um Stadt-Land-Migration vermittelt werden. So spielt auch hier das Deutungsmuster einer in den ländlichen Gebieten noch zu findenden traditionellen Lebensweise, der Verbindung zu einer idealisierten Vergangenheit eine wichtige Rolle. Darüber hinaus wurde in den Interviews aus diesen Orten die Orientierung am Gemeinwohl besonders betont, da mit dieser ‚traditionellen' Lebensweise eine besondere Gemeinschaftlichkeit verbunden wird. Das heißt, die gleiche Forderung, die im Diskurs an die Adressierten gestellt wird, die Selbstverwirklichung und die eigenen Potentiale in den Dienst der Gemeinschaft zu stellen, war auch hier zentral.

Der Diskurs wirkt, im Sinne Foucaults, aber auch produktiv, indem er neue Sagbarkeitsräume eröffnet. Die Abkehr von Standardlebensläufen, die Entscheidung die Karriere aufzugeben oder gar nicht erst anzustreben, wird im Diskurs als valide Option etabliert. Wer sich für einen Umzug in ländlichen Regionen umzieht, muss also nicht mehr verhandeln, dass dies als Scheitern an der Normalbiographie gesehen werden könnte (vgl. Lewerich 2022: 263). Gleichzeitig formiert der Diskurs aber ein klares Anti-Subjekt: wer das ruhige Landleben sucht, sich nicht integrieren möchte, ist nicht erwünscht und wird keinen Erfolg haben. Durchweg positionieren sich die Interviewten auch als aktive, geplant handelnde, hart arbeitende Individuen. Selbst diejenigen, die Standardlebensläufe am vehementesten ablehnten, waren mit ihren verschiedensten Nebentätigkeiten mehr als beschäftigt. In manchen Erzählungen wurde am Rande erwähnt, dass man – bis auf den Wegfall langer Pendelzeiten – eigentlich nicht weniger arbeite als in der Großstadt. Diese Arbeit wird also nicht nur im Diskurs in den Fokus gestellt, sondern auch in den Selbst-Positionierungen. Da, wo die Arbeit als zentraler Modus für Selbstverwirklichung gesehen wird, muss das wohl logisch erfolgen.

7.4 Ausblick

Seit den 1990er Jahren scheint in der japanischen Öffentlichkeit ein Krisendiskurs den anderen abzulösen. Nicht ohne Grund bemühte die Regierung Abes eine Rhetorik nationaler Einheit, verwies Abe in der Rede zum neuen Äranamen Reiwa dezidiert auf eine japanische „hochentwickelte" Kultur, eine „ewige" Geschichte, einen dezidierten „Nationalcharakter" (CAS 2019). In Zeiten gesellschaftlicher und globaler Umbrüche, Unsicherheiten und Krisen soll der Rückgriff auf eine angebliche Ewigkeit der nationalen Gemeinschaft Halt und Sicherheit verschaffen. Wie in Kapitel 3 diskutiert, werden schon seit der Meiji-Zeit die Wurzeln dieser Gemeinschaft, Tradition, Kultur und Geschichte immer wieder im ländlichen Japan verortet.

Dieses *furusato* ist jedoch weiterhin von Strukturschwäche, von Überalterung und Entvölkerung betroffen. Als Effekt der wachsenden neoliberalen Ausrichtung der japanischen Regionalpolitik wird, wie gezeigt werden konnte, die Verantwortung für die Lösung dieser Probleme zunehmend den betroffenen Regionen selbst überlassen. Vor allem seit der Implementierung der Politik der „local Abenomics" lässt sich zudem die Strategie beobachten, die jüngeren Generationen in die Verantwortung zu nehmen. Abwanderung stellt jedoch ein besonders schwer zu bekämpfendes Symptom regionaler Schrumpfung dar (vgl. Leibert und Golinski 2017: 278). Und nach wie vor verläuft die dominante Wanderungsbewegung aus den Regionen nach Tōkyō. Den jungen Generationen einen Umzug in eben diese Regionen schmackhaft zu machen, wird zudem auch durch die gesellschaftlichen Diskussionen um das „Aussterben der Regionen" selbst erschwert.

Um dem entgegenzuwirken und neue Einwohner:innen zu akquirieren, wird im Diskurs um Stadt-Land-Migration einerseits das Deutungsmuster des ländlichen Japans als idyllisches *furusato* bemüht, durch das Probleme ländlicher Regionen gewissermaßen überstrahlt und somit weitgehend ausgeblendet werden. Dementsprechend werden die Regionen als Orte gepriesen, die Raum zur Selbstentfaltung bieten, sie werden als brachliegende Ressourcen präsentiert, die nur auf unternehmerischen Geist warten. Dafür wird das Vokabular der Individualisierung bemüht und von Selbstverwirklichung und Selbst-Authentizität gesprochen, die dort umgesetzt werden könnten. Gleichzeitig wird allerdings auch deutlich gemacht, dass angesichts des breiten Angebots und der zur Verfügung stehenden Wahlmöglichkeiten die Verantwortung für Erfolg und Scheitern bei den Individuen selbst liegt.

Wie in Kapitel 2 diskutiert, werden Ansprüche der Individuen auf Selbstverwirklichung schon seit den späten 1980er und vor allem seit den 1990er Jahren vermehrt in der japanischen Gesellschaft diskutiert und haben Eingang in die Arbeitswelt gefunden. Der Wunsch nach erfüllender Arbeit, welche die individuelle Subjektivität achtet, statt sie zu unterdrücken – wie das noch in stärker fordistischen bzw. toyotistischen Arbeitsformen der Fall war – wird dabei jedoch von einer Forderung zu einer Anforderung. Zudem lässt sich seit den 1990er Jahren ein zunehmender Umbau des Wohlfahrtsstaates hin zu einem aktivierenden Sozialstaat beobachten. Vermehrten „Nachfragen" nach Autonomie und Gestaltungsmöglichkeiten wird dahingehend begegnet, dass Individuen und Kollektive an Lösungen von

Problemen beteiligt werden, die vorher in die Zuständigkeit spezialisierter Staats-apparate fielen (vgl. Lemke 1997: 248). Die entsprechenden Auswirkungen sind auch im Diskurs um Stadt-Land-Migration zu beobachten, in dem mit Versprechen von Selbstverwirklichung junge Menschen für die Entwicklung und Revitalisierung der Regionen responsibilisiert werden. So wird das Eigeninteresse der Individuen mit dem gesellschaftlichen Gemeinwohl in Beziehung gesetzt (vgl. Lessenich 2008: 85).

Ähnliche Entwicklungen konstatieren auch Dorothea Mladenova (2022) und Isabell Fassbender (2021) in ihren Arbeiten. Im Diskurs um *shūkatsu* („Aktivitäten zum eigenen Ableben") wird ebenfalls von Selbstbestimmung und -verwirklichung gesprochen, damit Individuen aber auch für ihr eigenes gelungenes Ableben ver-antwortlich gemacht. Sie sollen vor allem Anderen, und der Gesellschaft generell, nicht nach ihrem Tod zur Last fallen und werden über ihr Ableben hinaus in die Verantwortung genommen. Den wachsenden Markt an Expert:innen, die zu *shūkatsu* beraten, sieht Mladenova auch als Lückenfüller. Wo gesellschaftliche Skripte zum richtigen Umgang mit dem Tod zunehmend an Deutungsmacht ver-lieren, treten private Anbieter:innen, also wirtschaftliche Akteure an ihre Stelle (vgl. Mladenova 2022). Isabell Fassbender arbeitet in ihrer Untersuchung zum *ninkatsu*-Diskurs Ähnliches heraus und fasst zusammen:

> Ideas like "choice" and "autonomy" are part of a strategy to align the individual with norma-tive ideas of the "good life" that are embedded in political agendas and market rationales. The "reproductive entrepreneur" is a neoliberal subjectification and government strategy that pushes the individual to self- monitoring and self- improvement in order for them to be able to plan and control their reproductive choices. The individual's "choices" are delivered by experts taking the role of advisors, framed by technology and services offered in the cap-italist marketplace. (Fassbender 2021:199)

Mittels Verheißungen wie Freiheit und Selbstverwirklichung werden junge Men-schen angerufen das eigene Potential in den Dienst des Gemeinwohles zu stellen und so zur regionalen Revitalisierung beizutragen. Ein Markt an Expert:innen stellt ihnen dafür eine Fülle an Material zur Verfügung, das scheinbar den Erfolg des Umzuges, gar des lang gehegten Lebenstraums garantiert. Die Individuen haben gut vorbereitet und selbstreflektiert zu handeln. Wer das nicht tut, verhält sich nicht nur sozial unerwünscht, sondern dem droht das Scheitern des Projektes „Umzug aufs Land", also das Scheitern der Selbstverwirklichung. So lässt sich beobachten, dass Schlagworte, die einmal eine „Steigerung qualitativer Freiheit versprachen", nunmehr zur Ideologie der Deinstitutionalisierung geworden sind" (Honneth 2002: 146). Die politische Instrumentalisierung von bestimmten Schlagwörtern der Indi-vidualisierung (*jibunrashisa, jibun ni au, jibun nari*) legt nahe, dass die unter jün-geren Menschen gewachsenen Ansprüche auf Selbstverwirklichung in eine „Pro-duktivkraft der kapitalistischen Wirtschaft verwandelt werden sollen" (Honneth

2002: 154). Die Selbstverwirklichung soll in den Dienst des Gemeinwohls gestellt werden und die Individuen werden „für die Gewährleistung des gesellschaftlichen Wohlergehens" (Lessenich 2012: 47) verantwortlich gemacht.

Die Agglomeration in Tōkyō, die eng mit dem Niedergang vieler Regionen verbunden ist, wird nicht effektiv angegangen, während gleichzeitig die Verantwortung für die Revitalisierung nicht mehr nur an betroffene Kommunen, sondern auch an individuelle Akteur:innen abgegeben wird. Wenn schon vielen Gemeinden die Ressourcen fehlen, die Zentralisierungseffekte zu bekämpfen, gilt dies wohl noch mehr für Individuen. Die unter Rückgriff auf Freiheitsversprechungen vorgenommene diskursive Verpflichtung junger Menschen für große gesellschaftliche Problemlagen einzustehen, die mit der gleichzeitigen Abgabe der damit verbundenen Risiken an diese Individuen einhergeht, ist mit großer Skepsis zu betrachten.

Ungeachtet dessen erfolgt in den untersuchten Selbst-Erzählungen eine weitgehend positive Einschätzung des eigenen Umzuges in die Regionen. Die Individuen beschreiben tatsächlich einen empfundenen Zugewinn an Freiheit und Gestaltungsmöglichkeiten. Dafür nehmen sie teilweise auch prekäre, da befristete und weniger gut bezahlte Arbeitsverträge in Kauf oder finanzieren sich mithilfe saisonaler Jobs und Teilzeittätigkeiten. Ist dies nun der Effekt der neoliberalen Politik der Regierung oder stellt dies eine tatsächliche Selbstermächtigung der Individuen dar? Ich bin in Ama, Yabakei und Itoshima vielen interessanten und engagierten Menschen begegnet, die dabei waren kreative, soziale und innovative Projekte auf den Weg zu bringen. Ihr Engagement empfanden viele von ihnen als erfüllend. Es war und ist für die lokalen Gemeinschaften sicher von großer Bedeutung.

Feststellen ließen sich bemerkenswerte Wechselwirkungen zwischen dem Diskurs und den Selbst-Erzählungen, die dafür sprechen weitere Forschungen durchzuführen, welche die diskursive Situierung menschlicher Selbstverhältnisse in den Blick nehmen. Die Interviews stellten jedoch nur eine Momentaufnahme dar. In der Situation des Interviews waren alle erfolgreich in der Umsetzung ihrer Pläne und es war ihnen so möglich, den Umzug als Wendepunkt, als Katalysator für ihr „neues Leben" einzuordnen. Für Einige in Ama war zum Zeitpunkt der Interviews jedoch nicht klar, wie lange und wie permanent ihr Aufenthalt sein würde. Wer das ländliche Japan verlässt und zurück in die Großstadt zieht, so ist zu vermuten, wird eine andere Erzählung entwerfen. Als ergänzendes und kontrastierendes Forschungsprojekt wären daher Interviews mit ehemaligen *I-turnern* denkbar, die sich für eine Rückkehr in die Stadt entschieden haben. Diesbezüglich wäre zu fragen, wie sie sich gegenüber dem Diskurs der Stadt-Land-Migration positionieren und ihre Erfahrungen einordnen und bewerten.

In dieser Arbeit habe ich die diskursive Erzählung vom ländlichen Japan als „furusato 2.0" analysiert und einer kritischen Betrachtung unterzogen. Des Weiteren habe ich untersucht, wie in diesem Diskurs eine bestimmte Subjektivität entworfen wird und wie Individuen mit diesen diskursiven Vorgaben umgehen. Ich hoffe, ich habe damit einen Beitrag zu den aktuellen Diskussionen um Stadt-Land-Migration und Ländlichkeit in Japan leisten und sie um diese Aspekte bereichern können.

Literaturverzeichnis

Allison, Anne. „The Cool Brand, Affective Activism and Japanese Youth." *Theory, Culture & Society* 26 (2009): 89 – 111.

Amano Ikuno. *Financial Euphoria, Consumer Culture, and Literature of 1980s Japan. Dream of the Bubble Economy.* London: Routledge, 2022.

Anderson, Laurel und Marsha Wadkins. „Die neue Rasse in Japan: Konsumkultur." *Canadian Journal of Administrative Sciences* 9.2 (1992): 146 – 153.

Angermüller, Johannes. „Sozialwissenschaftliche Diskursanalyse in Deutschland. Zwischen Rekonstruktion und Dekonstruktion." *Die diskursive Konstruktion von Wirklichkeit.* Hg. Alexander Hirseland, et al. Konstanz: UVK, 2005. 23 – 48.

Avenell, Simon Andrew. „Civil Society and the New Civic Movements in Contemporary Japan: Convergence, Collaboration, and Transformation." *Journal of Japanese Studies* 35 (2009): 247 – 283.

Baethge, Martin. „Arbeit, Vergesellschaftung, Identität – Zur zunehmenden normativen Subjektivierung der Arbeit." *Soziale Welt* 42 (1991): 6 – 19.

Barshay, Andrew. „"Doubly Cruel". Marxism and the Presence of the Past in Japanese Capitalism." *Mirror of Modernity. Invented Traditions of Modern Japan.* Hg. Stephen Vlastos. Berkeley: University of California Press, 1998. 243 – 261.

Bauman, Zygmunt. *Flüchtige Moderne.* Frankfurt am Main: Suhrkamp, 2003.

Beck, Ulrich. *Risikogesellschaft: auf dem Weg in eine andere Moderne.* Frankfurt am Main: Suhrkamp, 1986.

Befu, Harumi. *Hegemony of Homogeneity: An Anthropological Analysis of Nihonjinron.* Melbourne: Trans Pacific Press, 2001.

Benson, Michaela und Karen O'Reilly. *Lifestyle Migration: Expectations, aspirations and experiences.* Hg. Karen O'Reilly. London: Routledge, 2009.

Benson, Michaela und Nick Osbaldiston. *Understanding Lifestyle Migration Theoretical Approaches to Migration and the Quest for a Better Way of Life.* London: Palgrave Macmillan, 2014.

Bosančić, Saša. *Arbeiter ohne Eigenschaften. Über die Subjektivierungsweisen angelernter Arbeiter.* Wiesbaden: Springer VS, 2014.

Bosančić, Saša. „Zur Untersuchung von Subjektivierungsweisen aus wissenssoziologisch-diskursanalytischer Perspektive. Methodologische Überlegungen." *Perspektiven wissenssoziologischer Diskursforschung.* Hg. Saša Bosančić und Reiner Keller. Wiesbaden: Springer VS, 2016. 95 – 119.

Bosančić, Saša. „Die Forschungsperspektive der Interpretativen Subjektivierungsanalyse." *Subjekt und Subjektivierung.* Hg. Steffen Amling Alexander Geimer und Saša Bosančić. Wiesbaden: Springer VS, 2019.

Bosančić, Saša, Lisa Pfahl und Boris Traue. „Empirische Subjektivierungsanalyse: Entwicklung des Forschungsfelds und methodische Maximen der Subjektivierungsforschung." *Diskursive Konstruktionen. Kritik, Materialität und Subjektivierung in der wissenssoziologischen Diskursforschung.* Hg. Saša Bosančić und Reiner Keller. Wiesbaden: Springer VS, 2019. 135 – 150.

Brinton, Mary C. *Lost in Transition: Youth, Work, and Instability in Postindustrial Japan.* Cambridge: Cambridge University Press, 2011.

Broadbent, Jeffrey. *Environmental Politics in Japan: Networks of Power and Protest.* Cambridge: Cambridge University Press, 1998.

Bröckling, Ulrich. *Das unternehmerische Selbst. Soziologie einer Subjektivierungsform.* Frankfurt am Main: Suhrkamp, 2007.

Bröckling, Ulrich, Susanne Krasmann und Thomas Lemke. „From Foucault's Lectures at the Collège de France to Studies of Governmentality: An Introduction." Bröckling, Ulrich, Susanne Krasmann und Thomas Lemke. *Governmentality.* New York: Routledge, 2010. 33.

Buerk, Roland. *Japan's youth turn to rural areas seeking a slower life.* 28. November 2011. https://www.bbc.com/news/business-15850243 (Zugriff am 20. Dezember 2019).

Bührmann, Andrea D. und Werner Schneider. *Vom Diskurs zum Dispositiv. Eine Einführung in die Dispositivanalyse.* Bielefeld: transcript, 2008.

CAS = Cabinet Secretariat Japan. *Chihō ijū gaidobukku. Inaka kurashi hajimemasenka?* Kein Datum. https://www.kantei.go.jp/jp/singi/sousei/info/pdf/panf_iju.pdf (Zugriff am 20. Dezember 2019).

CAS = Cabinet Secretariat Japan. *Iikamo, inaka kurashi.* Kein Datum. https://www.chisou.go.jp/iikamo/index.html (Zugriff am 10. Dezember 2023).

CAS = Cabinet Secretariat Japan. *Daihyaku hachijūnana kai kokkai ni okeru Abe naikaku sōri daijin shōshin hyōmei enzetsu.* 2014. https://www.kantei.go.jp/jp/96_abe/statement2/20140929shoshin.html (Zugriff am 20. Dezember 2019).

CAS = Cabinet Secretariat Japan. *Machi, hito, shigoto sōsei kihon hōshin 2015. Rōkaru abenomikusu no jitsugen ni mukete [Richtlinie für die Wiederbelebung von Städten, Menschen und Arbeit. Hin zur Realisierung der local Abenomics].* 2015. https://www.kantei.go.jp/jp/singi/sousei/info/pdf/20150630siryou3.pdf (Zugriff am 20. Dezember 2019).

CAS = Cabinet Secretariat Japan. *Kyōdō tsūshin kameisha henshū kyokuchō kaigi Abe sōri supīchi.* 2018. https://www.kantei.go.jp/jp/98_abe/statement/2018/1012kyodo.html (Zugriff am 20. November 2023).

CAS = Cabinet Secretariat Japan. *Dai hyakukyūjūhachi kai kokka ni okeru Abe kantei sōri daijin shisei hoshin enzetsu.* 2019. https://www.kantei.go.jp/jp/98_abe/statement2/20190128siseihousin.html (Zugriff am 20. November 2023).

CAS = Cabinet Secretariat Japan. *Dejitaru denentoshi kokka kōsō sōgō senryaku [Umfassende Strategie für die nationale Initiative „Digitale Städte im ländlichen Raum"].* 23. Dezember 2022. https://www.cas.go.jp/jp/seisaku/digital_denen/pdf/20221223_honbun.pdf (Zugriff am 30. Oktober 2023).

CAS = Cabinet Secretariat Japan. *Chihō sōsei ijū shien jigyō [Programm zur Unterstützung der Ansiedlung zur ländlichen Revitalisierung].* 2024. https://www.chisou.go.jp/sousei/meeting/digiden_chisou_setsumeikai/pdf/r06-01-16-shiryou5.pdf

Cassegård, Carl. *Youth Movements, Trauma and Alternative Space in Contemporary Japan.* Leiden: Beill, 2013.

Cave, Peter. *Primary School in Japan: Self, Individuality and Learning in Elementary Education.* London: Routledge, 2007.

Chiavacci, David. „From Class Struggle to General Middle-Class Society to Divided Society: Societal Models of Inequality in Postwar Japan." *Social Science Japan Journal* 11 (2008): 5–27.

Chiavacci, David. „Divided society model and social cleavages in Japanese politics: No alignment by social class, but dealignment of rural-urban division." *Contemporary Japan* 22 (2010): 47–74.

Chiavacci, David. „Inequality and the 2017 Election: Decreasing Dominance of Abenomics and Regional Revitalization." *Japan Decides 2017.* Hg. Robert J. Pekkanen, et al. New York: Springer International Publishing, 2018. 219–242.

Coulmas, Florian. „The Quest of Happiness in Japan." *Annual Review of the Institute for Advanced Social Research* 2 (2010): 1–25.

Creighton, Millie. „Consuming Rural Japan: The Marketing of Tradition and Nostalgia in the Japanese Travel Industry." *Ethnology* 3 (1997): 239–254.

Dahl, Nils. *Kodokushi – lokale Netzwerke gegen Japans einsame Tode.* Bielefeld: transcript, 2016.

Dasgupta, Romit. *Re-reading the salaryman in Japan: crafting masculinities.* London [u.a]: Routledge, 2013.

Dilley, Luke, Menelaos Gkartzios und Tokumi Odagiri. „Developing counterurbanisation: Making sense of rural mobility and governance in Japan." *Habitat International* 125 (2022): 1–10.

Dimmer, Christian und Daniel Kremers. „Towns in Transition – Regional and Ideological Diversity among Local Climate Protection Projects and Regional Revitalization Efforts in Rural Japan." *Local Action on Climate Change – Opportunities and Constraints.* Hg. Susie Moloney, Hartmut Fünfgeld und Mikael Granberg. Oxon: Routledge, 2018.

Elis, Volker und Ralph Lützeler. „Regionalentwicklung und Ungleichheit: Raumdisparitäten als Thema zur Prime Time—eine Einführung." *Japanstudien* 20 (2008): 15–33.

Elis, Volker. „The Impact of the Trinity Reforms and the Heisei Mergers on Processes of Peripherisation in Japan's Mountain Villages." *Japanese Journal of Human Geography* 63.6 (2011): 44–56.

Elis, Volker. „Japan und die postfordistische Prekarisierungsgesellschaft." *Prekarisierungsgesellschaften in Ostasien? Aspekte der sozialen Ungleichheit in China und Japan.* Hg. Stephan Köhn und Monika Unkel. Wiesbaden: Harrassowitz Verlag, 2016. 61–82.

Fassbender, Isabel. „Enhancing autonomy in reproductive decisions? Education about family planning and fertility as a countermeasure against the low birthrate." *Contemporary Japan* 28 (2016): 123–144.

Fassbender, Isabel. *Active Pursuit of Pregnancy. Neoliberalism, Postfeminism and the Politics of Reproduction in Contemporary Japan.* Leiden, Boston: Brill, 2021.

Feldhoff, Thomas. „Landes-und Regionalentwicklung zwischen Wachstum und Schrumpfung: Regionale Disparitäten und Räumliche Planung in Japan (National and Regional Development between Growth and Shrinkage: Regional Disparities and Spatial Planning in Japan)." *Japanstudien* 20 (2008): 35–67.

Feldhoff, Thomas. „Shrinking communities in Japan: Community ownership of assets as a development potential for rural Japan?" *URBAN DESIGN International* 18 (2013): 99–109.

Feldhoff, Thomas. „Japan's electoral geography and agricultural policy making: The rural vote and prevailing issues of proportional misrepresentation." *Journal of Rural Studies* 55 (2017): 131–142.

Flüchter, Winfried. „Japan: Die Landesentwicklung im Spannungsfeld zwischen Zentralisierung und Dezentralisierung." *Geographische Rundschau* 42 (1990): 182–194.

Foucault, Michel. *Archäologie des Wissens.* Frankfurt am Main: Suhrkamp, 1981.

Foucault, Michel. „Das Subjekt und die Macht." *Jenseits von Strukturalismus und Hermeneutik.* Hg. Michel Foucault. Frankfurt am Main: Athenäum Verlag, 1987. 243–261.

Fuji Television Network. *Osozaki no himwari. Boku no jinsei, rinyūaru [Eine spät aufblühende Sonnenblume. Mein Leben, erneuert].* Kein Datum. https://www.fujitv.co.jp/b_hp/osozakino_himawari/ (Zugriff am 20. Dezember 2019).

Fujita, Masahisa und Takatoshi Tabuchi. „Regional growth in postwar Japan." *Regional Science and Urban Economics* 27.6 (1997): 643–670.

Fukui, Haruhiro und Shigeko N. Fukai. „Pork Barrel Politics, Networks, and Local Economic Development in Contemporary Japan." *Asian Survey* 36 (1996): 268–286.

Funck, Carolin. „When the Bubble Burst: Planning and Reality in Japan's Resort Industry." *Current Issues in Tourism* 2 (1999): 333–353.

Geimer, Alexander, Steffen Amling und Saša Bosančić. „Einleitung: Anliegen und Konturen der Subjektivierungsforschung." *Subjekt und Subjektivierung. Empirische und theoretische Perspektiven auf Subjektivierungsprozesse.* Hg. Alexander Geimer, Steffen Amling und Saša Bosančić. Wiesbaden: Springer VS, 2019. 1–16.

Geimer, Alexander, Steffen Amling und Saša Bosančić. *Subjekt und Subjektivierung.* Wiesbaden: Springer VS, 2019.

Genda, Yūji. *A nagging sense of job insecurity: the new reality facing Japanese youth.* Tokyo: LTCB International Library Selection, 2005.

Goldstein-Gidoni, Ofra. *Housewives of Japan: an ethnography of real lives and consumerized domesticity.* New York [u.a]: Palgrave Macmillan, 2015.

Gosnell, Hannah und Jesse Abrams. „Amenity migration: diverse conceptualizations of drivers, socioeconomic dimensions, and emerging challenges." *GeoJournal* 76 (2009): 303–322.

Hansen, Paul. „Escape to Hokkaido: Feelings and Findings on the „Frontier" of Japan." *Pan-Japan: The International Journal of the Japanese Diaspora* 8 (2012): 128–153.

Harootunian, Harry D. *Overcome by Modernity.* Hg. Harry D. D. Harootunian. Princeton: Princeton University Press, 2000.

Harris, Chauncy D. „The Urban and Industrial Transformation of Japan." *Geographical Review* 72 (1982): 50–89.

Hashimoto, Mitsuru. „Chihō: Yanagita Kunio's 'Japan'." *Mirror of Modernity: Invented Traditions of Japan.* Hg. Stephen Vlastos. Berkeley: University of California Press, 1998. 133–144.

Hendry, Joy. „Order, Elegance and Purity: The Life of the Professional Housewife." *An Anthropological lifetime in Japan.* Leiden: Brill, 2017. 321–337.

Hidaka, Tomoko. *Salaryman masculinity: Continuity and change in hegemonic masculinity in Japan.* Leiden: Brill, 2010.

Hijino, Ken Victor Leonard. *Local Politics and National Policy: Multi-level Conflicts in Japan and Beyond.* London [u.a]: Routledge, 2017.

Hillmann, Julia. *Work-Life-Balance als politisches Instrument: Staatliche Genderkonstruktionen und Lenkungsstrategien in Japan.* Wiesbaden: Springer VS, 2019.

Hisashima, Reiko. „Chihō kurashi nyūmon [Einführung in das Leben auf dem Land]." *Sotokoto* 178 (2014): 74–77.

Hobsbawm, Eric und Terence Ranger. *The Invention of Tradition.* Cambridge UK: Cambridge University Press, 1983.

Hommerich, Carola. *„Freeter" und „Generation Praktikum"- Arbeitswerte im Wandel?: ein deutsch-japanischer Vergleich.* München: Iudicium Verlag GmbH, 2009.

Hommerich, Carola. „The advent of vulnerability: Japan's free fall through its porous safety net." *Japan Forum* 24 (2012): 205–232.

Honneth, Axel. „Organisierte Selbstverwirklichung. Paradoxien der Individualisierung." *Paradoxien des gegenwärtigen Kapitalismus.* Hg. Axel Honneth. Frankfurt am Main: Campus Verlag, 2002. 141–158.

Hori, Yukie. „Japan's „Employment Ice-age Generation" Today : Investigating the Impact of Instability in the School-to-work Transition." *Japan labor issues* 4 (2019): 3–14.

Hüstebeck, Momoyo. *Dezentralisierung in Japan: Politische Autonomie und Partizipation auf Gemeindeebene.* Wiesbaden: Springer VS, 2014.

Iida, Yumiko. *Rethinking identity in modern Japan.* First issued in paperback. London [u.a: Routledge, 2002.

Ikeda, Akemi. „Eiga kantoku Andō Momoko [Die Filmregisseurin Momoko Andō]." *Turns* 2016: 10–13.

Ishibushi, Kaoruko. „Datsu manē shihonshugi, ikiru chikara wo motomete. Tokai kara ijūsha zokuzoku. ‚Erabareru inaka'. [Auf der Suche nach einem Weg aus dem Geldkapitalismus und Lebenskraft ziehen immer mehr Menschen aus der Großstadt aufs Land. ‚Das Land wird ausgewählt'.“ *Aera* 23. Februar 2015: 30.

Isoki, Atsuhiro. „Niigata de hajimaru, wakate fāmāzu no taisen [Eine Herausforderung für junge Landwirt:innen, die in Niigata beginnt].“ *Sotokoto* 198 (2015): 38 – 43.

Issei, Sakakibara. *Pandemic migration trend reverses as more move to Tokyo.* 31. Januar 2023. https:// www.asahi.com/ajw/articles/14828372 (Zugriff am 10. Dezember 2023).

Itoshima-kankō. „Itoku rekishi hakubutsu kan [Historisches Museum Itokoku].“ Kein Datum. http:// www.itoshima-kanko.net/cat/itokoku_history_museum/. (Zugriff am 20. Dezember 2019).

Itoshima-shi a. „Shiseki [Historische Stätten].“ Kein Datum. https://www.city.itoshima.lg.jp/li/kannkou/ 070/010/030/index.html. (Zugriff am 20. Dezember 2019).

Itoshima-shi b. „Itoku no ōto „mikumo, iwara iseki“ ga kuniseki ni shitei saremashita [Ruinen Mikumo und Iwari der Hauptstadt Itokokus wurden zu nationalen Geschichtsstätten erklärt].“ Kein Datum. https://www.city.itoshima.lg.jp/s033/010/020/010/170/20171129102855.html. (Zugriff am 20. Dezember 2019).

Itoshima-shi. „Itoshima-shi tōkei hakusho [Weißbuch der Stadt Itoshima].“ (2018). https:// www.city.itoshima.lg.jp/s005/content/H29itoshimashi_toukeihakusho.pdf (Zugriff am 30. Dezember 2019).

Ivy, Marilyn. *Discourses of the Vanishing: Modernity, Phantasm, Japan.* Chicago: University of Chicago Press, 1995.

Jauernig, Henning. *Japan will Tokio-Bewohner mit Umzugsbonus aufs Land locken.* 03. Januar 2023. Spiegel Online. https://www.spiegel.de/wirtschaft/soziales/japan-will-tokio-bewohner-mit-umzugsbonus-aufs-land-locken-a-ee3ed658-ac65 – 46f5 – 9f5e-97d9c49a1531 (Zugriff am 10. Dezember 2023).

Jentzsch, Hanno. „Abandoned land, corporate farming, and farmland banks: a local perspective on the process of deregulating and redistributing farmland in Japan.“ *Contemporary Japan* 29 (2017): 31 – 46.

JOIN. „Anata ni 'pittari' no chiiki macchingu handan. [Entscheidung für das für dich passende regionale Matching.].“ *Japan Organization for Internal Migration* (kein Datum). https://www.iju-join.jp/feature_cont/fair_matching/ (Zugriff am 30. Dezember 2019.

JOIN. „Fuan ya nayami wo isshōni kaiketsu! Tokai demo dekiru ijū sōdan [Gemeinsam Ängste und Sorgen lösen! Migrationsberatung in der Stadt].“ *Japan Organization for Internal Migration* (2017). https://www.iju-join.jp/feature_cont/file/040/ (Zugriff am 30. Dezember 2019).

JOIN. „Shokuten de inaka wo shirō! Ijū he no shirīzu No 1 [Über Restaurants das Land kennenlernen! Der Weg zur Migration Serie 1].“ *Japan Organization for Internal Migration* (2018). https://www.iju-join.jp/feature_cont/file/060/ (Zugriff am 30. Dezember 2019).

Kanda, Seiji. „Chihōtoshi ha ikirunokoreruka. Meijidaigaku kyōshi, Odagiri Tokumi [Können die regionalen Städte überlegen? Professor der Meiji Universität, Odagiri Tokumi].“ *Asahi Shinbun* 20. August 2014: 15.

Kanda, Seiji. „(Den'enkaiki wo todatte: 1) Shimane no „inaka“ de naniga? [(Auf den Spuren der Rückkehr aufs Land: 1) Was geschieht auf dem „Land“ in Shimane?].“ *Asahi Shinbun* 6. März 2017: 2.

Kanda, Seiji. „(Den'enkaiki wo todatte: 5) Hajimari ha ‚sokai'. [(Auf den Spuren der Rückkehr aufs Land: 5) Alles begann mit der ‚Evakuierung'.].“ *Asahi Shinbun* 10. März 2017: 2.

Kanda, Seiji. „(Den'enkaiki wo todatte: 9) ‚Ijūjōshi‘ ha, burenai [(Auf den Spuren der Rückkehr aufs Land: 9) ‚Migrantionsmädchen‘ sind unerschütterlich.].“ *Asahi Shinbun* 16. März 2017: 2.

Katō, Etsuko. „*Jibunsagashi*“ *no imintachi: Kanada bankūbā samayō nihon no wakamono.* Tōkyō: Sairyūsha, 2009.

Kaufmann, Eric und Oliver Zimmer. „In Search of the Authentic Nation: Landscape and National Identity in Canada and Switzerland.“ *Nation and Nationalism* 4 (1998): 483–519.

Keller, Reiner. „Diskurse und Dispositive analysieren. Die Wissenssoziologische Diskursanalyse als Beitrag zu einer wissensanalytischen Profilierung der Diskursforschung.“ *Forum Qualitative Sozialforschung* 8 (2007).

Keller, Reiner. *Diskursforschung.* Wiesbaden: Springer VS, 2011.

Keller, Reiner. *Wissenssoziologische Diskursanalyse.* 3. Wiesbaden: Springer VS, 2011.

Keller, Reiner. „Der menschliche Faktor: Über Akteur(inn)en, Sprecher(inn)en, Subjektpositionen, Subjektivierungsweisen in der Wissenssoziologischen Diskursanalyse.“ *Diskurs – Macht – Subjekt.* Hg. Reiner Keller, Werner Schneider und Willy Viehöver. Wiesbaden: Springer VS, 2012. 69–107.

Keller, Reiner und Saša Bosančić. „Conchita Wurst oder: Warum ich (manchmal) ein(e) Andere(r) ist.“ *Biographie und Diskurs.* Wiesbaden: Springer VS, 2017. 23–42.

Kelly, William W. „Regional Japan: The Price of Prosperity and the Benefits of Dependency.“ *Daedalus* 119 (1990): 209–227.

Kelly, William W. „Rice Revolutions and Farm Families in Tohoku. Why Is Farming Culturally Central and Economically Marginal?“ *Wearing Cultural Styles in Japan: Concepts of Tradition and Modernity in Practice.* Hg. Christopher Thompson und John W. Traphagan. Albany: State University of New York Press, 2006. 47–71.

Kentato, Matsui. „Chiiki de no shigoto no hajimekata, tsukurikata [Wie man auf dem Land Arbeit beginnt und erschafft].“ *Sotokoto* 203 (2016): 64–67.

Kitago, Miyuki. „Shima no takara, migaita atsumatta. Shimane, amachō [Die Schätze der Insel geschliffen und gesammelt. Die Stadt Ama in Shimane].“ *Asahi Shinbun* 16. Juli 2017: 1–2.

Kitano, Shu. *Space, Planning and Rurality: Uneven Rural Development in Japan.* Victoria Canada: Trafford Publishing, 2009.

Klien, Susanne. „Contemporary art and regional revitalisation: selected artworks in the Echigo-Tsumari Art Triennial 2000–6.“ *Japan Forum* 22 (2010): 513–543.

Klien, Susanne. „Young urban migrants in the Japanese countryside between self-realization and slow life? The quest for subjective well-being and post-materialism.“ *Sustainability in Contemporary Rural Japan. Challenges and Opportunities.* Hg. Susanne Assmann. London: Routledge, 2015. 95–107.

Klien, Susanne. „Reinventing Ishinomaki, Reinventing Japan? Creative Networks, Alternative Lifestyles and the Search for Quality of Life in Post-growth Japan.“ *Japanese Studies* 36 (2016): 39–60.

Klien, Susanne. „Entrepreneurial selves, governmentality and lifestyle migrants in rural Japan.“ *Asian Anthropology* 18 (2019): 75–90.

Klien, Susanne. *Urban migrants in rural Japan: between agency and anomie in a post-growth society.* Albany: SUNY Press, 2020.

Klien, Susanne. „Localized yet Deterritorialized Lives in Rural Japan: Fragmented Localities, Mobility, and Neoliberalism.“ *Rethinking Locality in Japan.* Hg. Sonja Ganseforth und Hanno Jentzsch. London: Routledge, 2022. 37–51.

Knight, Catherine. „The Discourse of „Encultured Nature“in Japan: The Concept of Satoyama and its Role in 21st-Century Nature Conservation.“ *Asian Studies Review* 34 (2010): 421–441.

Knight, John. „Rural Revitalization in Japan: Spirit of the Village and Taste of the Country." *Asian Survey* 34 (1994): 634 – 646.

Kohli, Martin. „Der institutionalisierte Lebenslauf: ein Blick zurück und nach vorn." Hg. Jutta Allmendinger. Opladen: Leske + Budrich, 2003. 525 – 545.

Kurashimanet. *Furusato shimane teijū dantai.* 2019. https://www.kurashimanet.jp (Zugriff am 22. Dezember 2019).

Kurtenbach, Elain. *In diesem Dorf leben Puppen für die Toten weiter.* 9. Dezember 2014. https://www.welt.de/reise/Fern/article135185342/In-diesem-Dorf-leben-Puppen-fuer-die-Toten-weiter.html (Zugriff am 20. Dezember 2019).

Lang, Thilo, et al. *Understanding Geographies of Polarization and Peripheralization.* Basingstoke: Palgrave Macmillan UK, 2015.

Langner, Sigrun. „Rurbane Landschaften. Landschaftsentwürfe als Projektionen produktiver Stadt–Land–Verschränkungen." *Aus Politik und Zeitgeschichte* 46 – 47 (2016): 41 – 46.

Leibert, Tim und Sophie Golinski. „Peripheralisation: The Missing Link in Dealing with Demographic Change?" *Comparative Population Studies* 41 (2017): 255 – 284.

Lemke, Thomas. *Eine Kritik der politischen Vernunft.* Hamburg: Argument Verlag, 1997.

Lenz, Ilse. „Neue Wege, neue Barrieren? Veränderungen für Frauen in der japanischen Betriebsgesellschaft." *Getrennte Welten, gemeinsame Moderne?* Hg. Ilse Lenz und Michiko Mae. Opladen: Leske + Budrich, 1997. 179 – 209.

Lessenich, Stephan. „Soziale Subjektivität." *Die neue Regierung der Gesellschaft."* *Mittelweg* 36 (2003): 80 – 93.

Lessenich, Stephan. *Die Neuerfindung des Sozialen.* Bielefeld: transcript, 2008.

Lessenich, Stephan. „„Aktivierender" Sozialstaat: eine politisch-soziologische Zwischenbilanz." *Sozialpolitik und Sozialstaat.* Hg. Reinhard Bispinck, et al. Wiesbaden: Springer VS, 2012. 41 – 53.

Lewerich, Ludgera. „Nai mono ha nai – Challenging and subverting rural peripheralization? Decline and revival in a remote island town." *Japan's New Ruralities.* Hg. Wolfram Manzenreiter, Ralph Lützeler und Sebastian Polak-Rottmann. Oxon: Routledge, 2020. 212 – 229.

Lewerich, Ludgera. „Junge Leute braucht das Land! Selbstpositionierungen junger Stadt-Land-Migranten in Japan zwischen gemeinwohlorientierten Verpflichtungsdiskursen und individueller Selbstverwirklichung". *Following the Subject.* Hg. Dr. Saša Bosančić, Folke Brodersen, Prof. Dr. Lisa Pfahl, Dr. Lena Schürmann, Prof. Dr. Tina Spies und Prof. Dr. Boris Traue. Wiesbaden: Springer VS, 2022: 243 – 268.

Lucius-Hoene, Gabriele und Arnulf Deppermann. *Rekonstruktion narrativer Identität: ein Arbeitsbuch zur Analyse narrativer Interviews.* Wiesbaden: Springer VS, 2004.

Lützeler, Ralph. „Aso: ein ländlicher Raum in der Abwärtsspirale? Bemerkungen zur Messbarkeit der Qualität regionaler Lebensbedingungen." *Aso: Vergangenheit, Gegenwart und Zukunft eines Wiener Forschungsprojekts zum ländlichen Japan.* Hg. Ralph Lützeler und Wolfram Manzenreiter. Wien: Abteilung für Japanologie des Instituts für Ostasienwissenschaften, Universität Wien, 2016.

Macnaughtan, Helen. „From 'Post-war' to 'Post-Bubble': Contemporary Issues for Japanese Working Women." *Perspectives on work, employment and society in Japan.* Hg. Peter Matanle und Wim Lunsing. Basingstoke [u.a]: Palgrave Macmillian, 2006. 31 – 57.

Maeda, Nobuhiko. *Shigoto to seikatsu: rōdō shakai no hen'yō.* Kyōto: Mineruva Shobō, 2010.

Markey, Sean, Greg Halseth und Don Manson. „Challenging the inevitability of rural decline: Advancing the policy of place in northern British Columbia." *Journal of Rural Studies* 24 (2008): 409 – 421.

Martinez, Dolores. „Tourism and the Ama. The search for a real Japan." *Unwrapping Japan: Society and Culture In Anthropological Perspective.* Hg. Eyal Ben-Ari, Brian Moeran und James Valentine. Honolulu: University of Hawaii Press, 1990. 97 – 116.

Masuda, Hiroya. *Chihō Shōmetsu [Schwindende Regionen].* Tōkyō: Chūō Kōron Shinsho, 2014.

Matanle, Peter. *Japanese capitalism and modernity in a global era.* London [u.a]: RoutledgeCurzon, 2003.

Matanle, Peter. „Beyond Lifetime Employment? Re-Fabricating Japan's Employment Culture." *Perspectives on work, employment and society in Japan.* Hg. Peter C. D. Matanle und Wim Lunsing. Basingstoke [u.a]: Palgrave Macmillan, 2006. 58 – 78.

Matanle, Peter und Anthony Rausch. *Japan's Shrinking Regions in the 21st Century: Contemporary Responses to Depopulation and Socioeconomic Decline.* Amherst: Cambria Press, 2011.

Mathews, Gordon. „Seeking a Career, Finding a Job: How Young People Enter and Resist the Japanese World of Work." *Modern Japanese Society and Culture, Volume II: Life Courses, Gender, and the Self.* Hg. Dolores P. Martinez. London: Routledge, 2007. 104 – 120.

McCurry, Justin. *In ageing Japanese village, dolls take place of dwindling population.* 2015. https://www.theguardian.com/world/2015/jan/07/japanese-village-dolls-ageing-population-nagoro (Zugriff am 20. November 2023).

McMorran, Chris. „Understanding the 'Heritage' in Heritage Tourism: Ideological Tool or Economic Tool for a Japanese Hot Springs Resort?" *Tourism Geographies* 10 (2008): 334 – 354.

Meuter, Norbert. *Narrative Identität: Das Problem der personalen Identität im Anschluß an Ernst Tugendhat, Niklas Luhmann und Paul Ricoeur.* Stuttgart: J.B. Metzler, 1995.

Mey, Günter und Katja Mruck. „Qualitative Interviews." *Qualitative Marktforschung in Theorie und Praxis : Grundlagen, Methoden und Anwendungen.* Hg. Gabriele Naderer und Eva Balzer. Wiesbaden: Gabler, 2007. 249 – 278.

MIC = Ministry of Internal Affairs and Communications Japan. *Kaso chiiki nado no shuraku taisaku ni tsuite no sengen [Proposal for measures in rural hamlets located in depopulated areas].* 2009. https://www.soumu.go.jp/main_content/000107345.pdf (Zugriff am 20. November 2023).

MIC = Ministry of Internal Affairs and Communications Japan. *Chiiki okoshi kyōryokutai suishin yoko [Plan for the promotion of community building support staff].* 2010. http://www.soumu.go.jp/main_content/000563626.pdf (Zugriff am 20. Dezember 2019).

MIC = Ministry of Internal Affairs and Communications Japan. *Heisei 29nendo chiiki okoshi kyōryokutai no teijū jōkyōni kakawaru chōsa kekka.* 2017. https://www.soumu.go.jp/main_content/000508222.pdf (Zugriff am 20. November 2023).

MIC = Ministry of Internal Affairs and Communications Japan. *Kaisei kaso chiiki jiritsu sokushin tokubetsu sochi-hō [Revised special law promoting independence in depopulated areas].* 2017. https://elaws.e-gov.go.jp/search/elawsSearch/elaws_search/lsg0500/detail?lawId=412AC1000000015 (Zugriff am 20. November 2023).

MIC = Ministry of Internal Affairs and Communications Japan. *Kaso chiiki shichōson ichiran [Tabellarische Übersicht über die als kaso chiiki klassifizierten Kommunen].* 2017. https://www.soumu.go.jp/main_content/000491490.pdf (Zugriff am 20. Dezember 2019).

MIC = Ministry of Internal Affairs and Communications Japan. *Chiiki okoshi kyōrokutai no kakujū. 6nengo ni 8senin.* 2018. http://www.soumu.go.jp/main_content/000555576.pdf (Zugriff am 20. November 2023).

MIC = Ministry of Internal Affairs and Communications Japan. *Chikki okoshi kyōryokutai suishin yōkō.* 2019. https://www.soumu.go.jp/main_content/000610487.pdf (Zugriff am 20. Dezember 2019).

MILT = Ministry of Land, Infrastructure, Transport and Tourism. *Land-, Infrastruktur- und Transport-Weißbuch.* 2017. http://www.mlit.go.jp/hakusyo/mlit/h29/hakusho/h30/pdfindex.html.

Miserka, Antonia. „Ländliche Regionen im Wandel: Eine quantitative Vergleichsstudie zur Rolle der Binnenmigration für die Erhaltung ländlicher Siedlungen." *Japan 2019. Politik, Wirtschaft und Gesellschaft.* Hg. David Chiavacci und Iris Wieczorek. München Iudicium, 2019. 78 – 102.

Mishima, Ken'ichi. „Ästhetisierung zwischen Hegemoniekritik und Selbstbehauptung." *Selbstbehauptungsdiskurse in Asien: China – Japan – Korea.* Hg. Iwo Amelung. München: Iudicium, 2003. 25 – 47.

Mitchell, Claire J.A. „Making sense of counterurbanization." *Journal of Rural Studies* 20.1 (2004): 15 – 34.

Mitomi, Akio. „Itoshima Community. Itoshima ni ijū suru to iu koto [Itoshima Community. Umzug nach Itoshima]." *Casa Brutus Sonderausgabe Living with Nature* (2016): 118 – 121.

Miura, Atsushi. *Jiyūna jidai no fuanna jibun: shōhi shakai no datsushinwaka.* Tōkyō: Shōbunsha, 2006.

Miura, Midori. „Ōku no hito ga chiiki wo hokori ni omou yō na ‚tsunagi te' wo mezashite.[Wir wollen Vermittler:innen sein, die viele Menschen stolz auf ihre Gegend machen.]." *Turns* 20 (2016): 42 – 45.

Mladenova, Dorothea. *Selbstoptimierung bis in den Tod.* Bielefeld: transcript, 2023.

Moeran, Brian. *Language and popular culture in Japan.* Manchester: Manchester University Press, 1989.

Moon, Okpyo. „The countryside reinvented for urban tourists: rural transformation in the Japanese muraokoshi movement." *Japan at Play.* Hg. Joy Hendry und Massimo Raveri. London: Routledge, 2002. 228 – 244.

Moronaga, Yuji. „Yomigaeru: 10. Ritō to iu saizensen kara manabu. Isamoto Atsuko san [Auferstehung: 10. Von der Frontlinie der abgelegenen Inseln lernen. Kuramoto Atsuko]." *Asahi Shinbun* 9. Dezember 2015: 17.

Morris-Suzuki, Tessa. „The Invention and Reinvention of „Japanese Culture"." *Journal of Asian Studies* 54 (1995): 759 – 780.

Mulgan, Aurelia George. „Where Tradition Meets Change: Japan's Agricultural Politics in Transition." *The Journal of Japanese Studies* 31 (2005): 261 – 298.

Nagatomo, Jun. *Nihon shakai wo „nogareru": Ōsutoraria he no raifu sutairu ijū. [Aus der japanischen Gesellschaft „fliehen". Lifestyle migration nach Australien].* Tōkyō: Kabushiki Kaisha Sairyūsha, 2013.

Nakano, Lynne Y. „Single Women in Marriage and Employment Markets in Japan." *Capturing Contemporary Japan: Differentiation and uncertainty.* Hg. Satsuki Kawano, Glenda Roberts und Susan Orpett Long. Honolulu: University of Hawaii Press, 2014. 163 – 182.

Nakashima, Tetsurō. „Chihō ijū no iroha: 1. Dōshite būmu ga okitano? [Das Einmaleins der Migration in die Regionen: 1. Warum ist der Boom entstanden?]." *Asahi Shinbun* 1. April 2017: 9.

Nakashima, Tetsurō. „Chihō ijū no iroha: 5. Hataraku sedai ga būmu no chūkaku ni [Das Einmaleins der Migration in die Regionen: 5. Die arbeitende Generation wird zum Herzstück des Booms]." *Asahi Shinbun* 29. April 2017: 9.

Nakatsu-shi. *Nakatsu-shi kokyo shisetsu hakusho [Weißbuch der öffentlichen Einrichtungen der Stadt Nakatsu].* 2016. https://www.city-nakatsu.jp/doc/2016041800125/file_contents/2016kokyoshisetsu-hakusyo.pdf (Zugriff am 20. November 2023).

Neidhart, Christoph. *Wirtschaft in Japan: Flucht aus dem Hinterland.* 6. Januar 2015. https://www.sueddeutsche.de/wirtschaft/wirtschaft-in-japan-flucht-aus-dem-hinterland-1.2291059 (Zugriff am 20. November 2023).

Neu, Claudia. „Überwucherung: ländliche Räume zwischen Peripherisierung und Ästhetisierung." *Die Natur der Gesellschaft: Verhandlungen des 33. Kongresses der Deutschen Gesellschaft für Soziologie in Kassel 2006. Teilbd. 1 u. 2.* Hg. Karl–Siegbert Rehberg. Frankfurt am Main: Campus Verlag, 2008. 557–561.

NHK. 08. Januar 2023. https://www3.nhk.or.jp/news/html/20230108/k10013944471000.html (Zugriff am 10. Dezember 2023).

NHK. *2019 nendo kokunai hōsō bangumi hensei keikaku [Plan über die Austellung des nationalen Fernsehprogammes im Geschäftsjahr 2019].* 2019. https://www.nhk.or.jp/pr/keiei/hensei/pdf/2019_kokunai.pdf (Zugriff am 20. November 2023).

Nozomu, Shibuya und Fujisawa Yoshikazu. „Fukushishakai ni okeru sanka gainen no ichizuke. Changing Notion of Participation in the Welfare Society." *Nenpō shakaigaku ronshū* 12 (1999): 62–73.

Odagiri, Tokumi. *Nōsanson ha shōmetsu shinai [Bergbauerndörfer sterben nicht aus].* Tōkyō: Iwanami Shinsho, 2014.

Odagiri, Tokumi. „Tayō-na wakamono to tayō-na nōsan gyoson o tsunagu chiiki okoshi kyōryokutai" [Das Unterstützungsprogramm für die Revitalisierung der Regionen verbindet unterschiedlichste Jugendliche mit verschiedenen Landwirtschafts- und Fischereigemeinden..]." Odagiri, Tokumi , Tarō Hirai und Shinobu Shiikawa. *Chiiki okoshi kyōryokutai: Nihon o genki ni suru 60-nin no chōsen [Das Unterstützungsprogramm für die Revitalisierung der Regionen: 60 Menschen, die Japan wiederbeleben],.* Tōkyō: Gakugei Shuppan, 2015. 23–37.

Ohnuki-Tierney, Emiko. *Rice as Self: Japanese Identities through Time.* Princeton, N.J: Princeton University Press, 1994.

Ōno, Akira. *Sanson kankyō shakaigaku josetsu: gendai sanson no genkai shūrakuka to ryūiki kyōdoō kanri [Einführung in die Soziologie der Bergdörfer und deren Umfeld: Die Entvölkerung gegenwärtiger Bergdörfer und die gemeinschaftliche Verwaltung der Einzugsgebiete].* Tōkyō: Nōbunkyō, 2005.

Osawa, Stephanie. *Devianz aus der Sicht von ‚Tätern'.* Wiesbaden: Springer VS, 2018.

Pfahl, Lisa. *Techniken der Behinderung: Der deutsche Lernbehinderungsdiskurs, die Sonderschule und ihre Auswirkungen auf Bildungsbiografien.* Bielefeld: transcript, 2011.

Poniatowski, Birgit. *Infrastrukturpolitik in Japan.* München: Iudicium Verlag GmbH, 2001.

Rausch, Anthony. „Japanese Rural Revitalization: The Reality and Potential of Cultural Commodities as Local Brands." *Japanstudien* 20 (2009): 223–45.

Rausch, Anthony. *Cultural commodities in Japanese rural revitalization Tsugaru Nuri Lacquerware and Tsugaru Shamisen.* Leiden: Brill, 2010.

Rausch, Anthony. „The Heisei Municipal Mergers: measures of sustainability, equality and identity." *Sustainability in Contemporary Rural Japan. Challenges and Opportunities.* Hg. Stephanie Assmann. Oxon: Routledge, 2015. 35–48.

Rea, Michael H. „A furusato away from home." *Annals of Tourism Research* 27 (2000): 638–660.

Reiher, Cornelia. „Kommunale Gebietsreformen der Heisei-Zeit und lokale Identität: Das Beispiel der Kommune Arita-chō." *Japanstudien* 20 (2009): 163–192.

Reiher, Cornelia. *Lokale Identität und ländliche Revitalisierung: Die japanische Keramikstadt Arita und die Grenzen der Globalisierung.* Bielefeld: transcript, 2014.

Reiher, Cornelia. „Zieht aufs Land! Strategien japanischer Präfekturen zur Anwerbung von Stadt-Land-Migrant*innen vor und während der Corona-Pandemie." *Japan 2022. Politik, Wirtschaft und Gesellschaft.* Hg. Iris Wieczorek David Chiavacci. München: Iudicium Verlag, 2022. 281–302.

Robertson, Jennifer. „Furusato Japan: The culture and politics of nostalgia." *Politics, Culture, and Society* 1 (1988): 494–518.

Robertson, Jennifer. *Native and Newcomer: Making and Remaking a Japanese City.* 1. paperback print. Berkeley: University of California Press, 1991.

Robertson, Jennifer. „Empire of Nostalgia: Rethinking 'Internationalization' in Japan Today." *Theory, Culture & Society* 14 (1997): 97–122.

Rose, Nikolas. *Inventing our Selves: Psychology, Power, and Personhood.* Cambridge: Cambridge University Press, 1996.

Rosenberger, Nancy. „Young organic farmers in Japan: Betting on lifestyle, locality, and livelihood." *Contemporary Japan* 29 (2017): 14–30.

Rots, Aike P. *Shinto, nature and ideology in contemporary Japan. Making sacred forests.* London [u.a: Bloomsbury, 2017.

Sashide, Kazumasa. *Boku ra wa chihō de shiawase o mitsukeru: sotokotoryū rōkaru saiseiron [Wir werden das Glück in den Regionen finden: Theorien zur lokalen Revitalisierung im Sotokoto-Stil].* Tōkyō: Popurasha, 2016.

Schad-Seifert, Annette. „Japans Abschied von der Mittelschicht-gesellschaft: Auflösung des Familienhaushalts oder Pluralisierung der Lebensformen?" *Japanstudien* 19 (2008): 105–128.

Schad-Seifert, Annette. „Polarisierung der Lebensformen und Single-Gesellschaft in Japan." *Familie – Jugend – Generation.* Wiesbaden: Springer VS, 2014. 15–31.

Schad-Seifert, Annette. „Womenomics." *IP Länderportrait Japan* 1 (2015): 20–23.

Schäfer, Thomas und Bettina Völter. „Subjekt-Positionen. Michel Foucault und die Biographieforschung." *Biographieforschung im Diskurs.* Hg. Bettina Völter, et al. Wiesbaden: Springer VS, 2005. 161–188.

Scherer, Anke. „Abenomics als Narration der Krisenbewältigung." *Japan in der Krise.* Hg. Annette Schad-Seifert und Nora Kottmann. Wiesbaden: Springer VS, 2019. 53–72.

Scherer, Elisabeth und Timo Thelen. „On countryside roads to national identity: Japanese morning drama series (asadora) and contents tourism." *Japan Forum* 32 (2017): 6–29.

Schnell, Scott. „The Rural Imaginary: Landscape, Village, Tradition." *A companion to the anthropology of Japan.* Hg. Jennifer Ellen Robertson. Malden: Blackwell Publishing, 2008. 201–217.

Schütze, Fritz. „Biographieforschung und narratives Interview." *Neue Praxis* 13 (1983): 283–293.

Seinen, Tōru. *Kyōfu no shitsuwa! Akumu to kashita yume no inaka kurashi [Schreckliche wahre Geschichten! Der „Traum vom Landleben", der sich in einen Albtraum verwandelte.].* 7. Juli 2018. https://toyokeizai.net/articles/-/228325 (Zugriff am 26. November 2023).

Semuels, Alana. *Can Anything Stop Rural Decline? Small towns across Japan are on the verge of collapse. Whether they can do so gracefully has consequences for societies around the globe.* 23. August 2017. https://www.theatlantic.com/business/archive/2017/08/japan-rural-decline/537375/ (Zugriff am 20. November 2023).

Shimada, Akifumi. „Ama-chō ni okeru chiiki-zukuri no tenkai purosesu: 'jirei' demo 'hyōhon' demo naku, jissen shutai ni yoru 'hanseiteki taiwa' no sozai toshite [The development process of community planning in Ama Town: Not a 'case' nor a 'sample' – material for a 'reflect'." *Jichi Sōken* (2016): 1–34.

Shimada, Shingo. *Grenzgänge – Fremdgänge: Japan und Europa im Kulturvergleich.* Frankfurt am Main: Campus Verlag, 1994.

Shimada, Shingo und Midori Ito. „Lebenslaufvorstellungen und gesellschaftliche Zeitlichkeitsregelung in Japan." *Japan im Umbruch – auf dem Weg zum „normalen Staat"?* Hg. Gesine Foljanty-Jost. München: Iudicium, 1996. 83–96.

Shimada, Shingo. *Die Erfindung Japans: Kulturelle Wechselwirkung und nationale Identitätskonstruktion.* 2., durchges. Aufl. Frankfurt am Main: Campus Verlag, 2007.

Shimada, Shingo. „Biographie, Kultur, sozialer Wandel." *Interpretative Sozialforschung und Kulturanalyse. Hermeneutik und die komparative Analyse kulturellen Handelns.* Hg. Gabriele Cappai, Shingo Shimada und Jürgen Straub. Bielefeld: transcript, 2010. 159 – 176.

Shimakoto Akademī. Kein Datum. http://www.shimakoto.com (Zugriff am 20. Dezember 2019).

Shimane-ken. *Reiwa 4 nen. Shimane no jinkō idō to suikei jinkō [Bevölkerungsbewegungen und Bevölkerungsschätzungen in der Präfektur Shimane im Jahr 2022].* 2022. https://pref.shimane-toukei.jp/upload/user/00023532-CvftqB.pdf (Zugriff am 12. Dezember 2023).

Shimogō nōkyō. „Shimogō nōkyō to ha [Über die landwirtschaftliche Genossenschaft Shimogō]." (2019). http://shop.simogonokyou.or.jp/html/company.html. (Zugriff am 20. Dezember 2019).

Shirakawa-go Tourist Association. *About Shirakawa-go.* Kein Datum. https://shirakawa-go.gr.jp/en/about/ (Zugriff am 20. Dezember 2019).

Sieland, Theresa. „Die Echigo-Tsumari Art Triennale – eine erfolgreiche Form der regionalen Revitalisierung?" *Japan der Regionen.* Düsseldorf: Düsseldorf University Press, 2019. 121 – 152.

Sieland, Theresa. „Die Entdeckung der authentischen japanischen Landschaft: Zur touristischen Vermarktung ländlicher Regionen." *Das ländliche Japan zwischen Idylle und Verfall.* Hg. Ludgera Lewerich, Theresa Sieland und Timo Thelen. Düsseldorf: Düsseldorf University Press, 2020. 23 – 48.

Slater, David. „The „new working class" of urban Japan: Socialization and contradiction from middle school to the labor market." *Social Class in Contemporary Japan. Structures, Sorting and Strategies.* Hg. Hiroshi Ishida und David Slater. London: Routledge, 2009. 155 – 187.

Song, Jiyeoun. „Japan's Regional Inequality in Hard Times." *Pacific Focus* 30 (2015): 126 – 149.

Sotokoto. „Kurashitakunaru chihō [Regionen, in denen man leben möchte]." Sotokoto 178 (2014).

Sotokoto. „Yama, umi, sato no shigoto [Arbeit in den Bergen, in den Dörfer und am Meer]." *Sotokoto* 198 (2015).

Sotokoto. „Chihō no hatarakikata [Wie man in ländlichen Gebieten arbeitet]." Sotokoto 203 (2016).

Sotokoto. „Ijū no hajimekata Q & A [Q&A wie man mit der Migration beginnt]." Sotokoto 217 (2017).

Sotokoto. „Yama no gochisō, umi no gochisō [Ein Festmahl der Berge, ein Festmahl der Meere]." *Sotokoto* 211 (2017): 24 – 25.

Spies, Tina. „Diskurs, Subjekt und Handlungsmacht. Zur Verknüpfung von Diskurs- und Biografieforschung mithilfe des Konzepts der Artikulation." *Forum Qualitative Sozialforschung / Forum: Qualitative Social Research* 10 (2009).

Spies, Tina. *Migration und Männlichkeit: Biographien junger Straffälliger im Diskurs.* Bielefeld: transcript, 2010.

Spoden, Celia. *Über den Tod verfügen: Individuelle Bedeutungen und gesellschaftliche Wirklichkeiten von Patientenverfügungen in Japan.* Bielefeld: transcript, 2015.

Spies, Tina und Elisabeth Tuider, Inventor *Biographie und Diskurs: Methodisches Vorgehen und Methodologische Verbindungen.* Wiesbaden: Springer VS, 2017.

Spies, Tina. „Diskursanalyse und Biographieforschung: eine empirische Doppelperspektive." *Handbuch zur Soziologischen Biographieforschung. Grundlagen für die methodische Praxis.* Hg. Gerhard Jost und Marita Haas. Toronto: Barbara Budrich, 2019. 213 – 233.

Tachibanaki, Toshiaki. *The new paradox for Japanese women: Greater choice, greater inequality.* Hg. Mary E. Foster. Tokyo: International House of Japan, 2010.

Takeo, Yuko und Hannah Dormido. *Japan's Population Problem Is Straining Its Economy. The World Is Watching for a Solution.* 2019. https://www.bloomberg.com/graphics/2019-japan-economy-aging-population/ (Zugriff am 20. November 2023).

Takenaka, Ayumi. „Ijū nyūmon Q&A [Q&A zur Einführung in den Umzug]." Sotokoto 217 (2017): 40 – 45.

Thelen, Timo. *Revitalization and internal colonialism in rural Japan.* London: Routledge, 2022.

Thelen, Timo und Hitoshi Oguma. „Local Governance of Public Transport Services: Maintaining Identity and Independence after the Heisei Mergers." *Rethinking Locality in Japan.* Hg. Sonja Ganseforth und Hanno Jentzsch. London: Routledge, 2021. 153–167.

Tomita, Shoko. „Kosodate sedai no chihō ijū. Hirogari ga miseruga, chūiten mo [Die kindererziehende Generation zieht aufs Land. Es breitet sich aus, aber es gibt Dinge, auf die man achten muss.]." *Tōyō Keizai* 27. Oktober 2018: 56–59.

Traphagan, John W. *Cosmopolitan Rurality, Depopulation, and Entrepreneurial Ecosystems in 21st-Century Japan.* Amherst, NY: Cambria, 2020.

Tsukamoto, Takashi. „Neoliberalization of the Developmental State: Tokyo's Bottom-Up Politics and State Rescaling in Japan." *International Journal of Urban and Regional Research* 36 (2012): 71–89.

Tuider, Elisabeth. „Diskursanalyse und Biografieforschung. Zum Wie und Warum von Subjektpositionierungen." *Forum Qualitative Sozialforschung / Forum: Qualitative Social Research* 8 (2007).

Turns. „Anata wo kaeru chiiki [Regionen, die dich verändern]." Turns 3 (2013).

Turns. „Anata wo kaeru rōkaru wāku [Lokale Arbeit, die dich verändert]." Turns 8 (2014).

Turns. „Jinsei wo kaeta ijū [Umzug, der das Leben verändert hat]." Turns 16 (2016).

Turns. „Satoyama raifu tanoshimō!" [Lasst uns das satoyama Leben genießen!]." *Turns* 20 (2016): 16–17.

Turns. „Osusume ijūchi 2017 [Empfohlene Orte zum Umzug für 2017]." *Turns* 21 (2017).

Viehöver, Willy. „"Menschen lesbarer machen": Narration, Diskurs, Referenz." *Erzählungen im Öffentlichen.* Hg. Markus Arnold, Gert Dressel und Willy Viehöver. Wiesbaden: Springer VS, 2012. 65–132.

Wallwork, Jodi und John A. Dixon. „Foxes, green fields and Britishness: On the rhetorical construction of place and national identity." *British Journal of Social Psychology* 43 (2004): 21–39.

Watanabe, Gō. „Surō raifu ga shakai he no kōkenka. Ijū 7 taipu, anata ha nani wo motomemasuka [Slow life oder ein Beitrag zur Gesellschaft? 7 Umzugstypen, was suchst du?]." *Aera* 8. Oktober 2018: 24.

Weiner, Michael. *Japan's minorities: The illusion of homogeneity.* Hg. Michael A. Weiner. Oxon: Routledge, 2009.

Witzel, Andreas. „Das problemzentrierte Interview." *Forum Qualitative Sozialforschung / Forum: Qualitative Social Research* 1 (2000).

Yamada, Masahiro. *Parasaito shinguru no jidai [Das Zeitalter der parasitären Singles].* Tōkyō: Chikuma Shobō, 2002.

Yamashita, Yūsuke. *Genkai shūraku no shinjitsu: kaso no mura ha kieru no ka? [Die Wahrheit über entvölkerte Regionen: Verschwinden entvölkerte Dörfer?].* Tōkyō: Chikuma Shinsho, 2012.

Yamashita, Yūsuke. *Chihō shōmetsu no wana: ›Masuda repōto‹ to jinkōgenshō shakai no shōtai [Die Falle der schwindenden Regionen: Die wahre Gestalt des ›Masuda-Reports‹ und der Gesellschaft der sinkenden Bevölkerung].* Tōkyō: Chikuma Shinsho, 2014.

Yamauchi, Michio. *Ritōhatsu. Ikirunokoru tame no 10 no senryaku [Von einer entlegenen Insel: 10 Überlebensstrategien].* Tōkyō: Nihon Hōsō Shuppan Kyōkai, 2007.

Yano, Christine R. *Tears of Longing. Nostalgia and the Nation in Japanese Popular Song.* Cambridge: Harvard University Press, 2002.

Yasushi, Shimizu. „Yosomono da kedo, kaetai. Chihō ijū kadai mitsuke rikkōba. Tōitsu chihōsen [Außenseiter, der aber etwas verändern möchte. Themen zur Migration aufs Land finden und für ein Amt kandidieren. Landesweite Kommunalwahlen]." *Asahi Shinbun* 5. April 2015: 30.

Yoneda, Seiji. „Chihō ijū no risō to jitsugen [Ideal und Realität der Migration in die Regionen].“ *Chiiki sōsei kenkyū nenpō* 13 (2018): 65–87.

Yorioka, Ryuji. „Kindai nihon in okeru haimāto (kyōdo/furusato) gainen no kisoteki kosatsu: doitsu to no kankei kara [Eine grundlegende Untersuchung des Heimatbegriffs (kyōdo/furusato) im modernen Japan: im Vergleich zu Deutschland.].“ *Gengo bunka kenkyu* 16 (2008): 101–127.

Register

www.ingramcontent.com/pod-product-compliance
Lightning Source LLC
Chambersburg PA
CBHW050652280326
41932CB00015B/2883